KB240882

六壬精義

張泰相 編著

明文堂

自 序

人生이 一生이라는 時間의 點綴을 지나는 中 奇遇와 不幸 즉
吉凶悔吝을 不離하게 되나 事體의 前後分別이 模糊하여 處世
之道를 잃고 五里霧中을 行할 때가 間或 있게 되어 一生의 가
름길이 되니 옛 聖賢들께서 卜筮之學을 만들어 世上에 널리 알
려 그 학문을 거울삼아 治世의 本을 삼도록 하셨다.

其中에서도 壬學은 拔群之書로 其理論이 極히 科學的이고 五
行生剋制化의 妙理가 卓越하여 卜書中 白眉임을 自他가 共知
하나 漢文原書일 뿐 아니라 方法이 難解複雜해서 捨難就易함이
人之常情이라 壬學을 硏修한 사람이 손꼽을 정도로 稀少했으
나 時勢의 흐름인지 이제 壬學의 眞價가 世上에 많이 알려져 壬學을 硏究하고자 하는 사람이 늘어남을
볼 수 있다.

이 책은 筆者가 五、六年前부터 몇몇 漢醫師들에게 大全을 中心으로 講義한 것과 他書에서 몇가지를
더 拔萃한 것을 프린트版으로 三十餘卷 만들었던 것이다.

그래서 많은 修正補完을 한 후에 出版했어야 할텐데 時間的餘裕도 없고 해서 杜撰임을 自認하면서도

그대로 出版함에 많은 부끄러움이 앞선다。 諸賢의 많은 叱正을 바란다。

編　著　者

이 책이 나오는데 도움이 된 책,

六壬大全
六壬類聚
六壬經緯
六壬尋原
六壬眎斯
六壬指南
六壬探原　　袁樹珊 著
占卜講義　　韋千里 著
六壬鑰　　蔣問天 著
六壬神課　　阿部泰山 著
五術占全書　　佐藤六龍 譯

目 次

第二編　課　經

第一章　課　目

第二編　壬學精蘊

第一編　入門

第一章　緒　論

옛분들은 往古來今日 宙요 上下四方日 宇라 해서 四次元의 世界를 宇宙라는 두 글자에

다 含畜시켜 놓았다。 또 天符經에서는 一始無始一 析三極 無盡本이란 等의 글을 써서 宇

宙의 運動이란 것은 곧 三運動이라는 것을 말했다。

또한 朱子께서도 三이란 數를 說明하여 宇宙 萬物의 運行은 即 圓運動인데 이 圓運動

이란 것은 直徑을 一로 한 三倍의 周圍를 回轉하는 것이므로 萬有의 運行을 表示하는 數는

곧 三이요 또한 三이란 數는 宇宙 眞理의 根本이 되는 數라고 해석하고 또 三은 셋 以上

의 끝없이 無窮한 數를 全部 內包하고 있는 것이라고 덧붙여 說明했던 것이다。

周易의 原理도 이러한 三數에 基本을 둔 것으로 太極이란 動力以前의 素原狀態에서 어

떤 氣가 始動되어 一段階를 變化하면 陰陽으로 갈라지고 二段階에는 四象이 되고 三段階

의 變化로서 八卦가 이루어 지는데 왜 何必이면 一에서 始作하며 二・四・八・十六・三二

・六四・一二八 等의 二進法式인 等比數列로 끝없이 擴張되어 나가는 大自然의 變化現狀

을 三段階에서 끊어 가지고 八卦로서 易變化의 基本單位로 삼았는가는 그만큼 三이란 數

는 宇宙眞理의 根本이 되는 數이기 때문이다.

이렇게 三段階의 過程으로 이루어진 八卦의 作用은 世上 萬物에 하나도 適應되지 않은

데가 없을 뿐만 아니라 高等生物인 動物의 受精作用은 勿論 植物의 受精作用에 이르기까

지 우리는 驚異한 眞理를 發見할 수가 있는 것이다. 動物의 受精作用을 보면 하나의 素

粒子가 一段階를 거쳐 兩分된 다음 二段階에서 「시토신」「아데닌」「과닌」「튀민」이란 電

子(D·N·A)가 생기고 三段階에서 앞뒤로 붙어 여덟개가 되어가지고 점점 胎兒의 成

育過程이 始作되는데 그 모양이 줄 사다리를 꼬아 놓은 듯 생긴 것은 即 太極運動을 如

實히 나타내는 것이라고 보겠다.

또한 植物의 受精作用도 宇宙를 創造하는 過程을 그대로 踏襲하고 있는 것이다. 양수

술(雄蕊)의 花粉이 익어갈 때가 되면 음수술(雌蕊)의 胚囊은 花粉의 陽精을 받아 들일 準

備를 하게 된다. 이 배낭은 本來 한개의 細胞로 되어 있으나 花粉을 받을 때가 되면 第一

次 分裂로 二個가 되고 第二次分裂로 四個가 되며 第三次 分裂로 八個의 細胞가 이루어

진다. 이렇게 八個의 細胞가 이루어지면 더 이상은 分裂되지 않고 씨(實)가 되는데 八個

의 細胞中 양쪽 셋씩 六個는 씨가 되고 가운데 二個의 細胞는 씨알이 되어 種族遺傳의

永久不變하는 反復의 道를 繼續하고 있는 것이다.

六壬課學도 이러한 易經의 原理와 同一한 根本을 둔 學問으로서 天은 陽이요 地는 陰이므로 天時를 나타내는 月將 即 太陽의 度數를 現時(地機)에 加하여 陰과 陽으로 區分하고 다시 第二次로 四課를 定하는데、四課는 太陽 太陰 少陽 少陰인 四象을 말하는 것이며、三次로 三傳을 發用表出함은 即 天·人·地 三才로 宇宙의 本中末 運動을 나타내는 모든 機微를 알고자 함이다。

이렇게 三才를 定한 다음에 五行으로서 神將을 布하고 神將을 布定한 다음에 天下의 萬事萬物의 機樞를 把握하여 누가 吉하고 누가 凶하며 누가 悔하고 누가 吝한 가를 明若觀火하게 豫知할 수가 있는 것이다。

壬學은 明鏡과 같은 것으로 哲學을 비치면 哲學이、文學을 비치면 文學이、科學을 비치면 科學이、醫學을 비치면 醫學이、人間의 動靜을 비치면 人間의 動靜이 있는 그대로 다 비쳐지는 것이다。人間의 歷史는 그대로 鬪爭의 過程으로서 世上은 盛衰의 道를 不離하고 人生은 榮枯港에 迷入하는 동안 吉·凶·禍·福·悔·吝·窮·通은 恒時 우리 周圍를 떠나지 않는다。

그러므로 易經에서도 君子는 平安할때 恒常 危險을 생각하며 禍患을 豫防하라 했고、中庸에서도 말하길 凡事를 豫測한즉 成立되고 豫測치 못한즉 癈滅된다고 했던 것이다。그러나 現代人은 金錢은 豫蓄할줄 알아도 禍患은 豫防할 줄 모른다。그냥 막연히 金錢만

豊足하면 되겠지 하는 垂直的 思考方式에서 現代人의 不幸은 싹트기 始作하는 것이다。

六十次 方程式으로 풀려지는 人生의 微妙한 運路歷程을 어찌 보통의 常識으로 豫測할 수 있겠는가。

그러므로 自古以來로 聖賢 君子는 勿論 治國經世에 뜻을 둔 분들 치고 易經과 壬學을 研修치 않는 분이 別로 없다고 들었으며、日本같은 나라에서는 易經을 모르는 者는 大臣

이 될 수 없다는 俗言이 나올 정도인 것이다。

壬學은 中國 黃帝때 비롯됐다고 傳해지므로 五千餘年의 歷史를 가지고 있다고 보겠다。

傳說에 黃帝께서는 九天玄女에게 三數를 물려 받았는데 三數란 太乙과 奇門과 六壬을 말한다。이 奇乙壬 三數야 말로 東洋數學의 精粹이며 참으로 密密한 學問으로서 天文에는 太

乙이요 地理에는 奇門이며 人事에는 六壬으로 萬若 以上 三數의 奧妙한 理致를 攄得한다

면 上으로는 天文에 通하고 下로는 地理에 達하며 中으로는 人事를 察한다고 하여、옛부

터 東洋의 賢者는 奇乙壬 三數를 學問的 道通의 正道로 보고 研鑽傳承했던 것이다。

太乙數는 그대로 次元 높은 數學的 學問으로 宇宙의 元·會·運·世와 國家의 興亡盛

衰를 豫知하는 學問인데、大體를 十六區分하여 歲盈差數와 朔盈差數로 主客算을 놓는데、

天正甲子에서부터 今世까지 歲盈差數가 二萬餘數가 原書에 틀려있으므로 日本은 말할나위

도 없고 中國의 碩學들도 數를 算하지 못한다고 假書로 認定하고 있는 모양이다。中國 古

來로 正統傳承되어 오는 透派十三代 張耀文氏 같은 大家도 國家의 元會運世를 挨星學에

依한 上中下元甲 一百八十年을 奇門으로 布局해 놓았을 뿐 太乙은 算하지 못한 것을 보

드라도 太乙數만은 韓國 以外엔 어느 나라에도 아는 사람이 없지 않을까 생각된다.

奇門이란 實數인 九의 相乘된 八十一局을 洪奇로 하고、三奇와 六儀로서 煙奇로 하는데

奇門 역시 日本이나 中國에서는 洪局을 算하지 못한다. 奇門은 年家 月家 日家 時家의 四

等으로 나누어 無雙한 造化가 나오는 學問으로 用兵 擇日 知向 陰陽宅의 活用 等에 많이

쓰이나 知命學으로서도 獨特한 優秀點을 지니고 있어 많이 活用된다.

六壬占課의 應驗은 吳越春秋와 越의 絶書 等에 많이 記載되어 있고 孫子兵法의 著者 孫

武 역시 六壬과 奇門을 習得했다는 것은 孫子兵法中에 奇門用句가 많이 나오는 것을 보

더라도 알 수 있고 邵康節 李順風 郭璞 東方朔과 春秋時代의 子胥와 少伯도 壬學으로 處

世했고 張良 范蠡가 壬學을 精通했음은 有名한 이야기이다.

어느 時代의 어떤 사람을 莫論하고 사람은 뭔가 신념의 基礎를 갖지 않으면 不安해서

못사는 動物인 것같다. 흡사 몸을 의지할 의자가 있어야만 안정된 자세를 취할 수 있는 것

처럼 신념의 기초란 그것이 어떤 성질의 것이든 根本的으로는 사람이 자기의 몸을 기댈

의자와 같은 것인지도 모른다. 그래서 사람들은 때로는 自己의 能力으로서는 알 수 없는

超自然的인 힘에 自己의 몸을 맡겨 보기도 하고、自己가 알 수 있는 具體的인 事實속에

自己의 몸을 기대보기도 하는 것이다。 曹操는 他人이 따를 수 없는 天賦의 英特한 머리
의 主人公이면서도 諸葛孔明에게 百戰百敗했던 것은 先天的인 머리가 孔明에 不及해
서가 아니라 자기 몸을 기댈 수 있는 의자와 같은 學問的 바탕이 워낙 不足해서 諸葛孔明
이 神이였다면 曹操는 人間과 같은 차이가 있었던 것이다。 吳나라 王이 子胥에게 越을
치자할 때 아직 때가 아니라고 여러번 만류한 끝에 나중에 驚天動地할 功을 세운 것은 그
만큼 그는 占卜에 依한 神示를 따랐기 때문이다。

「세익스피어」의 「줄이어드・씨이저」라는 희곡을 읽어 보면 占術家가 「씨이저」의 죽음을
미리 豫言한다。 其後 「씨이저」는 그 豫言한 날자에 죽는다。

「어네스트・헤밍웨이」의 「누구를 위하여 鐘은 울리나」라는 小說속에도 집시 女子가 主
人公의 손금을 보고 죽음을 미리 暗示해준다。 집시 女子의 暗示대로 그 주인공은 죽는다。

옛날이나 지금이나 文學作品이나 兵家書에 이와 같은 運命의 豫示가 있었다는 것은 옛
날이나 지금이나 人間이 運命의 存在를 믿어온 表現이라는 것을 알 수 있는 것이다。運
命이 存在하는 以上 그것을 알아야 하겠다는 것은 運命의 存在를 믿는 人間의 가장 큰 慾
望일 수 있다。 이러한 人間의 慾望이 不可視的인 運命을 可視的인 現狀속에서 發見해 보
려고 한 것은 至極히 自然스러운 人間의 努力이었다고 볼 수 있을 것이다。

周易의 理論이 콤퓨터로 풀린다고 한다。 同一한 플러스 마이너스의 陰陽作用이므로 풀

리지 않을 리가 없다. 그러나 아무리 科學이 人生을 正確히 分析하고 아무리 明析히 規

定해도 人生의 수수께끼를 完全히 벗기진 못할 것이다. 또 아무리 明析한 科學的 推理도

한 사람의 運命을 正確하게 測定해 내지는 못할 것이다. 콤퓨터가 비록 周易의 論理를 풀

어내어 人生의 運命까지도 糾明한다 하더라도 그것은 科學의 힘에 依한 文明의 利器인 콤

퓨터를 利用했을 뿐이지 科學自體가 人生의 運命을 糾明한 것은 아니다.

現代가 아무리 科學至上 科學萬能의 時代라 해도 우리의 實際의 人生이나 運命은 그러

한 科學的 合理性만으로서는 이 人生의 수수께끼와 같은 運命의 解答은 얻을 수 없다.

이러할때 東洋의 學問은 確實히 科學보다는 卓越한 數學的인 論理가 있다.

이러한 東洋의 數理學을 小道라고 생각하는 분이 많을지는 몰라도 孔子님 께서도 卜을

大端히 잘하시어 王充이 論한 衡卜筮篇에 云하기를 魯나라가 將次 越나라를 征伐코저 함

에 子貢이 占한즉 火風鼎四爻를 얻어 凶하다 하니 孔子께서 말씀 하시길 凶하지 않고 오

히려 吉하다, 왜냐하면 越人은 水居하니 征伐코저 할 때는 用舟하므로 折足이라도 關係

없이 吉하다고 하신후 얼마 있지 않아 魯가 越을 克伐했다는 이야기는 有名한 이야기이다.

우리는 이러한 聖人들께서 硏鑽傳承해 놓으신 學問을 다같이 硏究發展시켜 窮極으로

人生의 삶에 일어나는 不幸을 豫知하여 豫防하고 더 나아가서는 人間으로서의 自己完成

에 修養의 길잡이가 된다면 더 말할 수 없는 多幸으로 알고 緒論에 대한다.

第二章　入手法

第一節　干　支

命理나 卜筮學을 習得하려면 먼저 五行의 生剋制化에 밝아야 하겠지만 六壬學이야 말로 干支相互間의 干合 三合 六合 刑冲破害 等을 明確하게 記憶해야 한다。五行이란 滿載한 宇宙間의 流動되는 氣로서 木・火・土・金・水의 五種으로 區分된다。이러한 五行은 하늘을 상징하는 十干과 땅을 상징하는 十二支로 나뉘어 相互 演繹組合되어 六十干支를 이루는데 天干은 甲乙丙丁戊己庚辛壬癸요、地支는 子丑寅卯辰巳午未申酉戌亥이다。 天干과 地支는 다시 陽과 陰으로 다음과 같이 區分된다。

天　干　{ 陽──甲 丙 戊 庚 壬
陰──乙 丁 己 辛 癸

地支　{陽──子　寅　辰　午　申　戌 / 陰──丑　卯　巳　未　酉　亥}

干支는 五行속에 包含되어 다음과 같이 五等分으로 分類된다.

木∷　木은 甲乙 寅卯로 東方을 나타내며 季節은 봄에 該當하고 五常은 仁이며 數는 三과 八이 된다.

火∷　火는 丙丁 巳午로 南方을 나타내며 季節은 여름에 該當하고 五常은 禮이며 數는 二와 七이다.

土∷　土는 戊己 辰戌丑未로 中央을 나타내며 季節은 四季에 該當하고 五常은 信이며 數는 五와 十이다.

金∷　金은 庚辛 申酉로 西方을 나타내며 季節은 가을에 該當하고 五常은 義며 數는 四와 九이다.

水∷　水는 壬癸 亥子로 北方을 나타내며 季節은 겨울에 該當하고 五常은 智이며 數는 一과 六이 된다.

五行相生

木生火　火生土　土生金　金生水　水生木

五行相剋

木剋土　土剋水　水剋火　火剋金　金剋木

天干化合

天干은 十干인데 이 十干은 陰干과 陽干이 서로 相合한다。

干合이란 夫婦有情之象이며 陰陽和合之理로 天地之間의 萬有의 定理인 것이다。干合의 原理는 周易 河圖에서의 一六共宗 二七同道 三八爲朋 四九爲友 五十同途之論에서 비롯됐다 하는데 原理를 캐보면 깊은 高等數學的 論理가 숨어 있음을 알 수 있다。그러나 本書는 어디까지나 그러한 專門的인 數學的 五行之書가 아니므로 略하고 純粹한 五行相互間의 生剋制化만을 論하기로 하겠다。

甲己〕中正之合化　土

乙庚〕仁義之合化　金

丙辛〕威嚴之合化　水

丁壬〕仁壽之合化　木

⎰戊
⎱癸 無情之合化　火

地　支　六　合

子丑合化土　寅亥合化木　卯戌合化火　辰酉合化金　巳申合化水　午未合化無化

他地支는 서로 合하여 他五行으로 變化하나 午는 太陽이요 未는 太陰이므로 合하여 他

五行으로 變하지 않는다。그러나 實上 壬學에서는 六合만 活用하지 六合하여 他五行으로

變化하는 것은 쓰지 않으므로 初學者는 六合만 暗記하면 된다。

地　支　三　合

申子辰合成水局　　巳酉丑合成金局　　寅午戌合成火局　　亥卯未合成木局

地支三合은 生旺墓三者의 結合으로 申은 水性의 長生이 되고 子는 帝旺이 되며 辰은 墓

가 된다。金火木局도 마찬가지로 生旺墓가 된다。

地　支　相　冲

子午相冲　丑未相冲　寅申相冲　卯酉相冲　辰戌相冲　巳亥相冲

相冲이란 地支相互間의 正對로서 五行氣流의 兩極이 된다。그러므로 刑冲破害中에

서도 가장 極烈히 吉凶의 作用을 하는 것이 相冲이다。다음으론 刑이며 害破의 順으로 作

用力의 深度가 定해진다。

地支相刑

無恩之刑　寅　巳　申
持勢之刑　丑　戌　未
無禮之刑　子　卯
自刑　　　辰　午　酉　亥

寅巳申 相刑은 寅中의 甲木은 巳中庚金을 剋伐하고 寅中丙火는 다시 巳中庚金을 剋伐하며、巳中戊土가 申中壬水를 剋伐하고 申中壬水가 巳中丙火를 剋伐하며 申中庚金이 寅中甲木을 剋伐하고 寅中丙火가 申中庚金을 서로 剋伐하며 恩惠를 저버리고 오히려 원수고 같는 것과 같으므로 無恩之刑이라 하고 丑戌未는 同類兄弟로 各其 自力을 相互 藏干 五行끼리 剋伐하므로 持勢之刑이라 하며 子卯는 水木이 母子之間이나 四敗之地로 相互扶助를 못하고 오히려 相害無札하므로 無禮之刑이라 하고 辰午 酉亥 自刑은 앞의 三刑中에 該當이 안되고 스스로 同類끼리 相互刑害하므로 自刑이라 한다.

地支相破

子酉相破　丑辰相破　寅亥相破　卯午相破　巳申相破　戌未相破

破는 移散으로 每事가 中間에서 끊어지고 다시 바뀌는 것이며 모든 것이 不完全하다는 表示이다.

地支相害

子未相害　丑午相害　寅巳相害　卯辰相害　申亥相害　酉戌相害

害는 每事에 막힘이 많고 始終如意치 못하며 人情이 乖離함을 나타낸다。

五行衰旺

金木水火土 五行은 旺衰強弱이 다음과 같이 節氣에 따라서 五種類로 나누어진다。

時令＼五行	春	夏	秋	冬	四季
木	旺	休	死	相	囚
火	相	旺	囚	死	休
土	死	相	休	囚	旺
金	囚	死	旺	休	相
水	休	囚	相	旺	死

右表와 같이 木은 봄에 가장 旺하고 여름에는 洩氣되므로 休가 되고 가을에는 剋制當하여 死가 되며 겨울엔 生을 받아 相이 되고 四季엔 내가 剋하므로 囚가 된다。 그러니까 四柱命理學上으로 比劫에 該當되는 時令일 때는 旺이 되고 印綬에 該當될 때는 相이 되고

食傷은 休 財는 四官煞일 때는 死가 되는 것이다。他五行도 以上과 같이 準하기 바란다。

十二運星(一名 胞胎法)

十二運星이란 長生 沐浴 冠帶 建祿 帝旺 衰 病 死 墓 絕 胎 養으로 五行의 旺衰強弱을 十二種類로 區分한 것이다。

이 胞胎法은 佛家의 十二輪回說과 비슷한 論理로 그 發生起源이 꽤 오래된 것으로 알고 있는데 沈孝瞻은 自己의 有名한 命理學著書인 子平眞詮에서 論하기를 支에는 十二月이 있다。그러므로 每干마다 長生에서부터 胎養에 이르기까지 亦是 十二位로 나누어져 其氣가 盛했다가는 衰해지고 衰했다가는 다시 盛해지는데 이것은 十二節氣에 따라 細分되어 이루어 지는 것은 長生 沐浴이란 等의 이름으로 假借한 形容詞라고 말하고 長生이 란 사람으로 말하면 바로 世上에 태어난 것을 뜻하고 沐浴이란 사람이 태어난 다음 沐浴 을 시켜 때를 씻는 것과 같고 草木이나 果實로 말하면 새싹이 난 다음 잘 자라게 하기 위하여 물을 주어 깨끗히 씻는 것과 같은 것이고 冠帶란 成年이 된 후 떠띠고 모자씀과 같고 建祿이란 壯丁이 된 후에 出仕하여 國家의 祿을 먹음과 같고 帝旺이란 壯盛이 極 하여 사람으로서 上으로는 임금을 輔弼하고 下로는 家庭을 다스리는 大有之象을 나타냈 고 衰는 盛이 極하여 衰하며 지는 萬物의 初變狀態를 뜻했고 病이란 衰가 甚한 것이고 死란 氣가 盡하여 無餘한 것이고 墓는 사람이 죽어 身形歸眞 即 땅에 묻히는 것을 뜻하고 絶이란 完全히 死氣마저 끊어져 버린 것이고 胎는 옛날 堪輿之學的 思考方式에 精神은 入門하고 骨骸는 返根이며 吉氣萌生에 風水自成이란 論理에서 비록 사람이 죽어서 氣마저 斷絶됐다 하드라도 다시 萠生되어 養한다는 論理이나 어디까지나 十干個體의 十二支에 비추어본 五行의 旺衰라고 보는 것이 타당 할 것이다.

〈十二運星早見表〉

月干＼運星	長生	沐浴	冠帶	建祿	帝旺	衰	病	死	墓	絶	胎	養
甲	亥	子	丑	寅	卯	辰	巳	午	未	申	酉	戌
乙	午	巳	辰	卯	寅	丑	子	亥	戌	酉	申	未
丙戊	寅	卯	辰	巳	午	未	申	酉	戌	亥	子	丑
丁巳	酉	申	未	午	巳	辰	卯	寅	丑	子	亥	戌
庚	巳	午	未	申	酉	戌	亥	子	丑	寅	卯	辰
辛	子	亥	戌	酉	申	未	午	巳	辰	卯	寅	丑
壬	申	酉	戌	亥	子	丑	寅	卯	辰	巳	午	未
癸	卯	寅	丑	子	亥	戌	酉	申	未	午	巳	辰

以上 十二運星早見表에서 보는바와 같이 十干의 正氣는 반드시 建祿에 가서 該當된다.

즉 寅의 正氣는 甲이므로 甲日에서 寅을 보면 建祿에 該當되며 卯의 正氣는 乙이므로 乙日에서 卯를 보면 建祿이 된다. 그리고 甲・丙・戊・庚・壬 等 陽干은 建祿 帝旺으로 順行하고 乙・丁・己・辛・癸 等 陰干은 建祿 冠帶 沐浴 長生 等으로 逆行한다. 그러므로 各自 自己 손위에 地盤圖와 같이 胞胎 等을 暗記해 놓고 建祿부터 세어나가서 該當되는 자리가 十二運星이 될 것이므로 누구나 자기 나름대로 定해 놓으면 早見表를 보지 않고도 大端히 쉽게 찾을 수 있을 것이다.

地藏干

⟨地支藏干分野表⟩

地支	餘氣	中氣	正氣
子	壬 一〇		癸 二〇
丑	癸 九	辛 三	己 一八
寅	戊 七	丙 七	甲 一六
卯	甲 一〇		乙 二〇

辰	巳	午	未	申	酉	戌	
乙九	戊五	丙一〇	丁九	己七	庚一〇	辛九	戊七
癸三	庚九	己九	乙三	戊三壬三		丁三	甲五
戊一八	丙一六	丁一一	己一八	庚一七	辛二〇	戊一八	壬一八

天氣는 單純하고 地氣는 復雜한데 그것은 天氣는 地氣에 內包되어 있기 때문이다。그

러므로 地支속에는 天干이 둘 내지 셋이 들어 있다。

天氣는 地支를 스쳐가는데 天氣가 流行하는데는 一時에 往復이 斷行 되는 것이 아니라

世上 萬物의 理致가 그렇듯이 전달의 正氣가 이달에 餘氣로 남는 것은 지난달의 數字日

數만치 남아있다는 表示인 것이다。

藏干은 早見表에서 보듯이 餘氣 中氣 正氣로 三分되는데 餘氣란 지난 달의 餘勢를 뜻

하는 것이고 中氣란 餘氣에서 正氣에 이르는 中間의 氣로서 三合하여 이루어지는 五行을 表示한 것이고 正氣는 本月의 正氣로 그달이 지닌 五行을 그대로 表示한 것이다.

第二節 六壬組織法

六壬 조직법은 月將을 現 占時刻에 加하여 天盤을 定한 후 四課를 表出하는 것이다.

그런 다음에 十二神將을 分布하고 다음에 太歲 月將 占時 地盤 天盤 四課三傳 十二天將 遁干 年命 等을 相互 참작 吉凶 禍福을 判斷하는 方術이므로 以上의 열가지 項을 次第로 解說코자 한다.

太 歲

太歲란 一名 年中天子라고도 하며 每年에 該當하는 干支로서 其歲를 主로 하므로 歲君이라고도 한다. 例를 들어 西紀 一九二四年은 甲子年이므로 이해의 太歲는 甲子가 되며 西紀 一九七〇年은 庚戌年이므로 이해의 太歲는 即 庚戌이 되는 것을 말한다.

月 將

月將이란 一月之將으로 太陽이 어느宮에 纏入되어 있는가에 따라 어느 月將인가를 알 수 있는 것이다. 月建은 太陰의 躔度이고 月將은 太陽의 躔度인데 月將과 月建은 서로 六合이 된다.

月建　寅卯辰巳午未申酉戌亥子丑
月將　亥戌酉申未午巳辰卯寅丑子

月建은 右旋하고 月將은 左旋하므로 다음 圖와 같이 된다.

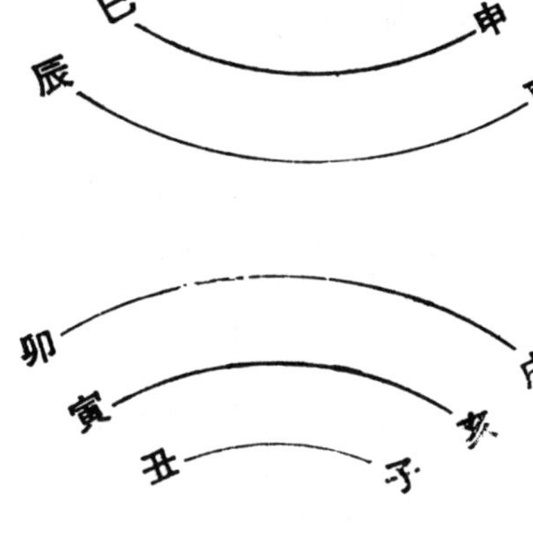

上例와 같이 되나 한가지 留意해야 될 것은 月建은 節과 節 사이를 말하는데 반하여 月將은 氣와 氣사이를 말한다.

다음 例表로서 알기 바란다.

月建	正月寅	二月卯	三月辰	四月巳	五月午	六月未	七月申	八月酉	九月戌	十月亥	十一月子	十二月丑	正月寅
節氣	立春 雨水	驚蟄 春分	清明 穀雨	立夏 小滿	芒種 夏至	小暑 大暑	立秋 處暑	白露 秋分	寒露 霜降	立冬 小雪	大雪 冬至	小寒 大寒	立春 雨水
《月將之名》	亥 將(登明)	戌 將(河魁)	酉 將(從魁)	申 將(傳送)	未 將(小吉)	午 將(勝光)	巳 將(太乙)	辰 將(天罡)	卯 將(太冲)	寅 將(功曹)	丑 將(大吉)	子 將(神后)	

그러니까 正月 月將은 正月 月建이 始作되는 立春에서 十五日이 지난 雨水 時刻 부터

다음달 春分前 時刻까지 正月 亥將을 쓰고 春分에서 다음달 穀雨前까지 戌將을 쓰므로 明

記하기 바란다。

占 時

占時란 問卜하러 온 사람의 時刻으로서 壬學에서는 참으로 重要한 비중을 차지 한다。

左와 같이 時間을 定하면 된다。

前日 二十三時 三十分 부터——今日 一時 三十分 前까지　子時

一時 三十分　〃　三時 三十分　〃　丑時

三時 三十分　〃　五時 三十分　〃　寅時

五時 三十分　〃　七時 三十分　〃　卯時

七時 三十分　〃　九時 三十分　〃　辰時

九時 三十分　〃　十一時 三十分　〃　巳時

十一時 三十分　〃　十三時 三十分　〃　午時

十三時 三十分　〃　十五時 三十分　〃　未時

十五時 三十分　〃　十七時 三十分　〃　申時

十七時 三十分　〃　十九時 三十分　〃　酉時

十九時　三十分 부터　　二十一時　三十分　前까지　戌　時

二十一時　三十分　〃　　二十三時　三十分　〃　　亥　時

以上과 같이 時間이 分類된다。大概 누구나 前日 十一時에서 明日 새로 一時까지를 子

時로 定하는데 그것은 그렇지 않다。왜냐하면 우리 나라가 日本보다 太陽東出하는 時

刻이 三十分 늦는데 庚戌合邦 以後에 日本 東京 時間과 同一하게 使用해 오다가 西紀

一九五四年 그러니까 甲午年 二月十七日 子時부터 우리 나라 時間을 使用했으나 五・一六

革命 以後 即 西紀 一九六一年 六月二十九日 子時부터 다시 日本 東京 時間과 同一하게

使用하므로 三十分씩을 退하여 보아야한다。그러므로 讀者들은 이점을 유의하여 時間에

差迭이 없도록 하기 바란다。

地　盤

地盤은 十二支의 本자리로서 一定不變하는 固定자

리를 意味한다。

地盤圖는 上과 같다。

巳	午	未	申
辰	地盤		酉
卯	圖		戌
寅	丑	子	亥

天　盤

天盤은 地盤의 어느 地支이던 該當하는 占時에 月將을 加하여 順布하는 것을 말한다。

가령 月將이 正月將이고 占斷하는 時刻이 申時라고 하면 다음과 같이 造式된다.

例 一

申 巳	酉 午	戌 未	亥 申
未 辰			子 酉
午 卯			丑 戌
巳 寅	辰 丑	卯 子	寅 亥

以上과 같이 月將을 占時에 加하여 順布하면 天盤이 된다.

또 例를 들어 申將 子時課라면 例二와 같은 天盤이 된다.

例 二

丑 巳	寅 午	卯 未	辰 申
子 辰			巳 酉
亥 卯			午 戌
戌 寅	酉 丑	甲 子	未 亥

第三節　四課三傳 造式法

一、四課作成法

四課를 만드는 法은 앞에서 說明한 天盤을 造式한 다음에 그날의 日辰으로서 定하는데 먼저 十干의 寄宮을 알아야 한다。十干의 寄宮은 甲은 寅이요 乙은 辰이며 丙戊는 巳요 丁己는 未며 庚은 申이고 辛은 戌이며 壬은 亥고 癸는 丑이다。

十干	寄宮
甲	寅
乙	辰
丙	巳
丁	未
戊	巳
己	未
庚	申
辛	戌
壬	亥
癸	丑

그러니까 甲丙戊庚壬 陽干은 日祿이 되고 陰干은 祿前一位 即 羊刃이 된다。四課란 日干上神이 第一課요 日干의 陰神이 第二課이며 日支上神이 第三課고 日支의 陰神이 第四課가 되므로 四課라고 統稱하는 것이다。

四課를 定하는 方法은 例를 들어 甲子日 子將 卯時課라면 月將을 加時해야 되므로 卯의 자리에서 부터 子를 順布시키면 된다。

以上과 같이 天盤을 定한 다음에

寅(巳)	卯(午)	辰(未)	巳(申)
丑(辰)			午(酉)
子(卯)			未(戌)
亥(寅)	戌(丑)	酉(子)	申(亥)

第一課	第二課	第三課	第四課
甲寅	子		

以上과 같이 그날의 日辰을 쓰고 甲의 寄宮은 寅이므로 寅上神 即 亥字를 甲上에 쓰고

亥는 다시 第二課로 無條件 내려온다。다음에 亥上에는 申이 있으므로 申字를 亥上에 쓰

면 第一課와 第二課는 定해진 것이다。三課와 四課는 子上에 酉가 있으므로 酉字를 쓰고

酉字는 自然 四課로 내려온 다음에 酉上에 午가 있으므로 午字를 쓰면 三課와 四課도 다

定해진다。다음 표를 보고 理解하기 바란다。

	第一課 (陽)	第二課 (陰)	第三課 (陽)	第四課 (陰)
天盤	亥	申	酉	午
地盤	甲	亥	子	酉

以上의 圖表와 같은데 日干甲의 陽神은 亥이고 陰神은 申이며 日支子의 陽神은 酉이고

陰神은 午이다。앞으로 陰神의 用途가 大端히 重要하며 많이 나오니 잘 알아 두기 바란다。

다시 例를 들어 甲子日 申將 戌時課라면 申을 地盤戌上에 加하여 順布한 다음 甲의 寄

宮은 寅이므로 寅上의 子를 取하여 甲上에 놓고 子는 自然히 第二課로 寅으로 내려가 子上에 戌

이 있으므로 戌을 取한다. 日支子도 역시 戌이 되므로 戌字를 쓰고 戌은 自然히 四課로

내려와 戌上에 申이 있으므로 申을 取用해 쓴다.

다음 圖表를 보면 완전히 理解할 줄 안다.

卯 巳	辰 午	巳 未	午 申
寅 辰			未 酉
丑 卯			申 戌
子 寅	亥 丑	戌 子	酉 亥

申	戌	戌	子
戌	子	子	甲

二、三傳을 定하는 法

三傳을 定하는 法은 아홉 종류가 있는데 初學者는 勿論 六壬에 어느 정도 익숙하다 하는 사람도 記憶力이 부실한 사람은 애를 먹는 것이 三傳發用法이다. 그러므로 三傳을 定하는 法이 좀 어렵다고 해서 머리가 둔하니 云云하는 사람을 많이 보았는데 그렇게 미리 겁낼 것은 없고 열심히 며칠 연습하면 대부분의 사람은 完全히 攄得하리라고 본다.

그러므로 原典인 六壬大全의 詩句를 그대로 記入하여 暗記하기 쉽게 說明코저 한다.

賊剋 法

取課先從下賊呼

四課를 定한 다음에 먼저 下에서 賊하는 것을 찾아라

壬學의 方法論의 成立은 窮極的으로는 賊剋에 있다。賊剋이란 相剋한다는 말로 上에서 下를 剋制하는 것은 天地間의 順理이므로 剋이라 이름하고 下에서 上을 剋함은 天道를 逆行하는 것과 같으므로 賊이라고 이름 붙인 것이다。

如無下賊上剋初

下賊하는 것이 없을 때에는 上에서 下를 剋하는 것으로 初傳을 삼는다

初傳之上名中次

위와 같이 上剋으로 定했던 下剋으로 定했던 初傳을 定한 다음에는 初傳의 天盤 即 初傳之上의 글자를 가지고 中傳을 삼는다

中上加臨是末居

中傳을 定할 때와 마찬가지로 中傳上에 臨한 天盤을 가지고 末傳을 定한다

實例를 들어 四月丙戌日 申將 巳時課라면 다음과 같이 四課가 造式 된다。

```
寅
亥  申
申  丙
戌  亥
    子
    丑
卯  寅
```

이와 같이 四課가 定해지면 天盤과 地盤을 相互 比較하여 相剋하는 것을 찾는데 第一 먼저 下에서 上에게 賊하는 것을 찾아 發用해야한다.

```
辰  丑
丑  戌
申  酉
未
午
巳  辰
```

上例에서는 第一課의 丙火가 申金을 剋하고 第二課는 亥와 申이 相生하고 第三課와 第四課에서는 丑戌과 辰丑이 土로서 相比되므로 初傳發用은 申金이 되고 中傳은 地盤 申上에 있는 亥가 되고 末傳은 地盤亥上에 있는 寅이 되는 것이다.

다시 例를 하나 더 들어 甲子日 子將 卯時課라면

```
午  卯  子

午  酉  申  亥
酉  子  亥  甲
寅  卯  辰  巳
丑          午
子          未
亥  戌  酉  申
```

第一課는 亥水가 甲木을 生하고 第二課는 申金이 亥水를 生하고 第三課는 酉金이 子水를 生하는데 第四課에서만 午火가 酉金을 上에서 下로 剋하므로 午火가 初傳이 된다. 그 다음 中傳은 初傳 자리에 있는 卯木이 되고 末傳은 中傳 자리에 있는 子水가 된다. 그런

데 한가지 留意하여야 할 것은 初傳을 發用하는데 上剋이던 下賊이던 論할 것없이 天盤

이 發用하지 地盤은 發用하지 못한다。

上例에서 처럼 第四課의 午火가 酉金을 上에서 下로 剋한다 해서 酉金을 發用시키면

안된다。

比 用 法

下賊或三二四侵

下에서 賊하는 것이 두곳이나 서너곳이 될 때는

若逢上剋亦同云

萬若 上에서 下를 剋할 때도 마찬가지로 서너곳이 剋을 받을 때는

常將天日比神用

항상 其日에 比用되는 것으로 初傳을 삼아라

陽日用陽陰用陰

即 日辰이 陽日일 때는 陽支를 쓰고 陰日일 때는 陰支를 써라

若又俱備但不備 立法別有涉害陳

萬若에 전부가 陰支만 剋을 하거나 陽支만 剋을 할 때는 涉害課라는 별법에 따라

取用하라

比用法도 賊剋法과 같이 下賊하는 것을 먼저 取用하고 下賊하는 것이 없을 때에 上剋하는 것을 取用하는데 上剋이나 下賊하는 것이 여러개가 될때는 그날과 陰陽이 同一한 支神으로 取用하므로 比用이라 한다。

가령 八月壬辰日 辰將 巳時課라면

戌	壬	未	申	酉	戌
酉	戌	午			亥
卯	辰	巳			子
寅	卯	辰	卯	寅	丑

戌
酉
申

第一課에서 戌土가 壬水를 上剋下하고 第三課에서도 卯木이 辰土를 上剋下하니 두과가 다같이 上剋下하므로 日干의 陰陽과 比較하여 取用해야 할 것인데 壬辰은 陽日에 該當하므로 初傳은 戌上이 되고 中傳은 戌上의 酉가 되고 末傳은 酉上의 申이 된다。

例 二로 十月 甲寅日 寅將 酉時課라면

未	甲	丑	寅	卯	辰
子	未	子			巳
未	寅	亥			午
子	未	戌	酉	申	未

子
巳
戌

以上은 四課가 全部 下賊上이 되어 있다。그런데 干支의 甲이나 寅이 同一하므로 子와 未의 둘만 비교하면 된다。甲日은 陽日이므로 陽支에 屬하는 子水가 發用된다。

例三으로 壬寅日 酉將 辰時課라면 다음과 같이 造式되는데 四課中에 三課가 서로 相剋이 된다。그런데 壬日은 陽日이므로 未土는 不用하고 辰土와 子水인데 辰土는 上剋下하고 子水는 下賊上하는데 優先權이 下賊上에 있으므로 子水가 發用되고 中傳은 **子上**의 巳이고 末傳은 巳上의 戌이 된다。

例三 壬寅日 酉將 辰時課

三傳:　子　巳　戌

四課:

子	未	酉	辰
未	寅	辰	壬

天地盤:

```
丑  子  亥  戌
寅          酉
卯          申
辰  巳  午  未
```

比用法도 賊剋法과 마찬가지로 上剋과 下賊이 겹칠 때는 먼저 下賊하는 것으로 發用시켜야 한다。

涉 害 法

涉害行來本家止

涉害는 돌아오다 本家에 와서는 끝이는데

路逢多剋爲用取

돌아오는 길에 많이 剋받는 것으로 取하여 發用하라

孟深仲淺季當休

孟은 깊고 仲은 얕으며 季는 마땅히 쉬어야 하는데

復等柔辰剛日宜

다시 孟이면 孟、仲이면 仲이 同等할 때는 陰日은 三·四課中에서 發用하고 陽日은

一·二課中에서 發用하라

涉害課는 앞에서의 比用課와 같이 二課乃至 三·四課가 다 같이 剋을 당하는 것을 말

하는데 比用課는 日干과 陰陽을 比用하면 되지만 涉害課는 다같이 陽이면 陽 陰이면 陰

이 相剋되므로 比用法과는 달리 相剋되는 地支가 天盤에서 地盤 本家까지 오는 동안에 많

이 剋을 받는 地支로서 初傳을 삼는 것이다。涉害課는 좀 까다로우므로 再三 硏習을 바

란다。

例를 들어 說明하면

正月 丁卯日 亥將 丑時課라고 할 때

亥 酉 未

亥 丑 卯 巳
丑 卯 巳 丁

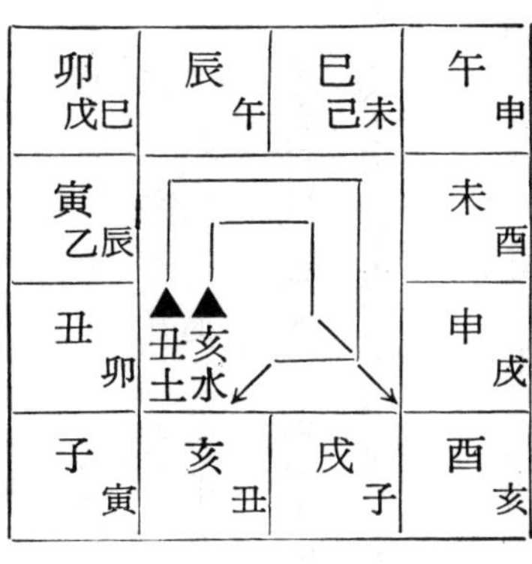

四課中에 三課(丑)와 四課(亥)가 다같이 下賊을 當하고 또 똑같은 陰支이므로 涉害課가 된다。 그러면 上圖의 화살표와 같이 天盤位에서 地盤 本家까지 돌아오는 동안에 剋을 많이 받는 것으로 初傳을 삼아야 되는데 第三課의 丑土는 天盤 제자리 卯木한테 한번 剋을 받고 辰中乙木한테 再次 剋을 받고 (地支藏干을 모르는 讀者는 地支藏干分野表를 參照하기 바람) 巳·午·未·申·酉·戌·亥·子하고 丑地盤 제자리까지 剋을 받지 않으므로 二個의 剋을 받는다。

第四課 亥水는 天盤제자리 丑土에게 한번 剋을 당하고 寅 卯는 木이므로 剋을 當하지 않고 다음 辰土에게 두번째 剋을 당하고 巳中戊土에게 세번째 剋을 당하고 未土에게 네번째 剋을 당하고 未中己土에게 다섯번째 剋을 당하고 戌土에게 여섯번째 剋을 當한다.

그러므로 재론할것도 없이 剋을 많이 받는 亥水가 初傳이 된다.

例二로 四月 庚子日 申將、戌時課

午 辰 寅

午	辰	戌	申
庚	午	子	戌

<table>
<tr><td>卯</td><td>辰</td><td>巳</td><td>午</td></tr>
<tr><td>乙寅</td><td></td><td></td><td>未</td></tr>
<tr><td>卯丑</td><td></td><td></td><td>申</td></tr>
<tr><td>子
寅甲</td><td>亥癸</td><td>戌子</td><td>酉
亥壬</td></tr>
</table>

第一課와 第三課가 다같은 陽支로 上剋下하므로 涉害課이다. 午火가 地盤午位 本家까지 돌아 올려면 亥水에 한번 亥中壬水에 두번 子水와 癸水에 한번씩하여 都合 네번의 剋을 당한다.

戌土도 地盤本家까지 돌아 올려면 寅木에 한번 寅中甲木에 두번 卯木과 辰中 乙木에 한번씩 都合 네번의 剋을 당한다. 그러면 午火도 네번의 剋을 당하고 戌土도 네번 剋을 당하므로 이러할 때는 孟神(寅·申·巳·亥)의 上神을 取하며 發用한다。萬若時 孟神이 없을 때는 仲神(子·午·卯·酉)의 上神을 取하여 發用한다。季神의 上神(辰·戌·丑·未)은 마땅히 取用치 않는다。以上의 課는 午火가 孟神의 上에 있으므로 午火가 初傳이 되는 것이다。

例三으로 正月 丙子月 亥將 辰時課

三傳: 子　未　寅

四課:

子	未	未	寅
丙	子	子	未

天地盤:

子	丑	寅	卯
亥			辰
戌			巳
酉	申	未	午

未土는 陰土이므로 따질것도 없고 寅木과 子水가 다 같이 上剋하는데 子水는 本家까지 돌아 오는동안 巳中戊土에 한번 未土와 未中己土에 한번 도합 네번이 되는 寅木도 申金과 申中庚金에 한번씩 酉金과 戌中辛金에 한번씩하여 도합 네번의 剋을 받고 데 季神은 마땅히 쉬어라 하였으므로 初傳은 孟上神의 子水가 發用된다。

例四로 五月 庚午日 未將 卯時課

辰　申　子

子　辰　戌　寅
庚　子　午　戌

子　亥　戌　酉
丑　　　　　申
寅　　　　　未
卯　辰　巳　午

辰土와 寅木이 上剋下하는데 辰土는 本家까지 오는동안 寅木에 한번 卯木에 한번 하여 도합 세번의 剋을 받고 寅木은 本家까지 돌아 오는동안 戌中 辛金에 한번만 剋을 받으니 辰土가 初傳이 된다.

例五로 戊辰日 丑將 午時課

子　未　寅

子　未　亥　午
戊　子　辰　亥

戊子　丑　己未寅　卯
亥　　　　　　　辰
戌　　　　　　　巳戌
酉　申癸　未子　午亥壬

第一課 子戊 第三課 亥辰 第四課 午亥로 다같이 下賊上하여 涉害課인데 亥水는 陰水이므로 따질것도 없고 子水와 午火를 비교해야 되는데 子水도 本家까지 네번 剋을 받고 午火도 本家까지 네번 剋을 받으므로 孟仲季를 살펴야 되는데 둘다 孟神上에 있고 剋도 또

한 같으니 이러할 때는 復等이라 하여 陽日일 때는 第一課나 第二課上神에서 發用되고

陰日일 때는 第三課나 第四課上神에서 發用하라 했으니 戊辰日은 陽日이므로 干上 즉 第

一課인 子水가 初傳이 된다.

再言∷涉害課의 四課中 季神上에 있는 上神은 寄宮까지도 무조건 제쳐놓고 따진다.

고로 陰日은 涉害과가 第一課(日干上)에서 發用할 수 없다. 왜냐 하면 陰日干의

寄宮은 全部 季神이 되기 때문이다.

遙 剋 法

四課無剋號爲遙

　四課中에서 上剋이나 下賊이 없는 것을 遙라고 이름한다

日與神兮遞互招

　日干과 二課 三課 四課上神과 遞互(서로)로 相剋하는가를 보는데

先取神遙剋其日

　먼저 二·三·四課等에서 日干을 剋하는 것을 取用하고

如無方取日來遙

　그렇지 않을 때는 日干이 他神을 剋하는 것으로 初傳을 삼아라

或有日剋乎兩神

　復有兩神來剋日

或是 日干이 剋하는 他神이 둘이 되거나 또는 日干을 剋하는 他神이 둘 이상이 될 때는。

擇與日干比者用　陽日用陽陰用陰

日干의 陰陽에 따라 陽日은 陽支를 쓰고 陰日은 陰支를 써라

例一　壬辰日 巳將 寅時課

```
        戌
        丑
        辰

戌 未 巳 寅
未 辰 寅 壬

申 酉 戌 亥
未       子
午       丑
巳 辰 卯 寅
```

第一課 寅壬이 水木相生하고 二課도 巳寅 木火相生하고 三・四課도 土土比和하여 相剋이 없으므로 遙剋課이다. 먼저 日干을 剋하는 것을 取用하라 했으니 戌土와 未土를 發用해야 되는데 未土는 陰土가 되므로 戌土가 初傳으로 發用된다. (壬日은 陽日이므로)

例二　壬申日 亥將 申時課

```
寅 亥 巳 寅
亥 申 寅 壬

申 酉 戌 亥
未       子
午       丑
巳 辰 卯 寅
```

四課가 전부 上下相生 되므로 遙剋課인데 日干을 剋하는 神은 없고 日干이 剋하는 巳
火만 있으므로 初傳이 巳火가 된다。

昂 星 法

無遙無剋昂星窮

剋도 없고 遙剋도 없을 때는 昂星法으로서 窮理하라

陽仰陰俯酉位中

酉字를 中心으로 陽日은 위로 쳐다보고 陰日은 아래로 내려다 본다(初傳論)

剛日先辰而後日　柔日先日而後辰

陽日일 땐 日支上神으로 中傳을 삼고 日干上神으로 末傳을 삼으며 陰日일 때는 日干上神을 中傳으로 하고 日支上神을 末傳으로 한다

昂星이란 二十八宿中　酉에 該當하므로 此課는 酉字를 中心으로 陽에는 地盤 酉上神을 初傳으로 하고 陰日에는 天盤 酉下神으로 初傳을 삼으므로 昂星課라고 하는 것이다。

例一　戊寅日 辰將 子時課

```
        丑
      午
    酉

戊  午  丑  酉
午  寅  酉  戊

    酉  戌  亥  子
    申          酉 丑
    未             寅
    午  巳  辰  卯
```

剋도 없고 遙剋도 없으므로 昴星課인데 陽日이므로 地盤酉上神인 丑土로 初傳을 삼고

中傳은 支上神이 되고 末傳은 干上神이 된다。

例二　丁亥日　巳將　寅時課

午
戌
寅

```
        巳 寅 丑 戌
        寅 亥 戌 丁

        申 酉 戌 亥
        未    午    子
        午         丑
        巳 辰 卯 寅
```

陰日이므로 酉下神인 午火가 初傳이 되고 中傳은 干上神이 되고 末傳은 支上神이 된다。

別責課

四課不全三課備　無遙無剋別責例

全部四課가 되지 못하고 三課밖에 되지 못하며 遙도 없고 剋도 없을 때 別責課가 된다。

剛日干合上頭神　柔日支前三合取

陽日은 日干과 干合하는 神의 天盤으로 初傳을 삼고 陰日은 日支의 三合前支 即 巳

日이면 酉・酉日이면 丑・丑日이면 巳로서 初傳을 삼고

陰陽中末干中歸

陽日이던 陰日이던 中傳과 末傳은 干上神으로 한다。

例一 丙辰日 辰將 卯時課

三傳: 亥 午 午

四課:
午 未 巳 午
丙 午 辰 巳

天地盤:
午 未 申 酉
巳 　 　 戌
辰 　 　 亥
卯 寅 丑 子

遙도 없고 剋도 없으며 午巳나 午丙이나 같으므로 四課가 되지 못하고 三課밖에는 안되므로 別責課이다。 陽日에는 干合하는 上神으로 初傳을 삼으라 했으니 丙火와 干合하는 것은 辛金이다。 辛金의 寄宮은 戌이므로 戌上에 있는 亥水가 初傳이 된다。 그리고 中傳과 末傳은 干上神인 午火가 된다。

例二 辛酉日 子將 丑時課

三傳: 丑 酉 酉

四課:
酉 申 申 未
辛 酉 酉 申

天地盤:
辰 巳 午 未
卯 　 　 申
寅 　 　 酉
丑 子 亥 戌

陰日이므로 日支前 三合으로 初傳을 삼는다。 別責課는 都合 九課밖에는 안되는데 陽日

은　戊午日　戊辰日　丙辰日에　干上에　午가　乘하면　別責課가　되고　陰日은　辛丑日과　辛未日

에　干上에　丑이나　未가　乘하면　別責課가　되고　丁酉日에는　干上에　巳가　乘하면　別責課가

되고　辛酉日에　干上에　酉가　乘하면　別責課가　되어　都合　九課가　되는　것이다。

八專法

兩課無剋號八專

四課나　三課가　되지　못하고　上下剋이　없을　때는　八專課가　된다

陽日日陽順行三　陰日辰陰逆三位

陽日일　때는　日干의　陽神에서　順行三番하여　初傳을　삼고　陰日일　때는　日支의　陰神

에서　逆으로　三番하여　初傳을　삼는다

中末總向日上眠

中傳과　末傳은　別責法과　같이　干上神으로　삼는다

例一　甲寅日　丑將　辰時課

三傳（初·中·末）: 丑　亥　亥

四課:

申	亥	申	亥
亥	寅	亥	甲

天地盤:

寅	卯	辰	巳
丑			午
子			未
亥	戌	酉	申

四課가 亥寅과 申亥뿐이므로 實上 二課밖에는 안된다。陽日이므로 日干의 陽神에서 順行三하라 했으니 日干의 陽神干上 亥에서 順으로 三番째는 丑이 되므로 丑土가 初傳이 되고 中末傳은 干上神인 亥水가 된다。

例二 丁未日 辰將 丑時課

丑	戌	丑	戌
戌	未	戌	丁

申	酉	戌	亥
未			子
午			丑
巳	辰	卯	寅

陰日은 日支의 陰神에서 逆으로 三位하라 했으니 日支의 陰神은 바로 第四課 上神이 된다。四課上神은 丑이므로 丑에서 逆으로 逆三位는 亥水이므로 初傳은 亥水가 된다。

以上에서 말한 順行三 逆行三은 전부 天盤을 말하는 것이지 地盤을 말하는 것은 아니다。

例三 己未日 酉將 未時課

亥	酉	亥	酉
酉	未	酉	未

未	申	酉	戌
午			亥
巳			子
辰	卯	寅	丑

日支의 陰神인 亥에서 逆三位는 酉가 되므로 酉金이 初傳이 되고 干上神이 中末傳이

되므로 中末傳 亦是 酉金이 된다。그러므로 初傳 中傳 末傳이 다같이 同一하다。

六壬은 總合 七百二十課인데 其中에서 하나 밖에 없는 課이므로 一名 獨足課라고도 한다。

伏吟法

伏吟有剋還爲用

伏吟課도 剋이 있는 것으로 初傳을 삼고

無剋剛干柔取辰

剋이 없을 때는 陽日에는 干上神으로 初傳을 삼고 陰日에는 支上神으로서 初傳을

삼아라

迤邐刑之作中末

계속해서 中傳과 末傳은 初傳의 三刑으로서 삼는데

若也自刑爲發用　次傳顚倒日辰併

萬若에 初傳이 自刑이 됐을 때는 陽日은 日支上神을 中傳으로 하고 陰日은 月干上

神을 中傳으로 하라

次傳更復自刑者　冲取末傳不用刑

그런데 中傳이 또다시 自刑이 될때는 中傳을 冲하는 것으로 末傳을 삼지 刑으로서

는 삼지말라

例一 六月 癸丑日 午將 午時課

三傳: 丑 戌 未

四課:
丑 丑 丑 丑
丑 丑 丑 癸

天地盤:
申 未 午 巳
酉   辰
戌   卯
亥 子 丑 寅

月將과 占時가 同一하며 地盤과 天盤이 同位가 될 때를 伏吟課라고 한다。 伏吟도 剋을 取하라 했으니 丑土로서 初傳을 삼고 順次로 三刑을 取하여 中傳은 戌이 되고 末傳은 未가 된다。

例二 丙辰日 申將 申時課

三傳: 巳 申 寅

四課:
巳 巳 辰 辰
巳 巳 辰 辰
（右: 巳/丙）

伏吟課인데 剋이 없으므로 干上神이 發用한다。 中傳과 末傳은 三刑의 順次대로 中傳은 申이 되고 末傳은 寅이 된다。

例三　丁丑日　未將　未時課

```
三傳        四課
丑          丑　丑　未　未
戌          丑　丑　未　丁
未

地盤
巳　午　未　申
辰　　　　　酉
卯　　　　　戌
寅　丑　子　亥
```

剋이 없이 陰日이므로 支上神인 丑이 發用된다。

例四　壬辰日　申將　申時課

```
三傳        四課
亥          亥　亥　辰　辰
辰          壬　亥　辰　辰
戌

地盤
巳　午　未　申
辰　　　　　酉
卯　　　　　戌
寅　丑　子　亥
```

剋이 없고 陽日이므로 干上神이 初傳이 되는데 自刑이 發用되었으므로 中傳은 日支上神이 된다。 그런데 中傳 亦是 自刑이 되므로 末傳은 中傳의 冲이 되는 戌土가 된다。

返吟法

返吟有剋亦爲用

返吟課도 亦是 剋을 取用하는데

無剋別有井欄名

剋이 없을 때는 따로 井欄이라 이름하여

丑日用亥未用巳　辰中日未容易尋

丑日에는 驛馬에 該當하는 亥를 初傳으로 하고 未日에는 巳를 初傳으로 하고 支上
神은 中傳이 되며 日干神은 末傳이 됨을 容易하게 알 수 있다.

例一　辛丑月　寅將　申時課

三傳

```
亥
　未
　　辰
```

四課

```
辰　戌　未　丑
辛　辰　丑　未
```

天地盤

```
亥　子　丑　寅
戌　　　　　卯
酉　　　　　辰
申　未　午　巳
```

月將과 占時가 相冲될 때는 自然히 天盤과 地盤도 相冲이 된다. 이러할때를 返吟課라고
한다. 上例는 返吟과도 剋을 取하라 했는데 剋이 없으므로 井欄格이 되어 驛馬에 該當하
는 亥水가 初傳이 되고 中傳은 日支上神이 되고 末傳은 日干 上神이 된다.

例二　庚戌日　亥將　巳時課

寅
申
寅

相剋하는 것이 있으므로 下賊上하여 初傳이 寅木이 되고 中傳은 冲하는 申이 되며 末傳은 다시 寅木이 된다.

四課

戌	辰	申	寅
辰	戌	寅	庚

天地盤

亥	子	丑	寅
戌			卯
酉			辰
申	未	午	巳

例三 癸巳日 子將 午時課

巳
亥
巳

四課

亥	丑	未	癸
巳	未	丑	未

天地盤

亥	子	丑	寅
戌			卯
酉			辰
申	未	午	巳

返吟課의 剋이 있는 것으로서 上剋하여 發用되는 것은 하나도 없다. 왜냐하면 前述한 바와 같이 六壬의 發用法에는 下賊하는 것이 優先權이 있기 때문이다.

上例에서도 未土가 癸水를 剋하나 下剋當하는 巳火가 있으므로 三傳은 巳亥巳가 되는 것이다.

遁干

壬學은 地支를 主로 하는데 三傳에서는 天干을 使用할 때가 많다。그러므로 天干을 찾아야 하는데 그 天干은 어느 旬에 該當하는가를 알아야 容易하게 찾을 수 있다。萬若에 壬午日에 三傳이 寅子戌이라면 壬午日은 甲戌旬中이므로 甲戌서 부터 따져서 乙亥 丙子 丁丑 戊寅 己卯 庚辰 辛巳 壬午 癸未等으로 되니까 初傳 寅은 戊寅이 되고 中傳 子는 丙子가 되고 末傳 戌은 甲戌이 되어 遁干은 戊 丙 甲이 된다。他日도 이에 準하기바란다。

空 亡

六十甲子는 六旬으로 되어 있는데 其一旬中에는 各各 其旬中에 包含되지 아니한 地支가 두개씩 있다。그 이유는 天干은 열이고 地支는 열둘이 되는데 六十甲子는 十干과 十二支를 陽과 陽 陰과 陰끼리 서로 結合하여 이루어 진 까닭이다。四柱命理學에서는 이것은 有位無祿이라고 稱하는데 空亡은 글자가 表示하고 있드시 萬事無實의 空虛한 狀態를 말한다。六十甲子에 對한 空亡은 전부 다음 表와 같다。

空 亡 早 見 表

甲子	甲戌	
乙丑	乙亥	
丙寅	丙子	
丁卯	丁丑	
戊辰	戊寅	
己巳	己卯	
庚午	庚辰	
辛未	辛巳	
壬申	壬午	
癸酉	癸未	
戌亥	申酉	공망

甲寅	甲辰	甲午	甲申
乙卯	乙巳	乙未	乙酉
丙辰	丙午	丙申	丙戌
丁巳	丁未	丁酉	丁亥
戊午	戊申	戊戌	戊子
己未	己酉	己亥	己丑
庚申	庚戌	庚子	庚寅
辛酉	辛亥	辛丑	辛卯
壬戌	壬子	壬寅	壬辰
癸亥	癸丑	癸卯	癸巳
子丑	**寅卯**	**辰巳**	**午未**

以上 早見表에서 보는 바와 같이 甲과 子, 乙과 丑, 丙과 寅 丁과 卯, 戊와 辰, 己와 巳, 庚과 午, 辛과 未, 壬과 申, 癸와 酉까지 天干과 地支를 맞추어 내려오면 戌과 亥에는 天干의 配當이 되지를 않는다. 이러할 때 戌과 亥를 空亡이라 한다. 甲戌旬中 以下도 以上과 같이 따지면 된다.

空亡은 다음과 같이 八種類로 區分된다.

一、漏底空　　地盤空亡을 말한다.

二、路途空　　天盤空亡을 말한다.

三、皆　空　　天地盤 다 같이 空亡이 되는 것을 말한다.

四、截　空　　三傳空亡을 말하는데 初傳이 空亡이 되면 斷首라하고 中傳은 折腰 또는 斷橋라하고 末傳은 折足이라고 부른다.

五、無依空　　第一課 天盤空亡을 말한다.

六、無室空　第三課 天盤空亡을 말한다。

七、孤鴻空　月干 寄宮空亡을 말한다。

八、虛聲空　占時가 空亡됨을 말한다。

以上과 같이 나누어지는데 天盤이 空亡이 되면 空亡으로서의 힘을 十分의 七로 보고 地盤空亡은 十分의 三으로 보며 天地盤 다 같이 空亡이 되면 十分의 十이 다 空亡이 된다。

驛　馬

申子辰 在寅　巳酉丑 在亥　寅午戌 在申　亥卯未 在巳

即 申日 子日 辰日은 寅이 驛馬가 되고 巳日 酉日 丑日은 亥가 驛馬가 된다。

驛馬는 三合하는 첫머리 글자와 冲하는 地支로서 每事 速成 速敗를 意味하는 神으로 遞驛을 담당하는 吉神이다。

旬　丁

丁神이란 作用力이 驛馬와 같은 것으로 壬學에서는 必要 不可缺하게 重要한 位置를 차지하는 것으로

甲子旬中에는 卯가 丁神이 되고

甲戌旬中에는 丑이 丁神이 되고

甲申旬中에는 亥가 丁神이 되고

甲午旬中에는 酉가 丁神이 되고

甲辰旬中에는 未가 丁神이 되고

甲寅旬中에는 巳가 丁神이 된다

驛

即 六十甲子中 每旬마다 丁字가 닿는 神이기 때문에 丁神이라고 하는데 其作用力이

馬와 같으므로 丁馬라고도 하며 每事에 速成 速達을 意味하는 遞驛之神이다.

德

德은 福佑之神으로 모든 凶煞을 制하고 災殃을 消散하게 하는 最吉神이다. 德에는 天德

月德 日德 支德의 四種이 있다.

天德은 다음과 같다.

月建	正	二	三	四	五	六	七	八	九	十	十一	十二
天德	丁	申	壬	辛	亥	甲	癸	寅	丙	乙	巳	庚

即 正月엔 丁이 天德이 되고 二月엔 申이 天德이란 뜻이다.

月德은 다음과 같다.

寅午戌月은 丙이 月德　　申子辰月은 壬이 月德
亥卯未月은 甲이 月德　　巳酉丑月은 庚이 月德

日德은 다음과 같다.

甲己日은 寅이 日德　　乙庚日은 申이 日德
丙辛日과 戊癸日은 巳가 日德　　丁壬日은 亥가 日德

支德은 다음과 같다.

日支	子	丑	寅	卯	辰	巳	午	未	申	酉	戌	亥
支德	巳	午	未	申	酉	戌	亥	子	丑	寅	卯	辰

子日은 巳가 日德 丑日은 午가 日德 寅日은 未가 日德이란 뜻이다.

祿

祿이란 日干의 祿으로 亦是 吉神中의 하나이다. 壬學에서는 祿을 많이 쓰고 또한 重要한 地位를 차지 하니 左에 表記한다.

日干	甲	乙	丙	丁	戊	己	庚	辛	壬	癸
日祿	寅	卯	巳	午	巳	午	申	酉	亥	子

天乙貴人

甲戊庚牛羊　乙巳鼠猴鄉　丙丁豬鷄位　六辛逢馬虎　壬癸兔蛇藏

甲戊庚 三日은 丑과 未가 貴人이고 乙日 己日은 申과 子가 貴人이며 丙丁日은 亥와 酉가 貴人이 되고 辛日은 寅과 午가 貴人이 되며 壬癸日은 卯와 巳가 貴人이 된다.

天乙貴人은 天地間의 最高의 神일 뿐만 아니라 最吉의 作用을 하는 福佑之神이다. 그

런데 天乙貴人은 陽貴人과 陰貴人이 있는데 六壬法에서는 陽貴人과 陰貴人의 使用에 따

라서 吉凶이 달라지므로 陰陽貴人을 뚜렷이 分別해야 된다.

六壬大全에서는 無條件 甲戊庚日은 丑이 陽貴 未가 陰貴로 乙己日은 子가 陽貴 申이

陰貴 丙丁日은 亥가 陽貴 酉가 陰貴 六辛日은 午가 陽貴 寅이 陰貴 壬癸日은 巳가 陽貴

卯가 陰貴로 풀어 大全전체를 說明했고 六壬尋原과 淸나라 康熙皇帝때 五行의 論理를 大

集成한 協氣辨方書에는

十干	甲	乙	丙	丁	戊	己	庚	辛	壬	癸
陽貴	未	申	酉	亥	丑	子	丑	寅	卯	巳
陰貴	丑	子	亥	酉	未	申	未	午	巳	卯

上記表와 같이 되어 있어 學者間에 論難이 많고 甚至於 六壬晰斯라는 册에서는 庚辛逢虎

馬라 하여 庚金까지도 辛金과 같이 貴人을 따져 各書마다 理論이 紛紛하나 天乙貴人의 學問

的 原理가 陰陽의 干合하는 論理에서 비롯됐고 五行之書의 中樞인 協氣辨方과 中國前近代

의 有名한 命運學家 袁樹珊先生도 自身의 著書 六壬探原에서 協氣辨方論을 取用했고 筆者도

亦是 經驗上 大全論보다는 協氣辨方論이 的中하므로 上記表와 같이 天乙貴人을 使用한다.

十二天將分布法

<table>
<tr><td>●
巳
地戶</td><td>●
午</td><td>●
未</td><td>●
申</td></tr>
<tr><td>○
辰</td><td colspan="2" rowspan="2">順　→
← 逆</td><td>●
酉</td></tr>
<tr><td>○
卯</td><td>●
戌</td></tr>
<tr><td>○
寅</td><td>○
丑</td><td>○
子</td><td>○
亥
天門</td></tr>
</table>

十二天將이란 天乙貴人 螣蛇 朱雀 六合 勾陳 靑龍 天空 白虎 太常 玄武 太陰 天后의

順序대로 十二神將이 되는데 이 十二神將은 天乙貴人의 對冲을 天空으로 하여 前으로 五

神 後로 五神으로 나누는데 前五神은 螣蛇 朱雀 六合 勾陳 靑龍이며 後五神은 天后 太陰

玄武 太常 白虎가 된다. 十二神將의 干支와 順序는 다음과 같다.

一、貴人(己丑)

二、螣蛇(丁巳)

三、朱雀(丙午)

四、六合(乙卯)

五、勾陳(戊辰)

六、靑龍(甲寅)

七、天空(戊戌)

八、白虎(庚申)

九、太常(己未)

十、玄武(癸亥)

十一、太陰(辛酉)

十二、天后(壬子)

十二貴人은 天盤에다 演布하는데 天乙貴人이 地盤의 亥子丑寅卯辰의 六位에 있으

면 十二天將을 順布하고 巳午未申酉戌의 六位에 있으면 十二天將을 逆布한다.

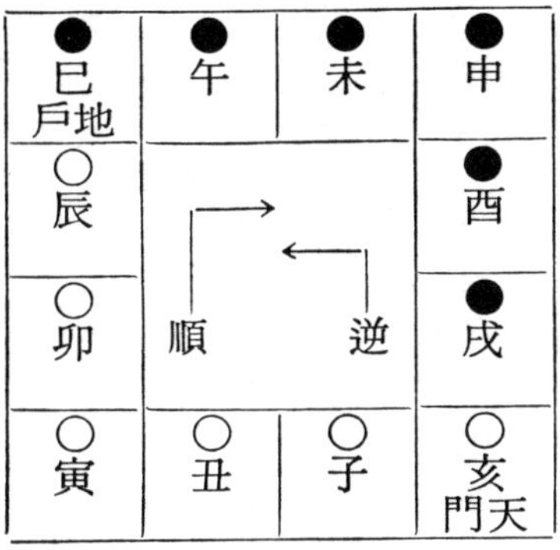

다음에 例를 들면

上圖와 같이 亥는 天門이 되고 巳는 地戶가 되어 陰

地와 陽地로 區分된다. 다시 말해서 天乙貴人이 낮이던

밤이던 晝夜를 莫論하고 ○표에 있게 되면 天乙貴人

다음에 螣蛇 朱雀 六合等으로 順行하고 ●표에 있게 되

면 螣蛇 朱雀 六合等을 上圖 화살표와 같이 逆으로 分

布한다° 그 다음에 陽貴와 陰貴를 어떻게 가리는가 하면 每日 卯時에서부터 申時까지는 陽貴를 쓰고 酉時에서 부터 寅時까지는 陰貴를 使用한다°

※ 陽貴(晝貴) 卯 辰 巳 午 未 申 時 中에 使用

※ 陰貴(夜貴) 酉 戌 亥 子 丑 寅 時 中에 使用

以上과 같이 되어 있으나 實上은 해뜨는 時刻부터 해지는 時刻前까지는 陽貴 即 晝貴를 쓰고 해지는 時刻부터 해뜨기 前時刻까지 陰貴 即 夜貴를 쓰면 된다°

實例로 丙辰日 申將 巳時課라면

蛇	陰	朱	后
申	亥	未	戌
丙	申	辰	未

蛇	申	酉	戌	亥	陰
朱	未			子	玄
合	午			丑	太
句	巳	辰	卯	寅	白

丙日의 天乙貴人은 酉와 亥가 있는데 해가 떠있는 巳時이므로 陽貴인 酉에 天乙貴人이 乘한다° 그러나 天乙貴人이 巳午未申酉戌의 陰地即 午方에 臨해 있으므로 十二神將은 逆布하여 申에 螣蛇 未에 朱雀 午에 六合 巳에 句陳 辰에 靑龍이 되고 戌에 天后 亥에

太陰 子에 玄武 丑에 太常 寅에 白虎가 臨하게 된다.

十二神將을 演布할 때는 前述한 바와 같이 對冲은 天空이 되고 앞으로 蛇 朱 合 勾 龍의 五神을 分布하고 뒤로 后 陰 玄 太 虎의 五神을 分布한다.

例二로 甲子日 卯將 未時課라면

玄	蛇	後	合
辰	申	午	戌
申	子	戌	甲

		白	太		
空	丑	寅	卯	辰	玄
龍	子			巳	陰
勾	亥			午	后
合	戌	酉	申	未	貴
		朱	蛇		

未時이므로 晝貴 未를 使用했고 貴人亦是 亥子丑寅卯辰의 陽地에 있으므로 貴人이 順行한다.

例三으로 辛卯日 子將 辰時課라면

虎	合	貴	太
未	亥	寅	午
亥	卯	午	辛

		貴	后		
蛇	丑	寅	卯	辰	陰
朱	子			巳	玄
合	亥			午	太
勾	戌	酉	申	未	虎
		龍	空		

辰時이므로 陽貴인 寅이 天乙貴人이 되고 貴人이 陰支 午에 乘해 있으므로 十二神將을 逆布한다。 初學者는 陰貴와 陽貴를 區別하는 時間과 天門 地戶로 갈라지는 陽地와 陰地를 혼동하지 말고 晝貴던 夜貴던 陽地에 있으면 順行하고 陰地에 있으면 貴人을 逆布하면 된다。 그리고 太陽이 진 後에는 陰貴를 使用하면 된다。

年　命

年命이란 本命과 行年을 말한다。 本命은 甲子生이면 一平生 地盤上의 子位가 변하지 않고 甲戌生이면 地盤上의 戌位置가 變하지 않는다。 그러나 行年이란 每年 自己 나이에 따라 流行하는 것으로 男子는 一歲를 丙寅에서부터 始作하여 二歲는 丁卯 三歲는 戊辰等으로 順行하고 女子는 一歲는 壬申에서 始作하여 二歲는 辛未 三歲는 庚午等으로 逆行한다。 行年起例의 根本的 原理는 確固하게는 모르겠으나 옛분들은 天開於甲子하고 地闢於乙丑하고 人生於丙寅한다고 하여 男子의 一歲를 丙寅에서 이르켰고 女子는 陰陽의 正對이므로 丙寅의 正對인 壬申에서 一歲를 起하여 逆行하게끔 만들었는데 이 行年法은 奇門法에서 主로 使用하고 命理에서도 或 使用하는 例가 있다。 다음은 男女 各 行年表인데 아라비아 숫자는 나이를 表示한 것이다。

男	子	行	年	表					
乙亥 10	甲戌 9	癸酉 8	壬申 7	辛未 6	庚午 5	己巳 4	戊辰 3	丁卯 2	丙寅 1
乙酉 20	甲申 19	癸未 18	壬午 17	辛巳 16	庚辰 15	己卯 14	戊寅 13	丁丑 12	丙子 11
乙未 30	甲午 29	癸巳 28	壬辰 27	辛卯 26	庚寅 25	己丑 24	戊子 23	丁亥 22	丙戌 21
乙巳 40	甲辰 39	癸卯 38	壬寅 37	辛丑 36	庚子 35	己亥 34	戊戌 33	丁酉 32	丙申 31
乙卯 50	甲寅 49	癸丑 48	壬子 47	辛亥 46	庚戌 45	己酉 44	戊申 43	丁未 42	丙午 41
乙丑 60	甲子 59	癸亥 58	壬戌 57	辛酉 56	庚申 55	己未 54	戊午 53	丁巳 52	丙辰 51

女　子　行　年　表									
癸亥 10	甲子 9	乙丑 8	丙寅 7	丁卯 6	戊辰 5	己巳 4	庚午 3	辛未 2	壬申 1
癸丑 20	甲寅 19	乙卯 18	丙辰 17	丁巳 16	戊午 15	己未 14	庚申 13	辛酉 12	壬戌 11
癸卯 30	甲辰 29	乙巳 28	丙午 27	丁未 26	戊申 25	己酉 24	庚戌 23	辛亥 22	壬子 21
癸巳 40	甲午 39	乙未 38	丙申 37	丁酉 36	戊戌 35	己亥 34	庚子 33	辛丑 32	壬寅 31
癸未 50	甲申 49	乙酉 48	丙戌 47	丁亥 46	戊子 45	己丑 44	庚寅 43	辛卯 42	壬辰 41
癸酉 60	甲戌 59	乙亥 58	丙子 57	丁丑 56	戊寅 55	己卯 54	庚辰 53	辛巳 52	壬午 51

還甲以後엔 다시 男子 丙寅에서 女子는 壬申에서 前과 같이 返復한다。

例를 들어 己酉日 申將 未時課 當年二十七歲 甲申生 男命이라면 다음과 같다。

×표는 本命을 뜻한다。 →표는 行年을 뜻한다。

○표는 空亡을 表示한 것이다。

三傳

后	亥
貴	子
蛇	丑

四課

太	玄	陰	后
申	酉	戌	亥
己	申	酉	戌

天地盤 (×本命 · 行年)

<table>
<tr><td>空 午</td><td>白 未</td><td>太 申</td><td>玄 酉</td><td>×本命</td></tr>
<tr><td>龍 巳 ←</td><td></td><td></td><td>陰 戌</td><td></td></tr>
<tr><td>○ 勾 辰</td><td></td><td></td><td>后 亥</td><td>行年</td></tr>
<tr><td>○ 合 卯</td><td>朱 寅 ○</td><td>蛇 丑</td><td>貴 子</td><td></td></tr>
</table>

男命이므로 上記 行年早見表에서 보듯이 二七歲는 行年이 壬辰이 되므로 本命이 甲申生이니까 地盤 申位에서 即 本命 ×표에서 行年으로 화살표를 그으면 섭게 알아 볼 수 있고 空亡은 ○표로 記入하면 簡單하다。

第四節　神將總論

一、十二神　詳解

十二神이란 十二地支로 天下의 世上 萬物에 付合되지 않음이 없다. 멀리는 天體로부터 가까이는 人體에 이르기까지 일일이 該當되어 한없이 敷演할 수 있으나 우리 一常生活에 直接 關係되는 것만 詳論코저 한다.

亥 (登 明)

五行은 水神이고 節氣는 立多 小雪이며 月將은 正月將이다. 壬水가 其上에 寄하고 木은 其下에서 生한다. 音은 角音이며 數는 四、色은 褐色이고 味는 鹹하며 二十八宿는 室과 壁에 該當하고 雙魚宮으로서 方位는 西北이다.

事項은 禎祥 徵召 陰和 汚穢等을 主事하며 凶將이 乘하면 爭訟 拘繫 沉溺等事가 있고 巳酉丑月 占課는 失物이 있다. 類神은 雨師 孫 뱃사공 食母等인데 四仲에 加하여 六合이 乘하면 幼子이고 子에 加하거나 酉에 加하면 醉人이며 玄武가 乘하면 盜賊이다. 身體로는 髮腎膀胱頭風 간질 학질等을 나타내기도 하는데 日干에 加하면 머리가 되고 巳에

加하면 頭面이 깨진 뜻이고 陽日에 加甲 陰日에 加未하면 足이 되며 年命에 加하게 되면

泄瀉로 보고 子에 加하면 痰熱이 있다。玄武가 乘하면 눈에 눈물이 나고 天后가 乘하면

溺死 螣蛇가 乘하면 哀哭、貴人이 乘하면 徵召를 뜻한다。

家宅으로는 園牆의 基礎 마구간 等인데 靑龍이 乘하면 다락、六合이 乘하면 樓閣、卯

에 加하면 봉당、戌에 加하면 변소、勾陳이 乘하면 獄、太常이 乘하면 쌀곡간이 된다。

또 圖畫幞帳熊傘笠圓環等도 되는데 피리 野猪熊魚鱉稻梅花 마늘종等을 나

타낸다。飮食으로는 酢醬인데 太常이 乘하면 穀이 되고 子에 加하면 보리가 되며 朱雀이

乘하면 소금이 된다。

姓氏로는 楊 朱 魯 魏 于 房 任 等이고 三水姓도 된다。

戌 (河魁)

五行으로는 土神이며 節氣는 寒露 霜降이고 二月將이다。音은 商音이고 數는 五고 色

은 黃色이고 味는 甘이고 二十八宿는 奎 婁에 屬하며 白羊宮이며 方位는 北으로 向한 西

이다。

事項은 詐欺와 奴婢等의 逃亡之事이고 印綬之事도 되는데 萬若 發用하면 舊事가 다시

새로이 되고 破財나 聚衆等事이다。類神은 陰、雲、奴、軍人、사냥군、僧道、小童이 되고

子 午에 加하면 舅翁、申에 加하면 兵卒、朱雀에 乘하면 官吏、天后가 乘하면 長者、白

虎가 乘하여 日을 剋하면 盜賊、玄武가 乘하면 乞丐、句陳이 乘하면 聚衆이다。

身體上으로는 脾 命門 膝 足 胸脇 腹痛 脾洩 가위눌림等이고 年命에 加하면 足疾、天空

이 乘하면 行步艱難이다。 家宅으로는 城郭 土岡 營堂 사랑 마당 봉당 浴室 牢獄 四季에

加하면 울타리、螣蛇가 巳午에 加하면 竈治、白虎가 乘하면 墳墓、玄武가 乘하여 寅에 加

하면 坑廁、甲日에 寅에 加하면 울타리 等이 된다。

動物로는 개 이리 담비가 되고 五穀麻豆 명주실 禮服 도장(印) 신발 軍器 자물쇠 도

자기等도 되는데 太常이 乘하면 印綬。玄武가 乘하면 도리깨(枷) 句陳이 乘하여 申이나 酉

에 加하면 돌로 본다。姓氏로는 王魯 徐가 된다。

酉 (從魁)

五行은 金神으로 節氣는 白露 秋分이고 三月將이다。音은 羽聲이며 數는 六이며 味는

辛이고 色은 白色이며 二十八宿는 胃 昴 畢에 該當되며 金牛宮으로 方位는 正西이다。

主事로는 陰私 解散 賞賜 等이고 또 金錢 奴婢 消息 等을 主로 한다。類神으로는 子에 加

하면 장마(霖雨)、戌에 加하면 서리、巳午에 加하면 눈、巳에 加하면 바다、子에 加하면

江、玄武가 乘하면 水邊이 되고 婢 妹 少女 外妾 酒人 도박꾼 銀行人 高利貸金業者 페인트

나 도금상인 등이고 子丑에 加하면 老婢、天空이 乘하면 小婢、青龍이 乘하면 妾、太常

이 乘하여 卯에 加하면 樂器의 技術、六合이 乘하여 寅申에 加하면 比丘尼、白虎가 乘하

여 四孟에 臨하면 邊兵이 된다.

身體로는 肝膽 小腸 耳 目 口 鼻 皮毛 精血 音聲 咳嗽 勞傷 蛇雀이 乘하면 目疾 丙丁日에 干에 加하면 赤眼 行年에 加하고 本命을 刑하면 刀傷 太陰이 乘하면 脾肺를 損傷한 것이다.

事物로는 塔 山岡 街道 倉庫 門戶 酒坊 石穴 碑銘 연자방아 金銀 首飾 珍珠 銅鏡 等인데 龍虎가 乘하고 旺相하면 金玉 囚死하면 小刀 丙丁日에 太陰이 乘하면 錢 甲乙日에 白虎가 乘하면 孝服이다. 또 小麥 酒漿 菜蔬 마늘 생강 鳥 鴨 鵝 雉 等이고 夫妻不和 天后가 乘하면 私通 貴人이 乘하면 賞賜 句陳이 乘하면 解散 朱雀이 乘하면 口舌이다. 姓氏로는 石 金 劉 閔 鄭 呂.

申 (傳送)

五行은 金神으로 節氣는 立秋 處暑이며 四月將이다. 音은 徵고 數는 七이며 味는 辛이고 色은 栗色이며 二十八宿로는 觜參에 屬하고 陰陽宮으로 方位는 西南이다.

主事로는 道路 疾病 音耗 等事이다. 類神은 行人 公人 兵卒 郵便 交通部 金石匠 商賣 屠尸 醫師 巫堂 사냥군 太常이 乘하면 僧道 身體로는 肺 肝膽 大腸 筋骨 心胸 脈絡 音聲 缺唇 隨胎 白虎 瘡腫 骨痛 等이다.

事物로는 城 神祠 郵便物 交通部 車庫 道路 私廊 天后가 乘하면 湖나池. 猿 猩猩 大麥

絹帛 羽毛 藥物 金銀 刀劍 白虎가 乘하면 兵器 天空이 乘하면 방아 疾病 陞遷 驛遞 死屍 靈柩 玄武가 乘하여 亥에 加하면 失脫 句陳이 乘하면 攻劫 螣蛇가 乘하면 喪孝 亥에 加하여 日干을 剋하면 水厄이 있다. 姓氏는 郭 申 晉 韓 金。

未 （小 吉）

五行은 土神으로 節氣는 小暑 大暑이며 五月將이다. 音은 徵요 數는 八이며 味는 甘이고 色은 黃色이며 二十八宿는 井鬼에 該當하며 巨蠏宮으로 方位는 南으로 西를 兼했다.

主事로는 風伯 父母 妹 寡婦 道士 酒師 帽匠 知識人 賓客 亥에 加하면 繼母 太陰이 乘하면 姨 또는 小姑 天后가 乘하면 舅姑 未에 加하면 醉人 寅에 加하면 婿 酉 丑에 加하면 老人 等이다.

身體上으로는 脾 胃 肩背 脊梁 腹 口 唇 齒 傷食 翻胃嘔逆 疲勞 事物로는 土塚 墻垣 井 茶房 酒坊 天空이 乘하면 井泉 辰에 加하면 田園 卯에 加하면 林木 乙木에 白虎가 乘하면 墳墓가 되고 桑葉 木棉 小麻 冠裳 印信 醫藥 酒食 子에 加하면 醬 慶賀 宴會 等이 되고 壬癸日에 雀 句가 乘하면 爭訟 靑龍이 乘하면 徵召 朱雀이 乘하여 亥子에 加하면 蝗蟲 辛巳日에 白虎가 乘하면 大風이 된다. 姓氏는 高 張 杜 魏 楊。

午 （勝 光）

五行은 火神으로 節氣는 芒種 夏至이며 六月將이고 音은 宮音이며 數는 九로 味는 苦

요 色은 赤色이며 二十八宿로는 柳 星 張이 되고 獅子宮으로 方位는 正南이다。 主事는

文書나 官事이다。

類神으로는 霞 晴 婦女 蠶姑 旅客 軍官 騎兵 巫女 鐵匠 伴侶 天后가 乘하면 善人 句陳

이 乘하면 亭長 太常이 乘하면 妾 心 口 舌 營衛 神氣 玄武가 乘하면 驚恐 子에 加하면

疝氣 卯酉에 加하면 目疾 朱雀이 乘하면 傷風 下痢 等이다。

事物로는 太陽 宮室 城門 堂 窰治 山林 田宅 白虎가 乘하면 道路 太常이 乘하여 申酉

에 加하면 厨房 火燭 旌旗 絲繡 書畫 衣裳 火爐 等이 되고 常合이 乘하면 衣物이 된다。

또 獐 鹿 絲綿 紅豆로 卯에 加하면 小豆가 되고 文書 信息 光彩 火怪 詞訟 等이 된다。

朱雀이 乘하면 誠信 六合이 乘하면 通語 申에 加하면 呪咀 白虎가 乘하면 道路와 刀兵

이다。 姓氏로는 張 李 許 周 馬 朱 柳。

巳 (太 乙)

火神으로 節氣는 立夏 小滿이며 七月將이다。 音은 角音이고 數는 四며 味는 苦하고 色

은 紫色이며 二十八宿로는 翼 軫에 該當하며 雙女宮으로 方位는 東南에 屬한다。

主事로는 爭鬪 口舌 驚恐 怪異等事고 類神으로는 무지개 冬至後로는 長女 朋友 主

婦 畫師 術士 料理士 도자기공 騎卒 手藝人 太陰이 乘하면 娼婦 辛日에 螣蛇가 乘하면 弔

客 辰戌에 加하면 囚徒 心臟 三焦 咽喉 頭面 齒股 小腸 胃 雀斑 齒痛 吐血 太陰이 乘하

면 頭面疼痛 또 부뚜막 火爐 장농 磁器 벽돌 개와 弓弩 樂器 車騎 布帛 花果 申에 加하

면 쑷 酉에 加하면 큰독 戌日에 句陳이 乘하면 피리 未에 加하면 부뚜막 옆에 있는 우물

未가 加하면 우물 옆에 있는 부엌 飛鳥 蜥蜴 蚯蚓 飛虫 紅頭 사철나무 六合이 乘하면 鳴

蟬이 된다。

또 文學 取索 孕胎도 되고 螣蛇가 乘하여 辰에 加하면 雙胎 日辰을 剋하면 욕설(惡談)

酉에 加하거나 酉가 加하면 徒配 白虎가 乘하여 日辰을 剋하면 外服。 姓氏로는 陳 石 趙

田 張 朱。

辰 (天 罡)

五行은 土神으로 節氣는 淸明 穀雨에 該當되고 八月將이다。 音은 商聲이며 數는 五며

味는 甘하고 色은 黃色이고 二十八宿로는 角 亢에 該當되며 天秤宮으로 方位는 東南에

屬한다。

主事로는 爭鬪 詞訟 死喪 田宅 等이다。 類神으로는 안개이나 陽支에 加하면 맑고 陰支

에 加하면 비가 된다。 獄神 軍人 兇徒 奴隷 漁夫 玄武가 乘하여 子에 加하면 強盜 白虎

가 乘하면 屠殺人 巳午에 加하면 老人 身上으로는 脾 肝 肩 項 皮膚 項門 中風 癰腫 句

陳이 乘하면 咽喉腫塞 岡嶺 荒塚 池沼 寺觀 廊虛 祠堂 갯도랑 石欄 田園 墻垣 井泉 天后

가 亥에 加하면 海水 玄武가 乘하여 巳에 加하면 井泉 天空이 乘하면 山坡 甲胄 항아리 벽

돌 개와 破衣 死屍 魚 五穀 麻 螣蛇가 乘하면 그물 亥에 加하여 靑龍이 乘하면 蛟龍 頑惡 堅硬 天空이 乘하면 詐欺 句陳이 乘하면 戰鬪 玄武가 乘하면 妖邪 六合이 乘하면 妊娠 蛇虎가 乘하며 剋日하면 自縊 姓氏로는 郭 鄭 龍 陳 田 周。

卯 （太冲）

五行은 木神으로 節氣는 驚蟄 春分에 該當하며 九月將이다。音은 羽聲이며 數는 六이고 味는 酸하며 色은 靑色이고 二十八宿는 氐 房 心에 屬하며 天蝎宮으로 方位는 正東이다。主事는 驛郵 舟 車 林木等事이다。類神은 雷震 巳日에 靑龍이 乘하면 비 長子 經紀人 盜賊 貴人이 乘하면 術士 勾空이 乘하면 沙門 未에 加하면 兄弟 巳午에 加하면 匠人身上으로는 肝 大腸 手背 筋 目 膏盲病 胸脇多風 六合이 乘하면 骨肉酸痛 卯에 加하든지 卯가 加하면 目疾 春日에 天后가 乘하여 子에 加하면 疫病、事物로는 池澤 大林 竹叢 舟車辰에 加하면 橋梁 螣蛇가 乘하면 陸 前門 梯 衣架 園 水徑 門戶 楷林 香盒 笙簧 鼓笛 箱子 輪 申酉에 加하면 木器 丑未에 加하면 竹器 天后가 乘하며 子에 加하면 水車 靑龍이 乘하면 竹棒 動物로는 狐 貉 羝羊 驢（나귀） 螣蛇가 乘하여 巳午에 加하면 노새（騾） 참외 수박。姓氏로는 楊 盧 高 劉 宋 柳 李。

寅 （功曹）

五行은 木神으로 節氣는 立春 雨水에 該當하며 十月將이다。音은 徵聲이고 數는 七이

며 味는 酸하고 色은 碧色이며 二十八宿는 尾 箕에 該當되며 天馬宮으로 方位는 東北이다。

主事로는 木器 文書 婚姻 財帛 官吏等事이다。類神으로는 風伯 白虎가 乘하여 申에 加

하면 大風이다。督郵 賓客 家長 夫婿 龍合이 乘하면 秀才 申에 加하면 道士 天后가 乘하

여 未에 加하면 醫師 身上으로는 肝膽 手筋 脈 髮 口 眼 三焦 目痛 肝胃痛。

事物로는 道路 公衙 寺廟 叢林 書室 棺槨 木器 文書 天空이 乘하면 棒杖 午에 加하거

나 午가 加하면 棟柱 朱雀이 乘하면 횃불(火炬) 玄武가 乘하면 雜色班文 六合이 乘하고

壬癸日에는 叢木 丙丁日에는 땔나무 動物로는 豹 貓 植物은 早木 瓜果 謁見 陞遷 朱雀이

乘하면 誠信 貴人이 乘하면 徵召 太常이 乘하면 書籍 卯에 加하면 文章 螣蛇가 乘하여

午에 加하면 五色 巳亥에 加하면 迷路。姓氏로는 韓 蘇 林 朱。

丑 (大 吉)

五行은 土神으로 節氣는 小寒 大寒이며 十一月將이다。音은 徵聲이고 數는 八이며 味

는 甘하고 色은 黃色이며 二十八宿는 斗 牛에 該當하며 磨蝎宮으로 方位는 東北이다。

主事는 田宅 園圃 爭鬪等事며 또 財帛 宴會等을 主로 한다。類神으로는 雨師 白虎가

乘하면 風伯 卯에 加하면 先雨後雷 卯가 加하면 先雷後雨이며 神佛 僧尼 賢者 旅客 軍

官 巫女 農夫 太歲가 加하면 宰執 勾陳이 乘하면 將軍 亦是 兵卒도 되고 貴人이 乘하면

長者 天空이 乘하면 난쟁이 身上으론 脾 腎 小腸 腹 足 肩背 耳 禿髮 病目 腹病 脾病 氣

喘 貴人이 乘하면 腰腿 痿痺 亥에 加하거나 亥가 加하면 腸泄 事物로는 墓 田 社壇 倉庫

桑園 廚房 辛酉日에 靑龍이 乘하면 橋梁 申에 加하면 僧舍 巳가 加하면

土坑 六合이 乘하면 道院 貴人이 乘하고 寅에 加하면 宮殿 太常이 乘하면 田宅 巳日에

戌에 加하면 土地 貴人이 乘하여 旺相하면 珍珠 未에 加하면 不完物 天空이 乘하면 罐 卯

酉에 加하면 缸 太常이 乘하면 甜物 卯日은 車橋 動物로는 龜 蜈蚣 子에 加하면 자라 植

物로는 大麻 黃豆 野菜。

또 呪咀 朱雀이 乘하며 寅에 加하면 文書 丙日에 朱雀이 乘하면 學薦。姓氏로는 田 孫

吳 趙 楊 黃。

子 (神 后)

五行은 水神으로 節氣는 大雪 冬至에 該當하며 音은 宮聲으로 數는 九이며 味는 鹹하

고 色은 黑色이며 二十八宿는 女 虛 危에 該當되고 寶瓶宮으로서 方位는 正北이다.

主事는 陰私 暗昧 婦女等事이다。類神은 雲 雨 天河 子日에 龍玄이 乘하면 大雨 酉

에 加하면 天陰 冬至後 巳午에 加하면 雪 妻 媳 女 漁夫 淫女 乳媼 尾夫 天后가 乘하면

幼女 亥에 加하면 小孩 未丑에 加하면 夫婦 日辰에 加하면 舅姑 太陰이 乘하면 婢妾 동

서(姒娌)도 되고 酉에 加하면 孀婦 白虎가 乘하여 辰에 加하면 軍婦 玄武가 乘하면 盜賊

太常이 乘하면 娼婦 身上으로는 腎 膀胱 月經 腰 傷風 腎渴 痢 天后가 乘하면 血 崩 白虎

가 되어 剋日하면 血疾 事物로는 江湖 갯도랑 水泊 臥室 冰物 石灰 籠匣 玄武가 乘하여

亥에 加하면 雪糖 辰戌에 加하면 개와 天后가 乘하여 寅卯에 加하면 布帛 螣蛇가 乘하면

浴盆 박쥐 제비집 黑豆、身上으로는 胎産 淫亂 六合이 乘하면 奸邪 靑龍이 乘하면 亡遺

天空이 乘하면 哀聲。姓氏로는 任姜孔陳。

二、十二天將詳解

天下 萬物은 天地相交로서 成育되는데 그것은 地氣의 生門인 艮土 即 己丑土에서 이루어진다。

그러므로 貴人은 己丑土가 되어 萬乘天子가 되므로 合하는 神后로서 天后로 하여 後宮의 神으로 삼는다。貴人은 壬式中의 天子로 最高의 位며 日月이 萬物을 明鑑하는 形象으로

前으로는 第一에 螣蛇 第二에 朱雀 第三에 六合 第四에 句陳 第五에 靑龍等의 木火神을

左列케 했고 後로는 水火旣濟의 形象으로 第一에 天后 第二에 太陰 第三에 玄武 第四에

太常 第五에 白虎等의 金水神을 놓아 右列케 했다。天空은 貴人의 對로 有名無實之象이

며 貴人을 冲하는 關係로 無物의 狀態이다。貴人은 天盤에서 이르키는데 順布할 때는 天

門을 등지고 地戶를 向해서 나가고 逆布할 때는 地戶를 등지고 天門을 향해서 들어 온다。

壬學의 吉凶은 天將 關係가 重要한 것인데 天將의 五行은 天將自體의 五行을 따지지

말고 天盤에 乘한 十二地支의 五行에 따라 生剋을 따져야 한다.

例를 들면 貴人이 亥子에 乘하면 비록 貴人 自體의 五行은 丑土이지만 亥子水로서의 貴人으로 따져야 한다. 거듭 말해서 貴人이 申酉에 乘했으면 申酉金으로 巳午에 乘했으면 巳午火로 본다.

以上의 理致를 잘 알고 壬癸日에는 貴人이 土神이므로 日干을 剋하여 凶하다는 妄斷을 避하기 바란다. 그러므로 貴人 靑龍 六合 太常은 비록 吉神이지만 十二支에 乘한 地支에서 日干을 剋할 때는 幸中不幸이라고 하여 오히려 좋지 못하고 白虎 螣蛇 玄武는 비록 凶將이라 할지라도 乘한 地支에서 月干을 生할 때는 不幸中幸이라 해서 오히려 吉한 作用을 한다.

다음에 十二天將의 吉凶을 詳細히 說明코자 한다.

一、 天乙貴人

天乙貴人은 己丑土에 屬하는 吉將이다. 十二天將의 主로서 吉祥을 내리고 福祿을 주며 災厄을 없애 주고 危險을 消散시키는 作用을 하는데 順布케 되면 吉하고 逆布케 되면 凶하다. 所乘한 神과 相生 比和하면 吉하고 相剋하면 凶하다.

貴人이 順布하고 다시 日干과 相生하면 비록 課傳에서 螣蛇나 勾陳과 같은 凶將을 보더라도 크게 凶하지 않고 貴人이 逆布되고 다시 日干을 剋하면 비록 課傳中에 靑龍이나

六合과 같은 吉將이 있다 하더라도 크게 吉하지 못하다. 貴人은 得地하면 貴하고 失地하면 賤하다. 그러므로 君子는 福을 받고 小人은 오히려 災殃을 받는다. 貴人이 逢空하거나 落空(逢空은 天盤空 落空은 地盤空)이 되면 기쁜 일이던 슬픈 일이던 전부 허사이다. 太歲가 貴人이 될때에는 三傳에 있지 않더라도 亦是 救助를 받으며 매사에 귀인이 도와 주나 病占에는 救助를 못한다. 貴人이 發用하고 萬若에 富貴課나 龍德課(後篇課經參照)가 될 때는 求하는 일에 있어서 이루어 지지 않는 것이 없다.

貴人이 日辰의 前에 있으면 動이라 하고 日辰後에 있으면 靜이라 한다. 貴人에는 日貴와 夜貴가 있는데 해가 지기 전의 占斷은 日貴가 顯하고 夜貴가 隱하며 夜占에는 夜貴가 顯하고 日貴가 隱하는데 이렇게 隱藏된 貴人을 가리켜서 簾幙貴人이라고 한다. 그것은 貴人이 簾幙中에서 隱在하여 있는 것과 같기 때문이다. 簾幙貴人이 年命이나 干上에 臨하여 日干과 相生하면 어떠한 考試에도 合格한다.

그리고 보통 謀事에 兩貴人이 入傳하거나 一貴人은 干上에 臨하고 一貴人은 辰上에 臨하면 반드시 貴人이 둘이 있어 분에 넘치는 힘을 얻는다. 日夜二貴人이 卯酉上에 다 같이 있게 되면 關이라 하고 子午上에 다 같이 있으면 隔이라고 하여 매사가 閉塞不通하는데 以上은 甲戊庚日에만 限해서 있게 된다.

一, 貴人이 子上에 臨하면 解紛이라고 하는데 紛擾한 일이 모두 解散된다.

二、貴人이 丑上에 있으면 升堂이라고 하고 投書나 策謀에 發展이 있고 貴人을 引接할

수 있다。(但 甲戊 庚日은 反凶)

三、貴人이 寅上에 있으면 憑几라고 하고 私的請謁에 마땅하다。

四、貴人이 卯에 있으면 登車라 하고 酉에 있으면 入室이라 하는데 모두 煩躁不寧하고

關隔되어 不通하고 家宅의 遷移之象이 있고 食口中에 疾病의 근심이 있을 수 있다。

五、貴人이 巳午에 있으면 受賞이라고 하여 薦拔 遷擢의 기쁨이 있다。

六、貴人이 辰戌에 있으면 入獄이라고 하여 煩惱가 끝이지를 않으며 貴人을 訪問하면

貴人이 投獄됐거나 아니면 相面한다 하드라도 不利하다。

七、貴人이 未에 있으면 列席이라 하고 宴會之事가 있다。

八、貴人이 申에 있으면 移途라고 하고 貴人을 途中에서 만날 수 있다。

九、貴人이 亥에 있으면 還宮이라 하거나 또는 貴登天門이라고 하여 諸煞이 制伏當하

고 매사에 이로움이 있다。

類神=貴官 尊長 俸祿 文章 首飾 珍寶 穀麻 牛鼈。病은 寒熱 頭暈이며 色은 黃色 數

는 八이다。

二、 螣 蛇

螣蛇는 丁巳의 火에 屬하는 凶將이다。火光 驚疑 憂恐 怪異等事를 主로 하나 所乘한 神

과 相生하거나 比和하면 吉하고 그렇지 않을 때는 凶한데 空亡이 되면 吉凶이 減半하고

刑煞이 될 때에는 災病이 일어 난다。 螣蛇가 乘한 神이 旺相하고 다시 相生이 될 때에는

胎産이나 婚姻의 기쁨이 있는데 그것은 陰私나 血光을 맡은 神將이기 때문이다。

怪異占에 螣蛇가 乘하여 旺相하면 반드시 生物이고 死囚하면 반드시 死物이거나 有聲

無形하게 된다。 夢占이나 怪異占에는 먼저 螣蛇나 其陰神을 보고 日辰과 三傳은 다음으

로 본다。

螣蛇가 火神에 乘하여 火鄕에 臨하고 또 占時가 巳午時면 火災나 口舌 官災이다。 螣蛇

의 所乘한 神이 日干과 財가 되고 또 神將이 旺相하고 相生이 될 때에는 求財에 大吉한

데 반대일 때는 놀라는 일이 있다。 財物占에 螣蛇가 日辰에 臨하면 반드시 그 物件이 下

賤한 것이다。

一、 螣蛇가 子에 있으면 掩目이라고 하여 절대로 사람을 傷하지 못한다。

二、 丑에 있으면 盤龜라고 하고 災禍는 消滅되고 福이 다다른다。

三、 寅에 있으면 生角이라고 하고 旺하며 得時한즉 咬龍이 되니 每事 進取해도 이로움

이 있고 衰하여 失時한즉 蜥蜴이 되어 退藏함에 宜롭다。

四、 卯에 있으면 當門이라고 하고 申에 있으면 銜劍이라고 하여 不測之災가 있다。

五、 辰에 있으면 象龍 戌에 있으면 入塚이라고 하여 다같이 災難이 全消한다。

六、巳에 있으면 小兒의 夜啼가 있고 日支를 剋하면 難産한다。

七、午에 있으면 乘務라고 하여 怪夢이 있고 訟事에는 大忌한다。

八、未에 있으면 入林이라고 하고 主로 停柩未葬之象이며 家鬼作祟이 있다。

九、酉에 있으면 露齒라고 하여 주로 陰人의 災疾이 있고 口舌 怪異가 있다。

十、亥에 있으면 墮水라고 하여 逢凶化吉된다。

類神＝文字 火光 血光 痼婦 螢惑小人 蛇 蛟 豆 黍。病은 手足 頭 目의 癰腫 見血等이

고 色은 紫며 數는 四이다。

三、朱雀

朱雀은 丙午火에 屬하는 凶將이다。得地하면 吉하고 文章 印信等事를 主로 하는데 失地하면 凶하여 火災 詞訟 財物損失 育畜災傷等의 일이 있다。萬若 所乘한 神이 旺相하고 또

刑煞이 되면 害는 더욱 심하고 그렇지 않을 때는 재해는 크게 일어 나지 않는다。

公害占에 朱雀이 逆布되면서 日干을 剋하면 반드시 윗사람에게 嗔責당하고 順布할 때

는 그렇지 않다。考試占에는 반드시 朱雀을 보아야 한다。所乘한 神이 萬若 太歲月建 或

月將이 되어 歲月日이 相合하고 또 祿馬나 日德이 生旺之鄕에 臨하면 반드시 高第한다。

그러나 刑剋이 되거나 空亡이 되거나 死絶之鄕에 臨한 때는 반드시 不合格한다。但 課體

나 三傳이 다같이 吉할 때는 상관 없다。朱雀이 火神에 乘하여 火鄕에 臨하고 占時 또한

巳午時면 반드시 火災가 있다。

그러나 伏吟課라면 神煞이 伏而不動하므로 가히 免할 수 있다。

一、朱雀이 子에 있으면 損羽라고 하여 考試에는 落第하고 詞訟에는 無妨하다。

二、丑에 있으면 掩目이라고 하고 動靜에 다 吉하며 口舌의 念慮는 없는데 考試에는 不利하다。

三、寅卯에 있으면 安巢라고 하여 文書는 遲滯되나 口舌占에는 平息된다。

四、辰戌에 있으면 投網이라고 하고 文書의 遺失이 있다。

五、巳에 있으면 晝翔이라고 하여 口舌 詞訟에는 凶하나 文書 音信에는 吉하다。

六、午에 있으면 銜符라고 하고 申에 있으면 勵嘴라 하여 怪異 官災 詞事等이 있으나 考試에는 吉하다。

七、未에 있으면 臨墳이라고 하고 亥에 있으면 入水라고 하여 投書 獻策에 不宜하고 失財가 있다。

八、酉에 있으면 夜噪라고 하고 官災 疾病 等이 있다。

正月酉 二月巳 三月丑 四月子 五月申 六月辰 七月卯 八月亥 九月未 十月午 十一月寅 十二月戌 等에 朱雀이 乘하면 朱雀銜物이라고 하며 婚姻 財物等事가 있고 正月巳 二月辰 三月午 四月未 五月卯 六月寅 七月申 八月酉 九月丑 十月子 十一月戌 十二月亥等에 朱雀

이 乘하면 朱雀開口라 하여 爭鬪 口舌이 있다。

類神=瘋婦 熒惑小人 羽毛 文章 獐馬 果 穀。 病으로는 胸 腹陰腫 嘔血 色은 赤 數는 九

이다。

四、六 合

六合은 乙卯木에 屬하는 吉將이다。 得地하면 相合之神이 되어 婚姻 信息 交易 等이 있고 失地하면 虛詐之神이 되어 陰私 暗眛 等이 있다。 六合이 順布되고 旺相하여 發用하거나 入傳하면 婚姻 胎産의 기쁨이 있으나 萬若 死囚가 되고 日干을 刑剋할 때는 財物上의 口舌 陰人의 纏擾가 있다。 六合이 酉戌에 乘하면 奴僕이 도망가고 萬若 盜賊을 占하면 잠장하여 잡기 힘들다。

六合과 天后가 入傳하면 校童 佚女卦라 하여 奸邪不正하고 一切 萬事에 愼重을 要한다。

六合이 申酉에 乘하면 內戰이라고 하여 主로 陰私 婦人事이고 亦是 兄弟 口舌도 있다。

辰戌丑未에 乘하면 外戰이라고 하여 모든 일이 밖에서부터 일어나고 暗求 私禱에 마땅하다。

六合이 子午卯酉에 乘하면 不合이라고 하여 陰陽이 相雜하고 陰私不明하며 凶하다。

一、 六合이 子에 있으면 反目이라고 하여 夫妻反目하고

二、 未에 있으면 納采 丑에 있으면 嚴妝이라 하고 主事는 將來 成就된다。

三、寅에 있으면 乘軒 申에 있으면 結髮이라고 하며 婚姻은 美滿하다。

四、卯에 있으면 入室 午에 있으면 升堂이라 하여 主事는 이미 成就된 것이다。

五、辰에 있으면 違禮 戌에 있으면 亡着이라 하며 冒瀆을 당하거나 得罪할 수 있다。

六、巳에 있으면 不諧라고 하여 主事는 凶하다。

七、酉에 있으면 私竊이라고 하여 男女 淫奔한다。

八、亥에 있으면 待命이라 하여 主事는 全部 吉하다。

類神＝子孫 朋友 媒約 牙僧 巧工 術士 竹 木 鹽 粟 免。病은 除陽不調 心腹虛損 色은 青 數는 六이다。

五、句　陳

句陳은 戊辰土에 屬하는 凶將이다。爭訟을 좋아하고 두 마음을 가지고 있으며 戰鬪 詞訟 句留를 主로 하나 在官者는 句陳으로서 印綬로 하니 旺하면 吉하고 衰하면 凶하다。

訟事에는 句陳 爲主로 보는데 日辰을 剋하면 寃恨이 풀려지질 않고 日辰이 句陳을 剋하면 끝내는 無事하다。句陳의 陰神(後篇 陰神節을 보라)에 蛇 雀이 乘하고 煞을 帶하여 日干을 剋하면 더욱 凶하다。萬若에 句陳이 日辰을 剋하나 句陳의 陰神에 貴人이 乘하여 生日하면 凶이 變하여 吉하게 되는데 반드시 本人의 行年이 空亡이 되지 않아야 한다。

捕盜占에 句陳이 剋日하면 붙잡을 수 있고 句陳의 所乘之神이 玄武를 剋하여도 亦是 붙잡을 수 있다. 句陳의 所臨之地가 玄武의 所臨之地를 剋하면 盜賊이 自敗하거나 自首한다. 例를 들어 句陳이 巳午의 地에 臨하였는데 玄武가 申酉의 地에 있는 것을 말한다. 이와 반대일 때는 盜賊을 잡지 못할 뿐만 아니라 오히려 禍를 당할 수가 있으니 조심해야 된다.

宅墓占에 句陳이 旺相하여 宅墓(日干即墓 日支即宅)에 臨하면 平安한데 萬若 休囚가 되고 또 宅墓가 刑剋이 되면 不安하다. 句陳이 辰戌丑未에 乘하면 더욱 凶하다.

句陳이 刑煞을 帶하면 禍患은 即時 닥친다.

一、 句陳이 子에 있으면 沉戰이라 하고 丑에 있으면 受鉞라고 하며 暗으로 凌辱 陷害를 당한다.

二、 寅에 있으면 遭囚라고 하며 上書 獻策에 마땅하다.

三、 卯에 있으면 臨門 或 入獄이라 하며 家室不和하다.

四、 辰에 있으면 升堂이라 하여 獄吏와 句通하고

五、 巳에 있으면 捧印이라 하여 居官者는 陞遷하나 常人은 反對로 凶하다.

六、 午에 있으면 反目이라 하여 他人 때문에 牽累를 당하다.

七、 未에 있으면 入驛 戌에 있으면 下獄이라 하여 主로 詞訟이 稽留된다.

八、申에 있으면 趨戶 亥에 있으면 壤常이라 하여 다같이 句連 反覆한다。

類神＝將軍 兵卒 醜婦 獄吏 貧薄小人 田 龍 水蟲 病에는 脾虛 色은 黃 數는 五이다。

六、青　龍

青龍은 甲寅木에 屬하는 第一의 吉將이다。得地하면 富貴尊榮하고 失地하면 財物이 外耗되며 財帛 采穀 喜慶之事를 主로 한다。公事占에 青龍이 喜神인데 萬若 所乘之神이 刑煞을 帶하여 入傳하며 또 剋日하면 反對로 凶하다。婚姻에는 青龍으로서 新郎을 보고 天后로서 新婦를 본다。

新婦 入門時에 天后가 青龍所乘之神을 剋하면 반드시 男便을 剋한다。求財에도 青龍爲主로 하는데 旺相氣가 乘하고 旺相鄕에 臨하여 日辰과 相生하거나 日辰과 三合 六合이 되면 吉하다。但 반드시 入傳하거나 日辰上에 臨해야지 그렇지 않으면 龍居閑地라 하여 힘을 입지 못한다。婚姻 胎産도 以上과 같이 보는데 所乘之神이 本命을 生하면 財産이 늘어나나 本命을 剋하면 財産이 준다。

捕盜에는 青龍이 入傳함을 第一 꺼린다。왜냐하면 龍이란 머리는 보여도 꼬리는 볼 수 가 없는 것과 같기 때문이다。行人占에 青龍이 入傳하면 亦是 他方으로 돌아 간다。病占에 青龍이 入傳함을 보면 그전에 반드시 酒食으로 因해서 얻은 病이거나 房事로 因해서 얻은 病이다。

占官職에 文官은 靑龍으로 보고 武官은 太常으로 보는데 日干과 生合하면 吉하고 그렇지 않으면 凶하다. 龍常이 太歲에 乘하여 入傳하면 반드시 遷轉하게 된다. 靑龍과 凶煞이 日辰에 같이 臨하면 喜慶中에 鬪殺이 있다. 靑龍이 孟月에는 寅에 乘하고 仲月에는 酉에 乘하고 季月에는 戌에 乘하면 靑龍開眼이라 하여 消災降福하고 春月에는 丑에 乘하고 夏月에는 寅에 乘하고 秋月에 辰에 乘하고 冬月 巳에 乘하면 靑龍安臥라 하여 災禍가 따라 일어 난다.

一、靑龍이 子에 있으면 入海라고 하고 亥에 있으면 游江이라 하여 非常한 慶事가 있다.

二、丑에 있으면 蟠泥라 하며 謀事가 未遂된다.

三、寅에 있으면 乘龍 卯에 있으면 驅雷라고 하여 다같이 經營에 利롭다.

四、辰에 있으면 掩目 午에 있으면 燒身이라 하여 不測之憂가 있다.

五、巳에 있으면 飛天이라 하여 喜慶이 重疊한다.

六、未에 있으면 無鱗이라 하여 傷身之害가 있다.

七、申에 있으면 折角이라 하여 鬪訟之慾이 있다.

八、酉에 있으면 伏龍이라 하여 退守함이 마땅하고 進取하면 不利하다.

九、戌에 있으면 登魁라 하며 主로 小人과의 財物로 因한 다툼이 있다.

類神＝貴官　富人　田主　天　龍　虎　豹　狸猫　雨等이고　病으로는　肝氣　痢疾　色은　碧　數는 七이다。

七、天　空

天空은　戊戌土에　屬하는　凶將이다。　天地의　모든　雜氣를　얻어　人間의　詐神을　만들어　動하여도　利濟의　마음이　없고　靜하여도　妖毒한　마음만　있다。　天乙貴人의　對方에　居하여　有名無實한　象으로　空亡과　같은　作用을　하는　것으로　虛僞　詐巧等事를　主로　한다。　詞訟에는　發用이나　或　未傳에　天空이　乘하면　반드시　解訟되나　求財에는　大忌한다。

婚姻占에　天空이　發用하거나　或　日辰에　臨하면　其家에　반드시　孤寡之人이　있다。　그렇지　않으면　祖業을　破한　집안이다。

奴婢占에는　天空을　爲主로　보는데　萬若　所乘之神과　日干이　서로　相生　相合하면　吉하고　그렇지　않으면　나중에는　도망하기　쉽다。　所乘之神이　魁罡이　될　때는　其　奴婢는　반드시　善良치　못하다。

考試에　天空이　發用하면　좋지　못할　것같으나　오히려　吉하다。　왜냐하면　天空은　奏書之神이기　때문이다。　託人이나　謀事에　天空이　發用하거나　或　入傳하면　虛事이다。　天空이　辰戌丑未에　乘하면　天空閉라고　하여　小事는　可成하나　大事는　不成한다。　萬若에　貴人이　順布되고　所乘한　神이　旺相하고　相生이　될　때에는　奴婢가　同心한다。　所乘한　神이　日干의　財

가 되고 다시 天喜를 만나면 求財事가 小人이나 僧道에 의해 얻은 財物이다. 天干이 遁干壬癸에 該當하면 天空下淚라 하여 死亡之事가 있다.

一、天空이 子에 있으면 伏室이라 하여 百事에 근심이 있다.

二、丑에 있으면 待則이라 하여 仕官은 遷擢되나 平民은 조롱당하기 쉽다.

三、寅에 있으면 被制라 하여 公私間에 口舌이 있다.

四、卯에 있으면 乘侮라 하고 辰에 있으면 肆惡이라 하여 暴客 欺凌의 뜻이 있다.

五、巳에 있으면 受辱이라 하여 腹痛 下痢의 뜻이 있으나 謀望엔 吉하다.

六、午에 있으면 識字라 하고 申에 있으면 鼓舌이라 하여 情僞함이 難測하다.

七、未에 있으면 詐欺로 得財한다.

八、酉에 있으면 巧說 亥에 있으면 誣詞라 하여 奸人詭計가 있다.

九、戌에 있으면 居家라 하여 百事가 다 虛詐이다.

類神＝奴婢 醜婦 五穀 狼 犬 金錢 空虛之物 晴等이고、病으로는 下痢 色은 黃 數는 五이다.

八、白 虎

白虎는 庚申金에 屬하는 凶將이다. 得地하면 威猛이 있으나 失地하면 狼狽같다. 刀劍 血光 疾病 死亡 等을 主事로 하고 刑煞을 帶하면 災禍가 立至한다.

白虎는 威權之將이기 때문에 大功 大事에는 白虎를 第一 좋아한다. 發用하거나 入傳

하면 其功은 立成하고 其事는 成就한다. 官爵占에는 亦是 白虎를 기뻐하며 刑煞을 帶하

면 더욱 좋고 오히려 刑煞을 帶하지 않으면 不發한다. 疾病에는 白虎를 제일 꺼린다. 所

乘之神이 日干을 剋하고 刑煞을 帶하거나 或 魁罡에 白虎가 乘하여 日干을 剋하고 行年

을 剋하거나 或 白虎의 陰神이 日辰 年命을 剋할 때는 必死한다.

白虎가 空亡이 되거나 或 月德을 兼하면 化凶爲吉이 되는데 凶煞이 太重하면 亦是 救할

수가 없다. 公事占엔 白虎나 螣蛇가 剋日함을 第一 꺼린다. 왜냐하면 白虎나 螣蛇는 血

光之神이기 때문이다. 墓宅占에는 白虎가 何方에 臨했는가를 보아 其方向에 岩石이나 神

廟가 있음을 알 수 있다. 行人占도 白虎로서 定하는데 初傳에 乘하면 바로 오고 中傳에

있으면 오는 途中이고 末傳에 있으면 失約하고 오지 않는다. 白虎가 喪門 吊客을 帶하고

支에 臨하면 家中에 喪服이 있거나 外服이 入宅한다. 天時占에 白虎가 發用하면 大風이

있다.

寅午戌月申 卯未亥月寅 辰申子月巳 巳酉丑月亥가 白虎가 되면 白虎仰視라 하여 殃咎가

크게 일어나고 巳午에 乘하면 白虎遭擒이라 하며 災禍가 潛消된다.

一, 白虎가 亥子에 臨하면 溺水라 하여 音書가 阻隔된다.

二, 丑未에 있으면 在野라 하여 牛羊이 損傷된다.

三、寅에 있으면 登山이라 하며 官吏는 大吉하고 平民은 大凶하다.

四、卯와 酉에 있으면 臨門이라 하며 人口가 損傷된다.

五、辰에 있으면 哇人이라 하여 官災는 刑戮되고 凶象이 이른다.

六、巳午에 있으면 焚身이라 하며 殃禍가 消散된다.

七、戌에 있으면 落井이라 하여 禍가 變해서 福이 된다.

類神＝病人 道路 麥 猿 虎 金銅 銃器 病으로 嘔血 怔忡 色은 栗 數는 七이다.

九、太　常

太常은 己未土에 屬하는 吉將이다. 四時의 喜神으로 晏會 酒色 衣冠 文章을 主事한다.

官占에는 太常을 제일 기뻐한다. 初末傳에 太常을 보고 또 天馬 驛馬를 만나면 求하는바 가 반드시 이루어진다. 傳中에 河魁와 太常을 보면 兩重印綬하게 된다. 왜냐하면 河魁 는 印이요, 太常은 綬이기 때문이다. 印綬星이 動한다 하여 반드시 喜慶이 있고 萬若에

所乘之神이 休囚가 되고 서로 相剋이 되면 財産上 不安하거나 財物의 不足을 느낀다.

旺相하고 相生이 될 때에는 官吏는 陞遷하고 平民은 媒約 婚姻之事가 있다.

太常이 春辰 夏酉 秋卯 冬巳에 乘하면 太常被剋이라 하며 百事不成한다.

一、太常이 子에 있으면 荷項이라 하여 酒食으로 因하여 벌을 받는다.

二、丑申에 있으면 受爵이라 하여 다 같이 進職 遷官된다.

三、寅에 있으면 側目이라 하며 아첨하며 離間한다.

四、卯에 있으면 遺冠이라 하며 財物上의 損失이 있다.

五、辰에 있으면 佩印이라 하며 官人에 利로우나 平民에 不利하다.

六、巳에 있으면 鑄印。未에 있으면 捧觴이라 하여 다같이 徵召 喜慶이 있다。

七、午에 있으면 乘軒이라 하며 文書 遠信에 다같이 吉하다.

八、酉에 있으면 立卷이라 하며 每事는 後에 爭奪이 있다.

九、戌에 있으면 逆命이라 하며 尊卑가 不和하다.

十、亥에 있으면 徵召라 하며 윗사람에겐 좋으나 아랫 사람에겐 좋지 않다.

類神＝武官 酒食 衣冠 麻雁 羊 病으로는 四肢 頭腹不寧하고 色은 黃 數는 八이다.

十、玄　武

玄武는 癸亥水에 屬하는 凶將이다。北方의 陰之邪氣로 盜賊 陰私 走亡 遺失等을 主事로 한다. 盜賊占은 玄武로서 爲主하는데 玄武의 陰神을 盜神이라 한다. 陰神과 相下比

和가 되면 其方位에 盜賊이 隱匿해 있다고 단정하고 相下가 相剋하면 다시 盜神의 陰神을 보아서 其方位가 隱匿之處라는 것을 알 수 있고 盜神이 生하는 神의 地支處에 藏物이 있다.

玄武의 陰陽神과 盜神의 陰神이 遞互相生하고 或 盜神에 吉將이 乘하면 捕獲하기가 어

렵고 萬若時 以上의 三神이 相剋하고 凶將이 乘할 때는 所獲할 수 있다。玄武가 日辰에

臨하면 반드시 盜賊失脫을 操心해야 하며 또 小人의 暗算이 있다。玄武가 日德을 附隨하

고 日辰에 臨하면 走失한 人物을 찾고저 할때 찾을 수 있거나 스스로 돌아 온다。

昂星課에 玄武가 寅卯에 臨하면 반드시 失物하고 刑務所(敎導所) 같으면 반드시 罪四

의 脫獄이 있다。玄武가 辰戌丑未에 乘하면 橫截이라고 하여 盜賊의 侵凌이 있다。

一、玄武가 子에 있으면 散髮이라 하며 財物上 失脫이 있다。

二、丑에 있으면 升堂이라 하며 財物을 詐欺당하기 쉽다。

三、寅에 있으면 入林이라 하며 安居樂業 할 수 있다。

四、卯에 있으면 覘戶라하며 諸事에 不利하다。

五、辰에 있으면 失路라 하며 入獄하는 刑을 當한다。

六、巳에 있으면 反顧라 하며 百事가 다 虛事이다。

七、午에 있으면 截路라 하고 酉에 있으면 拔劍이라 하며 賊에게 반드시 惡意가 있으

八、未에 있으면 入城이라 하며 變生不測한다。

九、申에 있으면 折足 戌에 있으면 遭囚라 하며 盜賊은 勢力을 喪失하여 반드시 잡을

므로 攻擊함이 不宜하다。

수 있다。

類神＝盜賊　奸邪小人　豆　猪　病은　腎虛　血朋　色은　褐　數는　四이다。

十一、太　陰

太陰은　辛酉金에　屬하는　吉將이다。得地하면　正直無私하고　失地하면　淫亂無恥하며　陰私　蔽匿　奸邪　暗昧等을　主事한다。盜賊占에　太陰이　入傳하거나　或　日辰에　臨하면　반드시　잡기가　힘들다。왜냐하면　太陰은　天地의　私門이기　때문이다。墓宅占에　太陰이　入傳하면　其所臨之方에　佛寺나　奇特　景美한　物件이　있다。婚姻占에　太陰이　日辰에　臨하고　酉亥未에　乘하여　發用되면　其女는　반드시　不正하다。太陰이　日本（日本이란　日干의　長生이다）에　臨하며　日干을　剋하면　淫亂하다。刑事占에　太陰이　入傳하고　日干과　相生할　때는　自首한다。太陰이　申酉에　臨하면　拔劍이라　하여　暗中에　陷害할　뜻이　있다。

一、子에　있으면　垂簾이라　하며　妾婦가　相侮한다。

二、丑에　있으면　守局이라　하며　尊卑가　相蒙한다。

三、寅에　있으면　跌足　午에　있으면　脫巾이라　하며　財物　文書가　暗動한다。

四、卯에　있으면　微行　申에　있으면　執政이라　하며　起居에　佳適하다。

五、辰에　있으면　遭逆이라　하며　主로　拘束　爭訟이　있다。

六、巳에　있으면　休枕이라　하며　盜賊　口舌　驚憂가　있다。

七、未에 있으면 觀書라 하고 酉에 있으면 閉戶라 하며 家宅은 安寧하다.

八、戌에 있으면 被察이라 하며 怪異한 근심이 있고 小人凌侵이 있다.

九、亥에 있으면 裸形이라 하며 盜賊 口舌을 操心해야 한다.

類神＝兄弟 姉妹 小麥 雞 雉 病에는 肺病 疲勞 等이고 色은 白 數는 六이다.

十二、天 后

天后는 壬子水에 屬하는 吉將이다. 得地하면 高貴尊榮하고 失地한즉 奸邪淫亂하며 陰私 暗昧 蔽匿 等을 主事한다. 天后가 太歲에 乘하여 日干에 臨하면 大赦가 되는데 課體가 三光 三陽이 되면 더욱 힘이 있어 死刑囚는 特赦를 받고 死者라도 復生한다. 天后가 乘한 神에 下賊이 되면 小人의 凌辱事가 있다.

婚姻占엔 天后를 爲主로 하는데 天后와 日干이 相生하거나 或三合 六合이 되면 成事하고 그렇지 않을 때는 不成한다. 天后가 日干을 剋하면 女子는 뜻이 있으나 男子가 不願하고 日干이 天后를 剋하면 男子는 뜻이 있으나 女子가 不願한다. 그러나 課體가 吉할때는 먼저는 그러하나 나중에 成事된다. 天后가 驛馬를 만나고 本命上에 解神을 보면 離婚한다.

天后의 陰神에 玄武가 乘하면 曖昧不明한 일이 있고 天后의 陰神이 白虎가 되면 妻妾이 危殆하다. 天后가 天罡에 乘하며 行年에 臨하면 落胎한다. 天后가 陽日에 申에 乘하고 陰日에 酉에 乘하면 淫亂하다。

一、天后가 子에 있으면 守閨라 하고 亥에 있으면 治事라 하여 動靜이 咸宜하다。

二、丑에 있을 때는 偸窺 未에 있으면 沐浴이라 하며 悚懼 驚惶한 일이 있다。

三、寅에 있으면 理髮 申에 있으면 修容이라 하며 優遊閒假하다。

四、卯에 있으면 臨門 酉에 있으면 倚戶라 하며 奸淫無度하다。

五、辰에 있으면 毁妝 巳에 있으면 裸體라 하며 悲哭 羞辱이 있다。

六、午에 있으면 伏枕 戌에 있으면 褻幃라 하며 呻吟 嘆息이 있다。

類神＝貴婦 妻 稻 豆 鼠 蝙蝠 病에는 痢疾 腰痛이고 色은 黑 數는 九이다。

以上은 十二天將 個體에 依한 單式判斷이다。 그러므로 上論한 것이 完全한 理論은 되

지 못하므로 後篇의 課經을 보아 加減 鑑定하면 百無一失하리라고 본다。

第五節　各論詳解

一、陰神의 解

壬學은 陰陽의 論理로서 設定된 學問이므로 반드시 陽神이 있으면 陰神이 있다。 陽神

은 나타나는 것이고 陰神은 隱伏되어 있는 것으로 모든 事體의 內幕을 窮理할 때는 반드시 陰神으로 보아야 한다。萬若에 貴人을 訪問코저 하면 貴人의 陰神을 보아 性情 安否를 알 수가 있는 것이다。陰神은 陽神의 地盤上神이다。

實例 甲子日 子將 辰時課

```
         合  戌
         后  午
         白  寅

合  后  乚  玄
戌  午  申  辰
甲  戌  子  申

           白   太
空  丑   寅   卯   辰   玄
龍  子             巳   陰
句  亥             午   后
合  戌   酉   申   未   貴
           朱   乚
```

上記와 같이 課體가 이루어졌는데 螣蛇의 陰神을 본다면 即 螣蛇가 申에 있으므로 陽神은 申이고 陽神의 地盤上에 該當되는 辰인 玄武가 螣蛇의 陰神이다。또 白虎의 陰神은 白虎가 寅上에 있으므로 寅의 地盤上에 있는 戌이 陰神이다。

盜賊의 占에는 玄武의 陰神을 보므로 玄武의 地盤 上神 子가 陰神이 된다。玄武의 陰神 子는 靑龍 吉將이 乘하고 上下 相合되므로 盜賊은 東南方 即 辰方에 隱居해 있으나 捕獲하

기 大端히 어렵다고 본다。疾病에는 白虎를 보는데 白虎의 陰神이 日辰과 年命을 剋할때

는 必死한다。그러나 八門에서 救할 때는 死亡한다고 보지 않는다。

訴訟에는 句陳을 보는데 句陳의 陰神에 凶將이 乘하여 日干을 剋하면 반드시 刑責을

當한다。

二、德 의 解

德에는 天德 月德 支德 日德의 四種이 있는데 其中에서 日德이 第一吉하다。日上에 臨

하고 入傳하면 모든 것이 轉禍爲福되는데 旺相함이 좋고 休囚하면 좋지 않으며 空亡을

꺼리고 神將과 外戰을 꺼린다。(外戰이란 神將의 五行이 十二支神을 剋하는 것이고 內戰

은 十二地支神이 天將五行을 剋하는 것이다)

第一課에서 上剋下로 發用하여 鬼德이 되면 德으로 보지 鬼로 보지 않는다。왜냐 하면

德은 능히 鬼를 吉로 化하게 하기 때문이다。下賊上으로 發用되나 其發用이 德이 되고

貴人의 生扶가 있으면 全吉로 斷定하고 萬若 生扶가 없고 剋洩을 볼 때는 기쁜 중에 근

심이 있다。

例를 들어 乙未日 亥將 酉時課

```
申  貴
戌  陰
子  太

玄  后  貴  朱
亥  酉  申  午
酉  未  午  乙

蛇 貴 后 陰
未 申 酉 戌
朱 午     亥 玄
合 巳     子 太
辰 卯 寅 丑
句 龍 空 虎
```

비록 申金이 午上에 臨하여 下賊上으로 發用되었으나 申은 日德이 되고 또한 貴人(土神)의 扶生을 받으므로 萬事가 다 吉한 것으로 본다.

德이 日干에 臨하고 다시 貴人이 될 때에는 意外의 기쁨이 있는데 오직 病訟 兩事에는 좋지 못하다. 德이 死絕之地에 臨해 있고 凶將이 될 때에는 十分之三以外의 역할은 못한다. 日德이 發用하고 上下神이 日干을 같이 剋하면 鬼德格이라 하여 邪正이 同途한다.

다음과 같은 例이다. 乙酉日 寅卯時課

```
未 申 寅 卯
申 酉 卯 乙

辰 巳 午 未
卯       申
寅       酉
丑 子 亥 戌
```

申이 酉上에서 遙剋으로 發用하여 日干의 德이 되나 酉가 申을 挾하여 德이 鬼로 化하

니 鬼德格이 된다。日德이 發用하여 日干의 官鬼가 되고 다시 朱雀이 乘하면 文德格이라

하여 應擧得官하고 官吏는 陞薦한다。다음 例와 같은 것을 말한다。

己巳日　巳將　申時課

三傳
```
朱　寅
后　亥
太　申
```

四課
```
后　朱　匕　句
亥　寅　丑　辰
寅　巳　辰　己
```

天地盤
```
          合　旬
朱　寅　卯　辰　巳　龍
匕　丑　　　　　午　空
貴　子　　　　　未　白
后　亥　戌　酉　申　太
          陰　玄
```

寅加巳하여 遙剋으로 發用되어 日德이 되고 朱雀이 乘했으므로 文德格이 된다。

三、祿의 解

祿이란 日干의 建祿을 말한다。日干에 臨하거나 入傳하면 다 吉한데 旺相함이 좋고 休

囚함은 不利하다。또 祿이란 食祿이므로 祿이 乘旺한 方位가 食祿에 該當하는 方位이다。

祿이 支에 臨하고 驛馬가 干上에 臨하면 富貴課로서 官吏는 加官添俸되나 平人은 반대로

흥하여 身移宅動하게 되고 病訟에도 亦是 凶하다。

祿이 支에 臨하면 權攝不正이라 하여 其地位에 오래 머물러 있지를 못한다。祿이 逢空

落空이 되면 入傳이 되던 間에 病占엔 必凶하다。

四、驛馬의 解

驛馬도 年月日時 四種이 있는데 普通 壬學上 使用하는 馬는 대개 日驛馬를 뜻한다。仕

官占에 驛馬를 만나면 升擢되고 平民은 奔走多事하다。馬와 祿이 三合하면 더욱 吉한데

空亡은 꺼린다。行人占에 馬가 長生에 臨하여 空亡이 되면 반드시 돌아 오지 않는다。

五、鬼의 解

鬼란 官鬼로 日干을 剋하는 것을 말한다。三傳中에 官鬼가 많으면 事事不美하고 大概

公訟 是非 神祇 妖崇等이 있다。鬼가 入傳하더라도 日干이 旺相하고 末傳이나 年命에 子

孫爻가 있으면 凶으로 보지 않는다。病占에는 官鬼가 入傳함을 第一 꺼리고 日上에 臨해

도 亦是 凶한데 日支上이나 年命에 救神인 子孫爻가 있으면 無妨하다。

盜賊占에 鬼가 入傳하더라도 冲이 되거나 또 盜神(玄武의 陰神)과 相冲하면 盜賊은 自

敗하고 逢空이나 落空이 된즉 捕獲하기 어렵다。干上의 鬼가 發用하면 每事不美한데 萬

若德合을 보면 오히려 求官은 吉하다。傳鬼가 合을 帶하며 日上神을 剋하면 凡事에 進退가 反覆된 후에 이루어진다。鬼는 衰敗함이 좋고 生旺하면 좋지 않은데 鬼가 發用하여 日鄕에 臨하여 剋하면 攅眉格이라고 하여 不美한 일이 兩重으로 일어난다。설사 救神이 있다 하더라도 하나 밖에 救할 수가 없고 辰上神에서 發用된 鬼면 家人의 暗算을 豫防해야 한다。

例를 들어 庚辰日 午加巳하여 發用되는 例이다。

三傳:

午
未
申

四課:

酉　戌　巳　午
庚　酉　辰　巳

天地盤:

午　未　申　酉
巳　　　　　戌
辰　　　　　亥
卯　寅　丑　子

日干의 長生에 官이 加하여 發用됐으므로 攅眉格이다。鬼가 많더라도 制하는 것이 있을 때에는 凶하지 않으나 凡事에 먼저는 놀라게 되고 나중에 無事하게 된다。그러나 오직 白虎가 發用함을 大忌하는데 年命에 白虎를 剋制하는 神이 있을 때는 관계없다。日上神에서 發用하여 鬼가 됐는데 支上神에 救神이 있으면 吉事는 스스로 밖에서 오나 반드시 家內에 있는 사람이 解救해 준다。鬼가 發用되어 末傳을 生하는데 末傳이 日干의 長生이 될때에는 鬼脫生格이라 하여 반드시 先凶後吉된다。三傳이 合局하여 鬼가 됐으나

日上神을 生하고 日上神은 다시 日干을 生하면 凶이 변해서 吉로 된다. 鬼가 入傳했더라

도 日上神이 貴人이 되고 다시 日德을 兼하면 貴德臨身이라 하여 消災 萬禍한다.

官吏는 鬼로서 官星을 삼으므로 空亡이 됨을 꺼린다. 鬼에 白虎가 乘하여 發用하면 催

官使者라고 하여 即時 赴官된다. 그러나 病占에는 반드시 死亡한다.

六、墓의 解

墓가 入傳하고 日主에 臨하면 每事閉塞暗昧하고 壅徹不通한다. 辰未는 日墓가 되고 丑

戌은 夜墓가 되는데 日墓는 剛速하고 夜墓는 柔遲된다. 夜墓가 臨日하면 自暗投明이라하

여 諸事에 잘하면 解救할 수 있으나 日墓가 臨夜하면 自明投暗이라하여 매사가 더욱 더

模糊해질 따름이다.

墓가 發用하면 日干이 旺相해야 된다. 그렇지 않을 때는 病死를 豫防해야 되고 中傳에

墓를 볼때는 訟敗를 豫防해야 되고 百事不順하며 進退에 災殃이 있고 末傳에 墓가 있으

면 百事가 다 成就되지 못한다. 墓가 冲한즉 吉하고 合한즉 凶하다. 萬若 年命上神에서

剋制를 할 때는 가히 해결된다. 初傳은 生旺한데 末傳이 墓가 되면 成事後에 敗한다.

그러나 初傳이 墓가 되고 末傳이 生旺하면 敗한 後에 成功한다.

長生이 墓上에 坐하면(甲日亥加未 丙日寅加戌之例) 自生入墓라 하여 人墮井中하여 呼

天不應하는 것 같아서 萬若 發用하거나 臨日하면 더욱 凶하여 占病은 必死하고 占賊은 難獲하며 行人은 不來한다. 長生에 墓가 乘하면(甲日에 未加亥等) 새로운 일은 이루기 어렵고 舊事가 再發한다.

日上神이 墓가 되면 墓神覆日이라 하여 昏晦不明한 일이 있다. 干支에 墓가 乘하면 人宅이다 같이 亨通되지 못하고 干支가 墓에 坐하면 人宅이 禍를 自招한 것이다.

七、空亡의 解

空亡은 旬空을 말하는데 大體로 消極的인 일에는 空亡이 돼도 無關하나 積極的인 일에는 空亡이 되면 안된다. 日上神이 空亡이 되었는데 다시 天空이 乘하면 萬事가 虛無하게 된다. (空上 遇空이라고 한다)

官吏는 官鬼가 空亡됨을 第一 꺼린다. 父母病占에는 父母爻가 空亡이 됨을 꺼린다. 子孫이면 子孫爻 妻妾이면 妻財爻가 空亡됨을 꺼린다. 日辰上이 다 같이 空亡이 되면 解散 事에는 좋으나 謀約에는 不宜하다. 病占에 空亡이 되면 久病者는 죽고 新病者는 快愈된다. 凶神은 空亡됨이 좋아 凶함이 解消되고 吉神은 空亡되는 것이 좋지 않아 空亡이 되면 不吉해진다.

八、合의 解

合에는 干合 三合 六合이 있는데 干合이란 日干과의 合이고 三合이란 申子辰 巳酉丑等

의 生旺墓合을 말하고 六合이란 日支와의 合을 말한다。

六壬은 日干을 除하고는 전부 地支를 使用하므로 三合 六合이 爲主요 干合은 遁干과의

合이므로 그리 重要하게 여기질 않는다。 三合이 入傳하면 事體가 여러모로 牽連이 되어

있어서 반드시 그달을 지나서 解結된다。 또 親戚 朋友等 衆多之意가 있다。 三合이 入傳

하여 一神이 缺하면 折要格이라고도 하고 虛一待用格이라고도 하여 占事는 반드시 其缺

神에 該當하는 달에 가서 成就된다。

萬若 所缺之神이 日辰이 될때에는 湊合格이라고 하여 意外의 和合之事가 있다。 日辰이

上下三合이 되어 日上神은 日辰을 剋하고 辰上神은 日干을 剋하면 겉으로는 合하는 것같

으나 속으로는 離散하며 서로 猜忌心이 있고 드디어는 不和하게 된다。

六合과 德이 같이 入傳하면 百事가 다 吉하고 即 凶하다 하더라도 凶中에 和合이 있다。

六合이 入傳하면 進退를 보아 三傳이 進茹가 되면 이롭고 退茹가 되면 불리하다。 六合

이 入傳하면 謀事는 다 이루어 지는데 단지 즉시 이루어 지지가 않는다。 그리고 病訟에

는 不利하다。 六合이 刑害가 되면 비록 吉將이 乘해도 그힘을 減半해서 본다。 六合이

空亡이 되고 또 刑害를 보면 吉中에 禍가 있는데 德이 있으면 可解된다。六合에 螣蛇나

朱雀이 乘하여 日干을 剋하면 合中에 有害하고 託人 謀事는 절대로 不可하다。天后와 神

后가 合이 되면 婚姻은 成立이 된다。寅亥合은 破合이고 巳申合은 刑合이 되어 實上

合으로 볼 수 없기 때문에 謀事는 이루어 질것 같으나 이루어 지지않고 費用만 消耗

된다。

日辰이 相合하고 日辰上神이 亦是 相合이 되면 同心格이라고 하여 一切의 謀望은 同心

合力하여 이룰 수 있는데 萬若 刑害가 될때는 同心之中에 暗으로 妬忌가 생겨 每事不成

한다。日辰은 相害가 되는데 日辰上神이 相合이 되거나 相破가 되면 外面은 相助하는 것

같으나 心中에 暗毒이 있다。日支上神이 相合하고 日支와 干上神이 相合하면 交車相合이

라 하여 交易 交換之事에 반드시 이득을 보나 解散事에는 不利하다。이 交車合은 甲寅

庚申 丁未 己未 癸丑日과 같이 干支가 同位에는 該當이 안되나 其外엔 每日 一課(一日은

十二課가 된다)씩 있는데 다음과 같이 十種으로 나누어져 吉凶이 論해진다。

一、長生合

干上神과 地支가 合하면서 干上神이 日支의 長生이 되고 支上神과 日干이 合하면서 日

干의 長生이 되는 것을 長生合 또는 交車長生이라 하며 營謀는 반드시 利得이 있다。

二、財　合

支上神은 日干의 財가 되고 干上神은 日支의 財가 되어 交車合이 될 때는 財合이라고 하

며 交涉 交易에 利得이 있다.

三、脫　合

干上神은 日支의 脫氣(子孫爻)가 되고 支上神은 日干의 脫氣가 되면 交車脫이라 하여

彼此 서로 相脫之意가 있다.

四、害　合

交車相合이 되면서 害가 같이 될 때는 害合이라고 하여 彼此合謀함에 暗中相害한다.

五、空　合

干上神이 旬空이 되고 支上神도 旬空이 되면 空合이라 하여 有始無終이다.

六、刑　合

干上神은 日干을 刑하고 地上神은 日支를 刑하면서 交車相合이 될 때를 刑合이라고 하

여 美中에 競爭이 일어난다.

七、冲　合

交車合은 되나 干支와 干支上神이 相冲함을 冲合이라고 하며 先合後離한다.

八、剋　合

干上神은 支를 剋하고 支上神은 干을 剋하면서 交車合이 될 때를 剋合이라고 하여 交涉

中에 爭訟이 일어 나거나 怨恨을 숨기고 겉으로는 웃으나 속으로는 칼을 품은 형상이다。

九、三交合

交車合이 되면서 干支가 仲神이 될 때를 (例를들어 己酉日에 第一課는 辰巳 季神만 되고 第二課는 午酉 仲神만 될때) 三交合이라 하며 和合中에 奸邪함이 있고 二·三種의 交涉事가 생긴다。

十、交會合

交車相合이 되면서 三傳 亦是 三合이 될 때는 交會合이라 하여 合作은 成就되고 外人의 相助함이 있는데 空亡이 되면 不利하다。

九、刑의 解

自刑이 될 때는 自作自敗되고 每事가 順調롭게 이루어 지지를 않고 死亡 亦是 正命이 아니다。互刑이 되면 無禮 無義하여 大蕩小淫한데 子刑卯는 門戸가 不正하고 尊卑가 不睦하며 卯刑子는 子息을 키우지 못하고 水陸이 다 不通하며 親舊間에도 無情 無恩하다。

寅刑巳는 刑中에 有刑하니 擧動이 艱難하고 災訟이 騈至한다。

丑刑戌은 刑中에 有鬼하니 貴賤이 相侮하고 病獄이 交臻한다。

巳刑申과 戌刑未는 刑中에 有破하니 長幼不和하고 家道가 零落한다。

發用이 刑이 되면 반드시 刑傷이 있는데 干을 刑하면 男子에 근심이 있고 支를 刑하면 女子에 근심이 있으며 時를 刑하면 每事에 근심이 있고 日이 時를 刑하면 君子에 근심이 있다。時가 日을 刑하면 小人에 근심이 있고 日이 時를 刑하면 君子에 근심이 있다。

衰한 것이 旺한 것을 刑하면 禍가 일어난다。旺한 것이 衰한 것을 刑하면 福이 가고 發用이 月建을 刑하면 訟事는 不可하고 日干의 陰神을 刑하면 遠行을 하지 말아야 한다。干支를 刑하면 諸事不安하다。干을 刑하면 每事가 밖에서 일어나고 速하며 支를 刑하면 每事가 안에서 일어나고 遲遲하다。上下相刑하여 發用되고 또 鬼가 되면 反覆이 無常하고 公私間에 다같이 근심이 있다。

一〇、冲 의 解

冲은 反覆不寧之象으로 日을 冲하면 自身의 移動이고 辰을 冲하면 宅舍의 移動이다。子午相冲하면 하고자 하는 일은 자꾸 변천되고 擧動이 이상하게 어그러진다。卯酉相冲하면 離別이나 失物이 있고 門戶가 바뀐다。寅申相冲하면 邪鬼作崇이 있으며 夫婦의 마음이 서로 다르다。巳亥가 相冲하면 順한 것이 가고 어려운 것이 오며 重한 것을 구하려다 가벼운 것을 얻는 격이다。丑未相冲하면 兄弟間에 和睦치 못하고 하고자 하는 일도 이루어 지지를 않는다。辰戌相冲이 되면 喜悲가 分明치 못하고 使用人이 逃亡하기 쉽다。

太歲나 月建을 冲하면 다 좋지 않다。歲를 冲하면 그 해 중에 부족함이 있고 月을 冲

하면 그달 중에 부족함이 있다。吉神은 冲을 하면 不吉하고 凶將은 오히려 冲을 해야

좋다。

二一、破 의 解

破가 日上에 臨하여 入傳하면 凶事에는 오히려 좋고 吉事에는 좋지 않다。日破나 支破

가 發用하면 매사 중간에서 中斷되고 다시 새로 바꾸어도 完全하게 되지 못한다。

午卯가 相破하면 門戶가 破敗하고 辰丑相破하면 牆墓가 頹廢되고 酉子相破하면 陰小災

時하고 戌未相破하면 破中有刑하니 人物刑傷하고 亥寅相破나 申巳相破는 破中有合하니

先敗後成한다。破나 冲은 人情이 暗中不順하고 婚姻은 強制로 이루어 지나 오래가지 못

하고 産占은 비록 胎動하나 生하기는 어렵다。萬若 吉神을 만나면 歷盡艱難이 있은 後에

이루어지며 空亡이 될때에는 有聲無形이 된다。

二二、害 의 解

害가 日干에 臨하고 入傳하면 每事에 막힘이 많다。子加未는 每事에 始終이 없으며 官

災口舌이 일어나기 쉽다。未加子는 經營하는 일에 막힘이 있고 보이지 않게 災禍가 일어

난다。丑加午는 訴訟에 不利하고 夫妻間에 不和하다。午加丑은 每事에 分明치 못하고 成功하기가 大端히 어렵다。

寅加巳는 出行이나 移動이 있고 물러남이 利롭고 나감이 不利하다。巳加寅은 每事에 막힘이 많고 口舌 근심 걱정 의심이 있다。

卯加辰은 每事에 處爭의 뜻이 있고 人情이 한결같지를 않다。辰加卯는 取하고저 하는 일에 막힘이 많고 어떤 일이고 끝이 없다。

酉加戌은 門戶가 損傷되고 災難 疾病等이 있다。戌加酉는 暗中에 不美한 일이 있고 使凡人이 奸計를 꾸미기 쉽다。

申加亥는 先阻後得하고 무슨 일이든지 結果는 있다。亥加申은 圖謀하는 일이 未遂되고 무슨 일이든지 끝이 없다。

害는 和氣가 없고 乖違한 뜻이 있으므로 마땅히 守舊함이 좋고 妄動하면 不利하게 된다。

第三章　入門補綴

第一節　占斷八門

占斷八門이란 干支 占時。月將。初 中 末傳。年命을 말하는 것으로 다음과 같이 이름 붙여 여덟 종류로 구분된다。

先鋒門(占時)　値事門(月將)　外事門(日干)　內事門(日支)
發端門(初傳)　移易門(中傳)　歸計門(末傳)　變體門(年命)

以上과 같이 나누어지는데 占斷八門은 壬學上의 한 規範으로서 占斷上의 始며 終이다。 그러므로 以上의 八處(八門)에서 일어나는 五行 飛伏의 妙理를 깨달으면 壬學의 範疇를 대체적으로 파악 할 수 있으므로 다음에 仔細히 說明코저 한다。

一、先鋒門(占時)

先鋒門이란 占時를 말하는 것으로 四課나 三傳을 세우기 前에 먼저 日干과 日支와의 刑

冲破害 空亡等을 미리 살펴 吉凶을 先定하기 때문에 先鋒門이라고 하는 것이다。

占時를 說明하기 前에 먼저 알아야 될것은 日干과 同一할 때는 兄弟라고 한다。日干이

生하는 神을 子孫이라고 한다。日干이 剋하는 神을 妻財라고 한다。日干을 剋하는 神을

官鬼라고 한다。日干을 生하는 것을 父母라고 한다。

即 比我者는 兄弟요 我生者는 子孫이며 我剋者는 妻財요 剋我者는 官鬼며 生我者는 印

綬即 父母이다。

四課三傳을 設定하기에 앞서 時를 먼저 보아 다음과 같이 事體를 미리 파악할 수가 있

다。

一、時가 日干의 財가 되고 다시 旺氣가 乘하고 吉神과 良將을 得하면 반드시 財帛之

事이다。

一、時가 日支의 驛馬가 되고 天空이나 空亡이 안될 때에는 旅行이나 道路에 關係되는

일로 반드시 오래도록 吉하다。

一、時가 日貴 日德 日祿이 되고 財星을 帶하면 官貴의 財나 或 官人에 依託한 일로 해

서 福을 얻을 수 있다。그러나 萬若 日干과 相刑하고 劫煞 災煞 大煞 (神煞表參考) 等을

보고 三傳에 凶將을 볼때는 官災 口舌이나 官事에 관한 일로 다툼이 있다。그러나 이

와는 반대로 三傳에 靑龍 六合 太常等의 吉將이 日辰과 三合 六合 되고 刑剋되지 않을 때

는 官吏는 陞進하고 平人은 윗사람의 도움을 받는다.

一, 時가 日干과 三合이나 六合이 되면 主로 外事의 和合에 關한 일이 있고 合中에 財를 帶하여 吉神良將을 얻으면 意外의 財物을 얻고 妻子와 和合하게 된다.

一, 時와 日支가 三合이나 六合이 되면 主로 內事의 和合에 관한 일이 있고 萬若에 八門中에서 子孫爻가 있어 旺相하고 吉神을 帶하면 得子하거나 或은 子孫과 和合하게 되는 일이 있다. 그러나 合中에 鬼를 帶하고 朱雀 句陳等의 凶將을 보면 집안 간에 원수를 지거나 內事에 競爭이 있으며 同僚之間에 不睦하고 同輩之間에 서로 시기하여 손해를 끼친다.

一, 時支가 日干 日支와 다같이 合이 되면 兩動之事라 하여 內外의 和合함이 하나둘이 아니다.

一, 時가 日干과 六害가 되면 外憂가 되고 日支와 六害가 되면 內憂이다.

一, 時가 日辰의 空亡이 되면 虛事 아니면 詐欺를 操心해야 된다. 비록 課傳이 三合 六合되고 다시 六合 天后 靑龍 太常等의 吉將을 帶하더라도 드디어 成功하기는 어렵다. 그러나 病訟에는 時가 空亡하는것이 吉한데 新病은 空亡이 되면 바로 快愈되고 久病은 空亡이 되면 死亡한다.

一, 時가 干을 冲하면 外動이고 支를 冲하면 內動이거나 家宅中에 使用人(特히 卑幼) 아니면 他人과의 相爭이 있다.

一、時가 日支의 刑이 되면 出入事는 速히 된다。

一、時가 日破가 되면 破財나 失物 逃亡 等이 있다。

一、時가 日破가 되어 吉神을 帶하고 課式中에 玄武와 日干이 相合하는데 다시 財기 될 때는 失物을 쳤더라도 반드시 찾을 수 있다。

一、時와 日이 破가 되어 凶神을 보고 玄武의 所乘之神이 財爻를 剋할 때는 粉失物은 찾지 못하고 萬若 玄武에 乘한 神이 日干의 鬼가 되어 旺相한데 刑害가 되면 반드시 盜賊이 사람을 傷害한다。 그러나 句陳이 玄武를 剋制하면 그 盜賊은 잡을 수 있다。

一、晝占에 夜時를 얻으면 每事暗昧하여 病은 重하고 訟事는 凶하게 되나 夜占에 晝時를 얻으면 光明을 얻을 수 있다。

二、値事門(月將)

値事門이란 月將을 時에 加하여 陰陽과 四象으로 나누어져 三才의 生剋으로서 吉凶이 區別되므로 神이 아니면 禍福을 決할 수가 없고 月將이 아니면 吉凶의 占幾를 取할 수가 없다。 月將이 入傳하면 福이 輕하지 않고 吉神이면 더욱 吉하고 凶神이라도 減凶이 된다。 月將은 空亡이 되더라도 空亡으로 보지 않고 오히려 吉하다。 왜냐하면 月將은 太陽이므로 空亡이되면 구름이 걷히는 형상과 같아서 더욱 그 빛을 發할 수가 있기 때문이다。

三、外事門 (日干)

四、內事門 (日支)

外事門은 日干을 말하고 內事門은 日支를 말한다。日干을 사람(人)으로 하여 動作이나

謀爲는 대개 日干을 爲主로 한다。

日支는 宅으로 하는데 盛衰를 알려면 반드시 支의 吉凶을 살펴야 한다。例를 들어 婚

占엔 日干이 男子이고 日支가 女子다。訟事에는 日干이 告訴人이고 日支가 彼告訴人이

된다。疾病엔 日干이 病人이고 日支가 病症이며 胎產엔 日干이 子息이고 日支가 產母며

交易에는 日干이 商人이고 日支가 物品이고 墳墓에는 日干이 生人이고 日支가 亡人의 墓

所이며 奴僕에는 日干이 主人이며 日支가 奴僕이 되고 出行에는 日干을 住居로 보며 陸

地로 보고 日支가 行處며 水路로 본다。謀望은 日干이 나요 日支가 구하는 사람이 되며

交戰에는 日干이 我軍이고 日支가 敵軍이며 動靜엔 日干이 動이고 日支가 靜이 된다。

萬人에 萬事로 複雜多端한 世態를 占卜함에 일일이 다 모든 事類을 例擧할 수는 없으

나 대강 以上의 例로서 紀綱을 삼아 占斷하면 되리라 믿는데 다시 한마디로 말하면 日干

이 主體요 陽이며 日支가 客體요 陰이 된다는 것을 분명히 알면 된다。

日上神이 日干을 生하면 萬事에 吉하여 사람의 도움이나 神의 加護가 있다. 日上神이 日干을 剋하면 모든 일에 다 凶하여 小人의 凌侵을 받거나 每事에 막힘이 많다. 日干이 日干上神을 生하면 損耗가 많고 日干이 日干上神을 剋하면 努力과 費用이 많이 든 후에 成就된다.

日上神은 日支를 生하고 日支上神은 日干을 生하면 賓主가 相得하여 兩方이 다 順調롭다.

日上神이 日支를 剋하고 辰上神이 日干을 剋하면 賓主가 不投하여 兩方이 다같이 不利하다.

日上神이 日支를 脫하고 辰上神이 日干을 脫하면 彼此에 損耗를 豫防해야 된다. 日干上神이 日支의 帝旺이 되고 日支上神이 日干의 帝旺이 되거나 日上支上 各自 帝旺이 되면 旺祿臨身徒妄作이라고 하여 쓸데 없는 일을 도모하는 예가 많은데 가만히 있으면 吉하고 움직이면 凶하다.

日干이 辰上에 加하여 剋을 받거나 日支가 日干에 加하여 日干을 剋하면 骨肉間에 다툼이 있다.

日支가 日上에 加하고 日干이 日支에 加하여 日支를 剋하면 運勢가 대단히 困頓하다(贅壻). 日干이 辰上에 加하여 生을 받으면 반드시 包容引拔해주는 사람이 있고 日支가 干上에 加하며 日干을 生하면 사람을 얻어 두루 보살핌을 받는다.

日干이 辰上에 加하며 日辰을 生하면 사람은 衰해지나 家宅은 旺하고 日支가 日干上에

加하여 脫日하면 身弱하고 財產은 점점 이즈러진다。

日上神이 驛馬가 되면 官職이 榮遷되고 辰上神이 驛馬가 되면 家宅의 移動이 있다。日

上神에 祿이 있으면 後日에 이름을 날리고 辰上神에 있으면 他人에게 屈服할 일이 있거

나 屈服을 당한다。

日辰上神에 各各 日德을 보고 다시 吉將이 乘하면 意外의 기쁜일이 있다。日辰上神이

六合이 되면 合作 成就한다。그러나 訟詞나 疾病은 凶하다。

日辰에 다같이 墓가 乘하거나 墓에 坐하면 每事가 閉塞難通한다。日辰上神이 各各 敗

氣(沐浴)를 보면 사람은 氣衰血敗하고 宅舍는 崩頹해 있다。

日辰上神에 各各 絕神을 보면 舊事의 結末에는 大吉하다。日辰上神이 다 空亡이 되면

空虛하며 不實하다。日課(一課・二課)가 不足하면 心意가 不安하고 辰課(三課・四課)가

不足하면 家宅이 不寧하다。日辰上에 卯・酉를 보면 阻隔不通하고 日辰上에 魁罡(辰・戌)

을 보면 折傷을 당할 虞慮가 있다。

五、發　端　門(初傳)

發端門은 初傳을 말하며 萬事 萬機의 初가 되고 發端의 始가 되므로 發用이라고도 한

다。初傳은 應事之始가 되므로 傳吉하면 事吉하고 傳凶하면 事凶한데 禍福之端이 전부이

初傳을 따라서 일어난다。 日上兩課에서 發用이 되었으면 每事는 外起하고 辰上兩課에서 發用이 되었으면 每事는 內起한다。 日上兩課에서 發用이 되고 貴人이 順布되며 初傳이 貴人의 前에 있으면 吉凶은 速至한다。 辰上兩課에서 發用이 되고 貴人이 逆布되며 初傳이 貴人의 後가 될때는 吉凶은 늦게 나타난다。 第四課에서 發用이 되면 每事 별안간 發生된 것이고 이상스러운 事件일 경우도 있다。

上剋下로 發用이 되면 主事는 外來하고 男子에 利롭고 女子에 不利하며 先이 利롭고 後가 不利하며 尊長이 利롭고 卑幼가 不利하다。

下賊上으로 發用이 되면 主事는 內起하고 女子에 利롭고 男子에 不利하며 後에 利롭고 先에 不利하며 卑幼에 利롭고 尊長에 해롭다。

下賊上으로 初傳이 되고 內戰(神剋將)이 되면 每事中途에 變하고 外戰이 되면 一身이 不自由하고 他人에 驅策을 당한다。

上剋下로 初傳이 되면서 內戰이 되면 막힘이 많고 目的을 達成못한다。初傳이 絕이 되면 每事는 即時 解結되고 行人은 消息이 있거나 來到한다。初傳이 墓가 되면 緩滯不進하고 疾病은 長臥 不起하고 失物은 遺失되고 行人은 即時 돌아오며 舊事는 絕對 再發하지 않는다。

初傳과 日辰上神이 刑冲破害가 되면 每事에 阻隔不通한다。 初傳이 空이 되면 憂喜

가 다같이 實在하지 않아 驚事도 虛驚이요 喜事도 虛喜가 된다. 初傳이 日干의 長生이

되면 萬事順調로운데 長生이 日干의 墓에서 發用됐으면 반드시 舊事가 再發한 것이다.

初傳이 敗와 死가 되면 毁壞無成한다. 初傳이 日干을 剋하면 心身이 不安하고 日支를 剋

하면 家宅이 不安하고 時를 剋하면 意外의 일이 發生하기 쉽고 末傳을 剋하면 有始無終

하며 本命上神을 剋하면 事情이 順調롭지 못하다. 初傳이 休가 되면 疾病이 있고 凶가

되면 刑罰을 받기 쉽다.

初傳에 吉將이 乘하고 또 同類(貴人이 丑에 乘하고 靑龍이 寅에 乘하는 例)가 되면 喜

上에 添喜가 된다. 初傳에 凶將이 乘하고 同類(申에 白虎가 乘하고 巳에 螣蛇가

乘하는 例) 凶中에 더욱 凶하다.

初傳이 太歲가 되고 中末傳에 月建이나 或日辰이 되면 移遠取近之象이라 하여 萬事에

急速히 進行함이 좋다.

六、移易門(中傳)

移易門이란 中傳을 말하는데 中傳은 事體가 移易傳達되는 應事의 中間으로서 重要한 역

할을 하는 곳이다.

初傳이 吉하나 中傳이 凶하면 吉이 凶으로 변하고 初傳이 凶하나 中傳이 吉하면 凶이

변해서 吉로 바뀐다。 中傳이 日干의 鬼가 되면 每事가 어그러지기 쉽다。 中傳

가 되면 萬事가 中間에서 끝이기 쉽다。 中傳이 日干과 相害가 되면 萬事에 막힘이 많다。

中傳이 日干과 破가 되면 萬事가 中間에서 끊기기 쉽다。 中傳이 空亡이 되면 每事不成한다。

七、 歸計門 (末傳)

歸計門이란 末傳을 말하는 것으로 每事의 吉凶이 歸結되는 集計處로 大端히 重要한 位

置이다。 그러므로 初傳이나 中傳이 비록 凶하더라도 末傳이 吉하면 萬事는 반드시 끝이

있으나 初傳中傳이 吉하더라도 末傳이 凶하면 萬事에 반드시 끝이 좋지 못하다。

下賊上으로 發用이 되더라도 末傳에서 賊剋하는 곳을 制하면 萬事에 先凶後吉이 된다。

末傳이 初傳을 剋하면 終剋始가 되니 遠行萬里에 入水라도 不溺하고 入火라도 不燒하며

疾病은 快愈하고 災殃은 消散된다。

末傳이 破害가 되면 吉凶이 다 이루어 지지 않고 空亡이 되면 每事에 結果가 없다。 初

傳이 日干의 長生이 되고 末傳이 日干의 墓가 되면 有始無終하고 初傳이 日干의 墓가 되

고 末傳이 長生이 되면 先難後順하게 된다。

初傳이 凶하나 中末傳이 吉하면 능히 凶함이 없어지고 初中이 凶하고 末傳이 吉해도 亦

是 凶이 解消된다。 三傳이 凶하더라도 行年이 吉하면 凶은 능히 解消되나 三傳과 行年이

다같이 凶하면 凶禍는 解消되지 않는다。 將剋神을 外戰이라 하고 神剋將을 內戰이라 한다。

外戰은 憂輕하여 비록 吉해도 凶함이 있다。

三傳이 全部 空亡이 되면 十中一實도 없어 虛事이고 三傳中 二傳이 空亡이 되고 나머

지 一傳에 天空이 乘하면 三傳다같이 空亡이 된 것과 같이 본다。初傳과 中傳이 空亡이 되

면 末傳을 爲主하고 中末傳이 空亡이 되면 初傳을 爲主로 한다。初傳은 干上神이 되고、

末傳은 支上神이 되면 我求彼事干傳支(畢法)라 하여 萬事에 내가 아쉬워 求人謀事하나 自

由롭지 못하고 初傳이 支上神이 되고 末傳이 干上神이 되면 彼求我事支傳干이라고 하여

他人이 나에게 付託하게 되고 萬事는 쉽게 이루어진다。

三傳이 四課上에 다 있으면 回還格이라 하여 (壬戌日 干上戌發用例) 求하는 物件은 얻

을 수 있고 所望은 이루어 지며 行人은 돌아오고 賊은 그 洞內를 벗어 나지 못했고 逃亡

은 脫出하지 못한다。그리고 吉은 더욱 吉하고 凶은 더욱 凶하며 疾病 訴訟 出産等의 占

은 大忌한다。(孕胎는 吉하다)

三傳이 日과 相遠하면 凡事難成하나 오직 避難訟災에는 吉하다。三傳이 日辰을 生하면

百事가 吉하고、三傳이 日辰을 剋하면 百事가 凶하다。日干이 初傳을 剋하고 初傳은 中

傳을 剋하며 中傳은 末傳을 剋하면 求財大獲格이 되어 大財를 入手할 수 있다。三傳과 日

辰이 모두 下賊上이 되면 조금도 和氣가 없어 訟事는 반드시 刑을 당하고 病者는 必死하

며 家法이 不正하고 自取其辱을 하게 된다. 三傳이 三合하여 日干의 全脫·全生·全鬼·

全財·全兄弟가 될 때는 天將의 吉凶과 五行制化가 如何한가를 본다.

假令 三傳이 全鬼가 되어 凶兆를 띠고 年·命·日·辰·四處에 子孫爻가 있으면 鬼를

制剋하여 吉로 變한다. 萬若 全脫이라면 父母爻가 四處에 있으면 된다. 그러므로 全鬼일

때는 財爻가 仇身이 되고 全脫일 때는 兄弟爻가 仇神이 된다.

八、 變 體 門 (年命)

變體門이란 本命과 行年으로서 百事의 吉凶을 變化시키는 곳이므로 變體라고 하는 것이

다. 本命은 一年之座이며 行年은 用事之助로 三傳에는 一定한 吉凶이 있으나 사람은 各

自 年命이 다르므로 課體가 同一하다 할지라도 各自 年命에 따라서 吉凶이 完全히 달라

진다. 例를 들어 三傳의 財는 本來 吉하나 年命에 官鬼가 있으면 反對로 凶하게 되며 傳

鬼는 本來 凶하나 年命에서 子孫爻를 보면 凶이 變해 吉로 바뀐다. 그러므로 變體라고 이

름한 것이다.

年命이 生旺地에 臨하면 吉하고 死絶地에 있으면 凶하다. 또 日上神이나 發用과 生合

比 和가 되면 吉하고 刑冲破害가 되면 凶하다. 發用이 비록 吉하다 하더라도 年命에

서 破壞를 하면 반대로 凶하고 發用이 비록 凶하더라도 年命上神에서 剋制를 하면 凶은

吉로 變한다.

官鬼가 發用하면 占病에 不利하데 年命上神에 子孫爻가 있으면 日鬼를 制하여 凶禍가 스스로 일어날 수가 없다。 年命上에 日財를 보면 求財에 合宜하고 官鬼를 보면 求官에 合宜한데 年命上에 月將을 봄이 最吉하여 一切의 災禍는 消散되고 天福이 自來하며 天馬나 驛馬를 보면 遷官되고 遠行에 이로우며 天喜나 貴人을 보면 凡事에 吉慶이 있고 傳送(申)을 보아 凶將이 乘하면 疾病으로 服藥함이 있고 登明(亥)을 보아 凶將이 乘하면 水厄이 있고 螣蛇를 보면 凝滯가 있고 白虎에 死氣가 乘하여 日干을 剋하면 救助가 되지 못하고 不遠內 必死한다。

白虎에 生氣가 乘하여 本命을 剋하면 癆瘵之病이 있다。

第二節　應用豫知

다음에 說明하는 應用豫知는 六壬類聚의 解釋이다。 占斷八門과 重複되는 點이 많으나 壬學을 研究하는데 도움이 될만한 좋은 글이기에 重複之嫌이 있더라도 讀者를 위하여 記載하는 바이다。

一、論四課

第一課는 日의 陽神이고 第二課는 日의 陰神이다。第三課는 辰의 陽神이고 第四課는 辰의 陰神이다。陽神으로서는 出現을 보고 陰神으로서는 伏藏을 본다。그러나 陽이 主가 되고 陰이 次(客)가 된다。

四課가 俱全되어 있으면 每事는 正順하며 容易하고 四課가 不全하면 每事는 不正하고 反逆되며 至難하다。

二、論日辰

日上神이 日干을 生하면 百事가 吉하다。晝將일 때는 人助가 있고 夜將일 때는 神助가 있다。但 제일 꺼리는 바는 空亡과 三傳의 空脫인데 所得한 바를 얻지 못하고 浪費만 된다。

日上神이 日干을 剋하면 諸般之事에 不利하다。晝將일때는 사람의 害가 있고 夜將일때는 神의 殃禍가 있다。日干이 旺相하면 그래도 可하나 休囚하면 더욱 심하다。日干이 日上神을 生하면 虛費가 百出한다。日干이 日上神을 剋하면 凡事에 막힘이 많다。日干上神이 日支를 生하고 日支上神이 日干을 生하여 日辰이 各各 上神의 生함을 받을 때는 兩家

가다 順利하고 各自 다 生意가 있다。

日干上神이 日支를 尅하고 日支上神이 日干을 尅하거나 日辰이 다 上神에 尅을 받을 때

는 兩家가 다 傷함이 있어 다 같이 不利하다。日支를 日上神이 脫하고 日干을 支上神이

脫하면 나도 他人을 脫하고 他人도 나를 脫한다。또 日辰이 各自 上神에서 脫함이 있으

면 彼此에 脫함을 防止해야 되는데 玄武가 乗하면 더욱 甚하다。

日上에 辰의 旺神이 臨하고 辰上에 日의 旺神이 臨하거나 日辰上에 各各 旺神이 臨하

면 動謀함은 不利하고 坐謀 坐用함이 마땅히 利하다。日上에 祿馬를 보면 榮名遷動하게

되고 日上에 日馬를 보고 支上에 日祿을 보면 君子는 遷官하고 常人은 身動宅遷하게 된

다。

日辰上에 德神을 보면 利롭게 進展하고 吉將이 乗하면 大吉하다。日辰上神이 六合이

되거나 或 五合이 되면 交易은 成就된다。그러나 解散之事엔 오히려 不利하다。

日辰上에 다같이 墓神이 乗하면 雲霧中에 處해 있는 것 같아서 昏暗한 가운데 人宅이 다

같이 亨通되지 못한다。日鬼之墓가 日干上에 加하게 되면 凶禍가 되는데 凶將이면 더욱

甚하다。例를 들어 甲乙은 丑이요。丙丁은 辰、戊己는 未가 되며 庚辛은 戌이 되고 壬癸

는 辰이 됨을 말한다。대개 日鬼가 明見되어 있으면 그 刑害를 알아 스스로 可히 다스릴

수 있으나 鬼가 墓中에 暗藏되어 있으면 荷草附木함과 같고 借姓假名함과 같아 어떻게 다

스릴 수가 없다。그러므로 訟事나 病占엔 大忌하는데 萬若 課傳이나 年命中에서 破墓를 하거나 子孫之神이 있으면 可히 凶을 解消할 수가 있다。日辰이 墓上에 坐하는 것과 日辰上에 墓神이 覆하는 것은 각각 다르다。왜냐하면 墓에 坐한 것은 本身이 情願하여 暗昧함을 甘受하는 것이기 때문이다。

日辰上에 刑이 되거나 害가 되면 賓主는 不投하게 되고 各自 嫉妬나 侵害의 마음을 품고 있다。日辰上에 敗氣가 乘하면 身宅이 다같이 衰敗해진다。日辰上에 絕神이 乘하면 舊事를 結絕지음에는 마땅하지만 其外之事에는 다같이 不利하다。日辰上에 死神이나 死氣가 乘하면 凡事에 (어떠한 일에 던지) 休息함이 마땅하고 動作함은 不利하다。

日辰上에 空亡이 乘하면 虛聲無實하다。日上課가 不足하면 自身이 不足한 것이어서 心意가 焦熔하고 行止가 不定하다。辰上課가 不足하면 家宅이 不寧하고 陰이 主이며 작은 災殃이 있다。日辰上에 魁罡을 보면 매사에 自由롭지 못하고 或 六合이 發用하면 隱身 避難 欺詐 私門 等의 徵兆가 있고 萬若 白虎나 螣蛇가 日辰에 臨하거나 發用되면 반드시 折傷之厄이 있다。

日辰上에 卯酉를 보면 막히는 일이 많다。日干이 辰上에 臨하여 剋을 받으면 卑幼의 凌犯함을 自取한 것이고 辰이 日에 臨하여 剋하면 卑幼가 到門하여 凌犯한 것이다。日이 辰에 臨하여 生함을 받으면 尊으로서 卑를 從하는 格이기 때문에 처음엔 비록 어렵고 막힘

이 많으나 乃終엔 逸樂하게 된다。 辰이 日에 臨하여 生日하면 每事에 내가 기다리지 않

아도 사람이 求해져서 사람이 스스로 順從하기 때문에 不勞而得하게 되는 것이다。

日이 辰에 臨하여 日支를 生하면 이것은 人往生宅이라 하여 凡事에 사람이 나에게 求

하러와서 不得已한 情으로 따라가 屈枉就人하니 財物은 消耗되고 사람은 疲勞하여 虛費

無得한다。 日支가 日干에 臨하여 脫하면 虛耗遺失之象이 있다。 日干이 日支에 加하여 剋

하면 事多費力하나 드디어는 得財한다。 日支가 日干에 臨하여 剋을 받으면 尊長은 得財

하나 卑幼에겐 不利하다。 日이 辰에 臨하거나 辰이 日에 臨하여 比和되고 萬若 吉將이 乘

하면 모든 일이 다 吉하게 된다。

三、論 三傳

三傳이란 것은 四課中에서 隱微한 點의 發端이요 課體上의 幾요 싹인 것이다。 故로 課

는 體요 傳은 用이 된다。 이렇기 때문에 三傳이 吉하면 비록 四課가 凶하다 할지라도 終

乃는 吉하게 되고 三傳이 凶하면 四課가 吉하다 하드라도 乃終엔 凶하여 每事 이루어지

기 어렵다。 따라서 이루어진다 하여도 有始無終하게 되어 버린다。

凶事의 始末은 모두 三傳에 關係되는 것이며 初中末의 次序로 따져보는 것이다。 假令 初

傳은 官鬼가 되고 中傳은 印綬가 되고 末傳은 財가 된다면 每事의 始初에는 阻害가 있으

나 中間에 助力함을 얻어서 드디어 結果는 財物을 얻을 수가 있게 된다。이와 같이 三傳

의 配列에 依해서 吉凶이 判斷되므로 萬若 初傳이 凶하고 末傳이 吉할 때는 처음에는 비

록 艱難함이 있으나 드디어는 吉하게 되고 初傳이 吉하고 末傳이 凶하면 처음에는 비록

良好하나 終乃는 不濟하며 凶하게 되는데 初傳과 末傳이 다같이 凶하고 中傳이 吉할 때

는 비록 中間에 成合됨이 있더라도 드디어는 無益하게 된다。

初傳은 發端門이라고 해서 心情의 處所요 묻는 바의 關鍵인 것이다。그러므로 반드시

神將과는 比和되고 上下相生해야 吉이 되는 것이다。萬若 德祿을 만날시는 擧事함은 마

음대로 이루어지고 비록 危險之事라 할지라도 救應을 받게 된다。

中傳은 移易門이라고 한다。그러므로 事體의 一般 即 中間을 본다。이러하므로 初傳이

凶하더라도 中傳이 吉할 때는 移傳하여 吉로 바뀐다。이와 反對로 初傳이 吉하나 中

傳이 凶할 때는 吉이 變해서 凶이 된다。初傳은 母가 되고 末傳은 子가 된다。母傳子則

順이요 子傳母則逆이라 하여 初傳에서 末傳을 生함은 吉하나 末傳에서 初傳을 生함은 좋

지 않다。그러나 末傳에서 初傳을 生하더라도 初傳에서 다시 日干을 生할 때는 吉로 變

化한다。이와 반대로 日干을 剋할때는 凶은 加重해진다。萬若 이러할 경우 本命上

行年上 日干上 日支上의 四處에서 食傷의 救神이 없을 때는 凶함을 免하기 힘들다。

鬼는 壞를 뜻하고 墓는 止를 뜻하고 害는 折要를 뜻해서 每事에 막힘이 많고 破는 中

間이 끊겨 不成하고 空亡이면 斷橋라고도 하고 折腰라고도 하여 主事는 不成한다。

末傳은 歸計門이라고 한다。그러므로 모든 일의 結果를 보는 곳이다。이와 같이 發用

함에는 初傳에 있고 決事는 末傳이 되는 것이다。이것이야말로 삼으로 重要緊切한 것으

로 萬若 初傳이 下賊上 發用이 되었더라도 末傳에서 그 剋賊하는 것을 制할 때는 反對로

凶이 吉로 變化 된다。末傳에서 初傳을 剋하면 終末剋始하여 遠行萬里라도 入水不溺하

고 入火不燒하고 모든 疾病과 災禍가 없어지나 萬若 破나 害가 加하게 되면 막힘이 있

고 吉凶이 다 不成하고 空亡이 된즉 百事에 結果가 없다。三傳이 干上發用하며 支上歸傳

하면 朝支格이라고 하여 我去求人謀事하고 支上에서 發用하며 干上이 歸傳이 될 때는 朝

日格이라 하며 他人이 來託한다。朝日格에 神吉 傳吉하면 모든 일이 쉽게 이루어져 求하

지 않아도 스스로 오며 神凶 傳凶하면 災禍를 不測하며 俗談에 閉屋程坐하 하더라도 禍

從天上來라는 말과 같이 病産엔 危險하고 訟詞 行人에 다 같이 不吉하다。

例로서 丙寅日 干上午 三傳 辰巳午 壬寅日 干上戌 三傳 子亥戌 等이다。朝支格이란 他

人에 俯就하며 自由를 얻지 못한다。또 例를 들어 甲午日 干上에 辰이 되어 三傳이 辰午

申이 되면 甲木이 三傳에 死地가 되니 行人은 돌아오지 않고 病者는 死亡한다。庚寅日 干

上午가 發用하며 三傳이 午辰寅이라면 地支가 日鬼를 生助하니 酋長이 反對로 害를 본다。

三傳과 日辰이 互換三合이 되면 百事에 去來가 飜覆하며 끝이 나기 힘들다。三傳과 日

辰上下가 다 合이 되면 妄動하지 말고 日月이 冲破할 때를 찾아 그 方位로 움직여야 한

다。그러나 三傳이 吉하면 合함이 마땅하고 冲破하면 안되며 萬若 凶할 때는 冲破가 되

어야 凶散한다。

三傳이 日干을 生하면 百事에 吉하며 비록 강제 재판을 한다 해도 大凶은 닥치지 않

는다。三傳이 日干을 剋하면 凶한데 오직 冲破한즉 凶이 없어진다。例를 들어 癸亥日

辰加亥 三傳이 辰未戌이 되어 初傳 螣蛇 中傳 句陳 末傳 白虎가 되더라도 末傳 戌과 初傳

辰이 相冲하며 虎冲蛇하니 以凶制凶하게 된다。

萬若에 行年에 戌이 되면 二戌이 一辰을 冲하니 凶災가 消散되나 行年이 辰이라면 一戌

이 二辰을 冲去하지 못하니 다시 全凶하게 된다。三傳이 盜氣가 되면 마땅히 退散해야 되

고 失物을 豫防해야 되는데 다시 蛇 虎 空亡之鄕에 加하게 되면 依託之事는 힘을 얻지 못

하고 官事는 反覆된다。三傳이 遞生干하던지 遞剋干하는 것은 課體를 보아야 詳細히 알수

있다。萬若 日干이 初傳을 剋하고 初傳이 中傳을、中傳이 末傳을 遞剋하면 求財大獲한다。

三傳과 日辰이 전부 下賊上이 되면 和氣라고는 一毫도 없어 訟事는 刑을 받고 病者는

必死하며 家法亦是 不正하며 自招其禍하면 醜聲이 문밖을 나가고 競爭이 있게 된다。

三傳이 日辰의 夾定이 되면 凶은 消散이 안되고 吉도 亦是 쉽게 없어지질 않는다。그

러므로 融合之事는 吉하나 疾病 訟事 出産 行人은 다같이 不利하다。

夾定이란 다음과 같은 課를 말한다.

寅　卯　辰

巳　午　寅　卯
乙　巳　丑　寅

```
午 未 申 酉
巳       戌
辰       亥
卯 寅 丑 子
```

干上神은 巳가 되고 支上神 寅이 發用하며 寅卯辰 三傳하니 干支上神이 三傳을 拱夾한 것이다. 拱夾한 三傳이 財가 되면 求財에 利롭고 官이 되면 求官에 利로우나 病訟에는 다같이 不利하며 脱氣를 夾拱하면 疾病이 두렵고 求財도 不利하며 孕胎는 利로우나 出産엔 不利하다.

生氣를 夾拱하면 百事에 吉하나 出産에 不利하고 兄弟를 夾拱하면 百事에 不利하며 空亡을 夾拱하면 百事에 虛詐가 많다.

辰　巳　午

卯　辰　未　申
甲　卯　午　未

```
午 未 申 酉
巳       戌
辰       亥
卯 寅 丑 子
```

卯와 未가 三傳의 三支(辰巳午)를 拱夾했다. 그러나 三傳이 전부 空亡이 되어 空亡을 拱夾한 것이 되므로 有名無實하게 된다。또 干支上神이 空亡이 되면 夾定으로 보지를 않는다。

그러므로 困難한 일은 나중에 解結되고 享通되던 일은 나중에 不通되며 機密은 漏洩되

어 差誤가 생기고 凶事는 危險하지 않게 되고 吉事는 기쁨이 이루어지질 않는다。三傳

을 干支上神이 夾定하는데 地支一位가 缺하게 되면 夾定虛一格이라고 하여 每事不完全

하다。

例를 들어 丁卯日 干上申이라면

		四課			三傳
巳	辰	酉	申	丁	辰
午	卯	未	申		巳
		朱	ヒ	貴	午
				酉	
				戌	
				亥	
	卯	寅	丑	子	

天地盤

	朱	ヒ	貴
午	未	申	酉
巳			戌
辰			亥
卯	寅	丑	子

以上과 같이 되는데 三傳이 辰巳午로 干支上神이 夾定하는데 辰에서 申까지 未字一位

가 缺한다。缺神이 무엇에 該當하는가를 살펴 財神이 缺하면 財物로 因하여 不成事되고

官鬼면 官事로 因해서 不成事되며、兄弟일 때에는 卑下 手下로 因해서、父母일때는 父母

나 文書로 因해서 不成된다。上例는 未가 不足하므로 未는 脫氣로 子孫爻가 되며 夜將이

면 朱雀이 乘하고 晝將이면 句陳이 乘하므로 子孫에 舊事의 關連된 일이 아직 未決된 狀

態이다. 年命에서 以上과 같은 때는 上論과 같이 論하지 않는다.

三傳이 日辰外에서 透出하면 透外格이라 하여 當時를 모르고 每事에 때를 잃거나 心力이 一致가 되지 못하거나 이미 이루어 놓은 일일지라도 他人으로 因해서 破壞되기 쉽다.

例를 들어

```
            子
            亥
            戌

丑    子    亥    戌
甲    丑    子    亥

未    午    巳    辰
申                卯
酉                寅
戌    亥    子    丑
```

甲子日 子加丑 三傳 子 亥 戌이라면 子가 日辰(一課三課)外에서 發用했다. 上記와 같이 退茹格이 되면 怠慢으로 因해서 不及한 바가 있고 進茹格이 되면 過進으로 因해서 不及함이 있다. 萬若 干透出支(一、二課가 初傳三四課가 末傳)가 되면 外事에 不利하고 行인은 돌아오게 되며 先動後靜하게 되고 支透出干(三四課가 初傳 一二課가 末傳)이 되면 內外에 不利하고 外動함이 宜롭다. 上記 甲日例는 干透出支가 된다.

四、論 發用(初傳)

日上兩課에서 發用하면 外事이고 辰上兩課에서 發用하면 內事이다.

第一課나 第二課에서 發用되고 天乙貴人이 順行하고 用神(初傳)이 貴人의 前에 있으면 吉凶을 不問하고 速至한다。第三課나 第四課에서 發用되고 天乙이 逆行하며 用神이 貴人의 後에 있으면 吉凶을 不問하고 遲至한다。第四課에서 發用이 되면 驀越이라고 하여 每事 별안간 생기고 또는 遇然 成事된다。

用神(發用)이 上剋下로 發用하여 天官(天將)을 剋하면 內戰이 되어 憂는 重하고 每事가 이루어 진다하더라도 他人의 阻害를 받아 不足함이 있게 된다。下賊上으로 發用하고 또 天將이 用神을 剋하면 逼迫殺이라고 하여 自身이 不自由스럽고 他人의 驅策을 받고 抑壓을 당한다。

用神이 財가 되면 財物에 關한 것이고 日鬼가 되면 凡事 發動하여 不利하고 脫氣가 되면 子孫이나 卑幼에 關한 일이고 兄弟가 되면 兄弟 또는 朋友에 關한 일이며 印綬가 되면 父母 尊長 文書 等에 關한 일인데 所望之事는 利롭다。

用神이 長生이 되면 所望을 크게 이루나 用神이 長生이 되어 日干의 墓上에 用神이 있거나 敗死가 되면 凡事가 반드시 破壞된다。用神이 墓가 되면 事緩하여 病者는 死亡하고 失物은 不失하고 行人은 歸家하며 舊事는 不發한다。用神이 絕이 되면 每事는 끝이 나고 人來信至한다。用神이 刑冲 破害가 되면 百事가 順成되지 않고 或 成就됐다 하더라도 다시 傾覆된다。

用神이 空亡이 되면 憂喜가 다 같이 不成하고 謀事는 出旬하여 空亡이 풀린 다음에 다

시 도모해야 되고 託人은 詐欺가 많고 每事에 不實之意가 있다。用神이 日干을 剋하면

身上에 근심이 있거나 長上에 근심이 있으며 官訟이 있고、日支를 剋하면 家宅이 不寧하

며 時를 剋하면 근심이나 놀라는 일로 心動함이 있고 末傳을 剋하면 有頭無尾하고 先易

後難하게 된다。

用神이 本命을 剋하면 財臨本命한다해서 求財에 利롭고 行年을 剋하면 求事는 이루기

어렵다。用神에 天馬나 驛馬가 乘하면 移動이 있고、日辰을 剋하면 手足(兄弟)의 損害를

豫防하고 또 乘馬 乘車 登舟함을 꺼린다。用神이 月厭(正月戌 二月酉 三月申 等으로 逆

後行)을 만나면 作事不成하고 喪門 吊客이 되면 喪服之人이 있다。(日辰의 前二辰이 喪門

二辰이 吊客)

用神이 入廟(旺相)하면 喜事는 더욱더 기쁨이 있고 비록 凶將이라 하더라도 災禍가 일

어나지 않는다。用神이 旺相하면 吉하고 休하면 疾病이 있고 囚하면 官刑이 있고 死하면

喪禍가 되는 것이 大槪이다。또 大體로 生我나 比和는 旺相함이 마땅하고 剋我나 盜我는

休囚함이 마땅하다。

五、論 占 時

占時는 人之神機로 自然과 符合한 禍福이 發生하는 根源으로 吉凶이 推則되는 머리가 된다。그러므로 三傳도 時가 아니면 發用이 안되고 月將도 時가 아니면 不加하게 되므로 時를 傷하는 것은 絕對로 不可하다。

甲乙日金時 戊己日木時 庚辛日火時 壬癸日土時 丙丁日水時 等은 다같이 時가 日을 剋한다。萬若에 用神이 또한 剋日하면 所謂 天網四張이라고 하여 謀事는 다 凶하고 萬物은 損傷된다。故로 正時를 先鋒門이라 하고 天上正時를 直事門이라 한다。그러므로 課體를 設定하기 전에 미리 占事를 推想할 수가 있는 것이다。

例를 들어 金日 寅卯時라면 日干의 財가 되니 대개 求財事라는 것을 알 수 있고 正時에 所乘한 天將이 白虎라면 道路事로서 往來 出入하는 求財事이다。다시 發用이 旺相하면 新財요、休囚하면 舊財며 또 時가 日馬가 되면 財物로 因한 出入이다。發用이 休氣가 되면 疾病이 速來하기 쉽고 時가 日馬가 되어 鬼를 帶하면 官事가 速至하여 官衙에 出入하게 된다。그러므로 時가 日德 日祿 日貴 日官 日鬼 日兄弟 子孫 或은 刑 冲 破 害 墓 絕 等 어느 것이 해당되느냐에 따라 事體를 判決된다。

六、論 太歲

太歲는 五行之標요 歲功之本으로서 貴人이 入傳을 하지 않더라도 公訟은 救助가 되고

貴人의 힘을 입을 수 있다。오직 疾病은 救할 수 없고 萬若에 入傳하여 日鬼가 되면 凶

은 더욱 甚하고 月建은 다음이 된다。

太歲가 三傳中에 있으면 一年의 吉凶之事에 關係된다。例를 들어 中傳에 있으면 昨年

之事요 末傳에 있으면 二・三年前의 事件이고 月建이라면 二・三個月 前事이다。 行年上

에 太歲를 보면 今年一年事의 吉凶을 다 알 수가 있다。

初傳에 太歲를 보고 中末傳이 月建이나 日辰을 보면 移遠就近이라 하여 緩慢하던 것이

急速하게 된다。 太歲가 日干을 生하면 最吉하고 合하는 것은 次吉이 되며 日干이 生하여

도 吉하다。 太歲가 나(日干)를 剋하면 비록 凶하나 救神이 있을 때는 凶을 免할 수가 있

다。 그러나 내가 太歲를 剋하면 凶은 甚하여 小事는 反對로 大事가 된다。 그러므로 日干

이나 年命上神에서 太歲를 克犯하면 아주 좋지 않아 凶禍가 至大해진다。

太歲에 天乙이 乘하여 相生이 되면 吉慶이 非常하나 君子라야 加官進祿되지 常人은 反

對로 凶하다。 그러나 日干을 剋하면 太歲下堂이라 하여 君子나 常人이나 다같이 災禍가

있거나 孝服이 있다。 太歲가 辰上에 臨하여 剋하면 家長이 不安하고 歲破(太歲冲支)나

月破(月建冲支)가 加하여 吉將이 되면 그래도 괜찮으나 凶將이 될때는 반드시 凶하다。

歲破나 日破가 日辰上에 加하게 되면 破財나 損失이 있다。病符(昨年太歲)가 支上神이

되어 日支를 剋하면 病符剋宅全家患이라 하여 全家族에 病患이 侵犯한다。

七、論月將

月將은 太陽이다。幽明之司로 動靜之機며 禍福之柄이다。萬若 入傳하면 福이 不淺하다。

月建은 天道를 左旋하고 月將은 天道를 右轉한다。故로 左는 天關이 되고 右는 地軸이 된다。

病占에 月將을 보면 救神이 되고 他占은 天心이 日에 臨하니 移動이나 往來之事가 있

다 天乙이 乘하면 龍德課가 되니 天恩之喜가 있다。月將은 福佑之神이며 光明之神이다。

그러므로 月將이 玄武에 臨하면 盜賊은 捕獲하기 쉽고 年命에 있으면 억울하고 무료한

일이 있기 쉬운데 누명은 자연히 없어지게 된다。月將이 發用하여 日干을 生하게 되면

반드시 尊長의 큰 힘을 얻는다。

八、論年命

命은 一身之應所로 日干과 同一한 位置를 차지 한다。歲・月・日上神과 서로 相害하여

힘을 얻지 못하면 日干이나 類神과 서로 德合이 되어야 한다。行年이 用神에 助力해야 되

는데 日과 用神이 서로 相害하면서 剋日하면 用事不成한다。年命上에 財를 보면 問財에

必吉하고 鬼를 보면 訟病이 있다。그러므로 父母 兄弟 子孫 等도 이와 같이 推詳하라。

年命上神과 太歲가 相剋하면 常人은 官災口舌이 있고 萬若에 太歲에 天乙이 乘하면 君

子는 天廷文書 恩沃之喜가 있거나 或 橫發得官한다。年命上에 月將을 보면 一切의 凶禍

가 完全히 없어진다。年命上에 辰戌이 있고 凶將이 되면 百事에 不利하다。年命上에 二

馬(驛馬와 天馬)를 보면 遷官奉詔하고 萬若에 破를 보고 句陳이 發用하면 疑惑無定하다。

年命上에 天喜를 보고 吉將이 乘했으면 百事가 다 吉하다。年命上에 月厭(正月戌逆行

十二支)이 또 死氣가 되면 寃家人鬼가 相逼하고 血忌를 보면 交通 事故로 근심할 일이 있

다。年命上의 傳送이 凶將이 되면 주로 疾病으로 因해서 服藥하게 되고 登明이 乘하면 水

厄(或溺死)을 操心해야 된다。貴人이 年命에 臨하게 되면 非常한 喜慶이 있고 萬若에 貴

人이 年命을 剋하면 官事가 있다。螣蛇가 年命에 臨하면 疑滯가 있다。白虎가 臨하면 災

祸가 있고 다시 死氣가 乘하면 一個月을 넘지 못하고 病者는 四十九日內에 死亡한다。

金煞이 乘하면 더욱 凶하고 生氣가 乘하며 年命을 剋하면 傳屍된 癆瘵之疾이 있고 喪

門 吊客 病符가 乘해도 다같이 좋지 않고 凶하다。

九、論 來 情

來情은 課傳을 設定하기 前이나 課傳 格局을 세운 뒤에 占課를 求함에 앞서 正斷을 請

하는 사람의 心情및 要件 또는 事相의 吉凶을 미리 알 수 있는 文字 그대로의 來情인

것이다.

來情法은 대개 正時와 發用에 基礎를 두고 日辰과의 生剋 刑 冲 破 害 比 合等에 따라

事件을 豫測하고 年命을 參酌하면 相對方의 職業 性情의 善惡까지도 미리 알 수 있으며

發用의 旺相休囚死로 過去 現在 未來等事를 알 수 있는 方法이다.

時가 日을 冲하면 動搖의 事件 또는 다른 사람 때문에 侵犯을 받는 일이다. 時와 日이

相比하면 諸事遲滯하고 또는 他人 때문에 金錢의 損害 또는 女人之事이다. 時와 日이 相

生하면 惡惠를 받는 일로서 時로 부터 日干을 生하면 남의 恩惠를 받고 日로 부터 時를

生하면 내가 他人에게 恩惠를 베푼다. 時가 日馬가 되어 日上에 臨하면 遠行이나 移動이

있고 辰上에 臨하면 轉宅의 移動之事이다. 時가 日干의 祿이 되면 祿位 職位를 求하거나

立身之事이다. 時가 日干의 貴人이 되면 貴人의 일에 關係하거나 또는 윗사람이 끌어 주고 時가 日德

이 될 때에는 賞을 받거나 特賜가 있다. 時가 日辰의 空亡이 될 때에는 謀事는 不成하고

또는 失脫이나 失財가 있다. 時가 日辰의 劫煞이 되면 諸事가 急速하게 이루어지고 또

盜難之事가 있기 쉽다. 時가 日辰의 刑이 되면 急速한 事件이거나 或은 官災가 있다. 時

가 日辰의 害가 되면 損害 또는 自己의 災禍를 豫測하지 못하게 된다. 時가 日鬼가 되면

敵때문에 侵伐을 받으며 또는 災病 失脫의 일이다.

時가 日干의 墓神이 되면 田土로 因한 다툼 또는 墳墓나 佛寺의 일이다. 以上에서 旺

相하면 田畓의 일이고 死囚하면 墓地의 件이다. 時가 日辰의 破가 될때에는 破財 失走 等

의 일이다. 時와 日辰이 合하면 和合하는 일이나 또는 外財를 求하는 일이나 旅行 또는

通信의 뜻이 있다.

午가 天馬가 되면 반드시 待人의 일이다. 年命上神에 天罡을 보아 白虎가 乘하면 災難

의 事件으로 往來한다. 또 年命上神에 河魁를 보면 使用人 또는 盜難의 件이다. 知一課

는 兩者擇一의 뜻이 있고 心情의 不安이 있다. 長生이 墓上에 加하면 舊事가 再發한 것

이다. 日干上神에 父母爻가 있고 日支上神에 丁馬가 있으며 年命上神에 生神이 있으면

家庭上의 일이다.

日干上神에 日支上神이 乘해서 日干을 生하고、또 發用이 年命上神을 生하고 干上神이

나 支上神이 丁馬가 되면 家屋賣買 또는 改築의 件이거나 아니면 旅行 및 出張의 일이

다. 時와 日支가 冲破가 되며 日支上神이 父母爻가 되거나 空亡이 되면 家庭不安이거나

住居의 일이다. 日支上神에 大耗 小耗가 乘하고 三傳이 火身(巳午)이 되어 日干을 剋하면 火災의 件이다.

日干上神에 卯酉가 乘하면 轉居의 뜻이 있어 守舊하기 어렵고 丁馬와 劫煞을 보면 반드시 移徒한다. 日辰上神에 驛馬가 乘하면 出行의 件이거나 家庭上의 紛爭事이다. 八專課 九醜課 三交課 獨足課 度厄課 亂首課 天獄課 龍戰課等은 모두 家宅之事를 占斷하는 것이다.

嚆失課 八專課 九醜課 三交課 曲直格 玄胎課等으로 財爻가 青龍 太陰 天后等이 三傳에 있어 三合이나 六合이 되면 結婚問題이다. 干上神에 墓가 乘해서 初傳이 되어 休囚의 地에 있으면 墳墓의 일이나 또는 陰謀之事이다. 占時와 初傳에 日墓가 乘하고 또 日支上神에 死神이 乘하면 墓 또는 佛事의 일이다.

日支上神에 丁馬가 乘하면 改墓 또는 神佛에 關한 賣買件이다. 占時가 墓가 되고 三傳에 日鬼가 되고 凶將이 乘하면 土地 또는 墳墓로 다툼이 있다. 年命에 天喜가 있고 三傳과 合하거나 日干과 三合하면 親善之事이다. 日干의 寄宮과 占時와 合하거나 日干과 三傳이 干合하고 三傳에 青龍 太陰 天后中 어느 것이고 있으면 結婚問題 또는 親善의 件이다.

日干 또는 日干上神과 三傳이 三合하고 男女의 年命上神이 또 相合하고 天后 六合이

乘하면 成婚의 일이다。財爻와 子孫爻를 보고 財爻가 初傳이 되고 辰戌에 六合 또는 玄

武가 乘하면 妊娠의 일이다。初傳 正時 年命上神에 子孫爻 또는 胎神 生神 天喜 靑龍 六

合等이 乘할 때는 出産의 일이나 또는 家畜 土地의 件이다。

胎神 生神이 丑酉午亥戌未等에 加하면 六畜 또는 農事의 件이다。三光課 六儀課 斲輪

課 鑄印課 軒蓋課로서 太歲 月支 傳送의 어느 것이든 三傳에 있으면 官職事이다。

察微格 嚙失課 轉蓬格 度厄課 蕪淫課 綴瑕格 天網課 天煩課 昂星虎視格 多蛇掩目格 亂

首課 天獄課 龍戰課 刑德格 天禍課等으로서 潤下 또는 稼穡을 兼하면 官災가 있다。

見機格 度厄課 地煩課 掩目格 玄胎課等으로 初傳이 冲이 되어 中末傳에 天后 白虎 天

喜中 어느 것이거나 乘하면 妊娠의 일이다。

彈射 重審 稼穡 六儀 龍德課等으로서 財爻를 보면 求財의 件이다。財爻가 있어 靑龍 六

合 丁馬가 生旺의 地에 있어도 求財의 件이다。日辰上神과 年命上神이 相合하여 天地相

生 또는 相合하면 貿易이나 求財의 件이다。占時가 初傳이 日鬼가 되어 **丁神 死氣 死神**

白虎 螣蛇等이 乘하여 年命上神에 있으면 災禍가 있다。

時와 日干과 日支가 같거나 時와 日支가 冲害하거나 時가 日墓가 되며 日干上神에 臨

하면 어느 것이고 災禍나 疾病의 件이다。日辰上神과 年命上神이 相剋하거나 六害가 되

어 句陳 朱雀 白虎等이 乘하면 官事에 關한 來情이다。

辰戌巳等의 三字가 三傳에 있고 日干上神이나 年命上神과 刑剋해도 官事이다。元首

課 無依格 贅壻課 重審課 知一課等은 어느 것이나 賣買 또는 事業上의 件이다。

轉蓬 元首 三交 知一 彈射等의 課格으로서 日干의 寄宮이 日支上에 臨하면 내가 相對

方을 訪問하고 日支가 日干上神에 乘하면 他人이 나를 訪問한다。

九醜 三陰 魄化 天獄 察微 掩目 墓神 天煩 龍戰課等으로서 日干上神 또는 初傳에 死氣

를 兼할 때는 疾病의 件이다。

見機 遊子 察微 彈射 轉蓬 斬關格等에 太常이 日干上神에 乘하면 待人의 件인데 日干

上神과 白虎와 合이나 冲이 될 때는 待人은 中途에 있다。占時와 用神에 驛馬가 乘하고

丑 또는 未가 丁神이 되어 空亡하지 않을 때도 待人의 件이다。

日干과 占時가 冲하여 辰子午申의 地盤에 驛馬가 加해져서 四季에 丁馬가 乘할 때는 어

느 것이나 待人의 일이다。驛馬가 日支의 앞에 있고 또 空亡이 되면 사람을 찾는 件이다

無依 自任 三交 天網 彈射 軒蓋 遊子 斬關 龍戰格으로서 稼穡을 兼하고 辰戌이 日干 또

는 日支上神에 加해져서 初傳이 되면 旅行 出行의 件이다。

斬輪課에 未辰이 日辰上神에 臨하면 外出이나 旅行의 件이다。知一 嚆矢 八專 虎視 玄

胎課로서 玄武가 三傳中에 있으며 六合이 初傳이 되고 末傳에 天后가 있어 三傳中에 玄

武 또는 天空을 볼 때는 紛失의 件 또는 盜難의 件이다。時와 日이 破가 되면 逃亡의 일

이기 쉽다。

三狡 狡童 龍戰 遊子 玄胎 斬關 知一 天網 魄化課 等도 家出 逃亡의 件에 많이 나온다

占時 初傳 年命上神이 父母爻가 되면 尊上의 일이며 萬若 死神 또는 墓神이 乗하면 尊長

의 災病의 件이다。 生時나 初傳의 天盤上에 무엇이 乗했나로서 來情을 알 수 있는 方法

도 있다。

子上에 寅卯 또는 青龍 六合이 乗하면 婦人의 喜慶事이다。 丑上에 辰 또는 申이나 句陳

白虎가 乗하면 土地損失의 件이다。 寅上에 寅卯 또는 青龍 六合이 乗하면 子孫에 기쁜

일이 있다。

卯上에 申이나 白虎가 乗하면 疾病 또는 天災의 일이다。 또 未가 乗하면 婚姻件이다。

辰上에 辰申이나 句陳 白虎가 乗하면 다툼의 件이다。 巳上에 亥 酉 子 또는 太陰이 乗

하면 色情의 일이다。 午上에 午가 乗하면 待人 또는 旅行의 件이다。 未上에 酉나 太陰

이 乗하면 朋友 아니면 酒食의 件이다。 또 子나 天后가 乗해도 婦人 또는 色情之事이다。

申上에 寅 또는 青龍이 乗하면 子孫 또는 失財 損失의 件이다。 酉上에 戌 또는 天空이

乗하면 使用人의 逃走 또는 色情의 일이다。

또 酉 亥나 太陰 玄武가 乗하면 色情의 일이 아니면 家庭上 爭議의 件이다。 戌上에 辰

亥 또는 玄武가 乗하면 使用人의 逃亡事이다。 亥上에 酉 또는 太陰이 乗해도 同僚나 酒食

의 일이다。

十二天將에 依한 來情

앞에서 說明한 것은 占時나 年命 또는 課格 用神等으로 보는 來情法으로 이것은 壬學上

크나큰 靈奇이다。이를 테면 甲日 巳時로 巳에 朱雀이 乘했다면 巳는 子孫交가 되고 朱雀

은 文化나 學問의 神이므로 來情은 子孫의 學業에 關한 일이라고 推理한다。또 甲日 卯

時로 卯에 句陳이 乘하면 卯는 比肩이 되고 句陳은 爭訟의 神이므로 來情은 兄弟나 朋友

의 다툼이라고 보는 것이다。

貴人이 乘하는 神으로 부터 日干을 剋하면 尊長이나 手上으로 부터 叱責 또는 화냄을

당하거나 官事나 또는 失脫의 일이다。그러나 貴人으로 부터 日干을 生하면 萬事吉祥의

件이다。

螣蛇가 乘한 神이 日干을 生하면 喜慶之事이다。그러나 日干을 剋하면 幼兒의 놀라는

일이 있고 初傳에 있으면 망서림으로 마음이 安定되지 않고 末傳에 있으면 火災에 關한

일이기 쉽다。

朱雀이 日干을 生하면 文書上의 기쁨이 있고 書信은 온다。日干을 剋하면 口舌數가 있

어 安定을 缺하고 初傳에 있으면 官事가 速之하고 末傳에 있으면 書信이나 其他가 모두

늦게 發生한다。

六合이 日干을 生하면 和合 相睦의 기쁨이 있으나 剋을 받으면 夫婦나 男女는 서로 對

立하고 初傳에서 剋하면 家庭內에 奸邪之件이 있고 末傳에 있으면 遠信之事이다。句陳이

日干을 剋하는데 救神이 없으면 반드시 災禍가 있다。그러나 日干을 生하면 田地나 山墓

로 利得이 있고 山蔭이 있는 徵兆이다。靑龍이 日干을 生하면 萬事和合하고 財利가 厚大

하나 剋을 받으면 胃腸病이나 失財 損耗의 일이다。

天空의 上下로 부터 日干을 剋하면 모두 凶하고 病災를 제일 두려워한다。이에 反해

上下로 부터 日干을 生하면 凶이 吉로 바뀐다。白虎는 元來 凶神이다。日干을 生할 때는

大事를 成就할 수 있다。病占에 白虎를 보면 가장 凶하고 卯나 酉에 乘할 때는 死亡之

事나 道路上에서 災厄을 만난다。

太常으로부터 日干을 生하면 酒宴이나 喜慶之事가 있고 剋을 받으면 酒宴席上에서 다

툼이 벌어지거나 破壞의 일이 發生한다。玄武가 日干을 剋하면 盜傷의 일이나 破財 官災

逃亡의 일이나 日干을 生하면 凶災는 發生하지 않고 凶變爲吉이 된다。

太陰이 日干을 剋하면 奸邪한 일이 있고 萬若 卯酉上에서 剋하면 凶惡한 件이다。天后

로부터 日干을 剋하면 曖昧한 일이 생기고 剋戰하지 않으면 結婚問題나 戀愛等이 있고 子

午卯酉와 同位에 있으면 色情의 일이다。

一〇、論 應 期

應期는 百事諸般에 對한 始와 終을 알아 成期 了結等을 아는 方法인데 壬學上 難題中의 하나다。 應期의 適中 如否는 自古로 應驗如神 같다는 것이 常識化되어 있기 때문에

古人의 實例는 省略하겠으나 처음 壬學을 完全히 熟達치 못했을 때는 좀처럼 應期가 的中이 안되어 初學者로 하여금 많은 애를 먹게 해주는 것이 바로 이 應期이다。

왜냐하면 貴人의 順行 逆行과 發用이 貴人의 前에 있나 後에 있나 또 一·二課에서 發用했나를 살펴 參酌치를 않고 다음과 같은 單純한 理論에만 拘碍

되기 때문이다。

또 한가지 付言할 것은 어떠한 事體던지 成事될 것인가 成事가 안될 것인가를 明確히 안 다음에 應期를 論해야 된다。 成事가 되지 못할 것은 應期를 論할 必要가 없는 것이다

그러므로 課格을 보아 成·不成을 안 다음에 應期를 判斷하기 바란다。

大體로 百事發端의 吉凶의 起處는 오로지 發用으로서 吉之成合과 凶之起散을 보고 散

期는 전부 末傳으로서 따진다。 萬若에 春節에 發用이 寅卯가 되었다면 반드시 近方之事

요 現在之事며 巳午가 發用했다면 이것은 將來의 일이 되는 것이다。 今年 太歲가 發用하

면 應期는 반드시 今年 歲內에 應하고 月建이 發用하면 今月內에 應하고 日干이나 日支

가 發用하면 今日內에 應한다。

發用이 旬首(甲子・甲戌等 每六甲旬首) 即 六儀課는 吉凶이 一旬內에 應한다。月將이

發用하면 應期는 그 月將의 管事之內에 應한다。그러나 萬若에 太歲 月建 日辰 旬首月

將等이 發用이 되지 않았을 때는 當日의 日支로 부터 次第로 세어 나간다。例를 들어 子

日에 丑이 發用이 됐다면 來日이 應期이고 寅이면 모래 卯면 글피 辰이면 四日째라고 推

之하나 五日以外는 이 方法을 쓰지 않는다。一年은 二十四節氣인데 每一氣는 十五日이 된

다。萬若 節氣(交氣)之日이 發用하면 本氣內에 應한다。例를 들어 正月 初二日 丙子日

이 立春인데 初六日 庚辰日에 巳加庚되며 發用했다면 應期는 十六日 雨水前이 된다。(丙

寄는 巳이니까)

또 一氣는 三候가 되어 一年이면 七十二候가 된다。그러므로 每候는 五日이 되는데 立

春을 爲始해서 每候之日이 發用하면 本候五日內에 事端이 應한다。또 發用이 立春 立夏

立秋 立冬之日이 發用하면 應期는 一季(三個月)之內가 된다。또 現 正時가 發用하면 現

時刻內에 應한다。

以上은 吉凶에 關係없이 平常時에 따지는 應期이다。

또 一法으로서 用神의 上下로서 月期를 삼고 占日의 愛惡之神으로서 日期를 본다。吉

課라면 日干을 生하는 것이 愛神이고 凶課라면 日干을 克하는 것이 惡神이다。例를 들어

戊己日에 卯加辰으로 發用하여 吉課가 되었다면 日期는 二月이다。왜냐하면 卯는 二月建

이기 때문이다。그런데 二月에 應하지 않으면 三月에 應한다。왜냐하면 用神이 辰上에서

發用됐기 때문이다。그다음 日期는 丙丁日이 된다。왜냐하면 吉課이므로 戊巳日을 生하

는 것은 丙丁日 즉 愛神이 되기 때문이다。

또 例를 들어 甲 乙日에 巳加申하여 發用했다면 月期는 四月이 된다。萬若에 巳月에

不應하면 七月에 應한다。왜냐하면 巳가 申上에서 發用했기 때문이다。日期는 吉課라면

壬癸日이고 凶課라면 庚辛日이 된다。왜냐하면 甲乙을 剋하는 惡神은 庚辛이기 때문이다。

以上은 事體의 吉凶을 미리 定하는 應期이다。

末傳은 百事의 結局之期이다。凶事라면 末傳을 冲하는 神으로 散期로 본다。吉事라면

末傳과 合하는 神으로 成期로 본다。또는 末傳과 合된 地盤(即合神이 巳인데 巳加申이라

면 申月이나 申日)으로서 吉事의 結期로 본다。以上은 吉凶이 이미 發生하여 其 結了를

따지는 法이다。

또 用神이 陽神이라면 陽神의 絕日이 應期고 用神이 陰神이라면 陰神의 墓日(亥라면

辰日)이 應期이다。이것은 結絕事에 取하는 應期이다。

三合課는 三合하는 五行의 墓神이 應期이다。例를 들어 寅 午만 있고 戌이 없는데 天空을 보면 戌月 戌日에 가서 가히 成就할 수 있다。巳 酉만 있다면 丑月 丑日이라고 본다。또 間傳課는 折要格이라고도 하여 三傳이 戌子寅 午申戌 等으로 中傳一字로 三合成局이 않되므로 이 中傳을 冲하는 月日이 應期가 되는데 이것을 虛一待用이라고 한다。

萬若 遠期를 본다면 當年 太歲上神으로서 보는데 例를 들어 正月占課인데 太歲上에 巳가 있으면 四月이 應期가 되고 亥가 있다면 昨年十月의 일이 된다。

旺氣가 發用하면 現在事이고 相氣가 發用하면 未來事이며 體囚가 發用하면 過去事이다

以上은 過去 現在 未來의 應期이다。

行人은 課傳이 歸來之象이면 初傳의 墓神의 上神(甲日이면 未上神)이 歸期의 年月日이 된다는 것이 모든 壬學家들의 一致하는 主張이다。

二、論類神

壬學에는 三要가 있는데 一曰 用神이요 二曰 類神이며 三曰 日上神이다。그러므로 以上의 三處는 詳細히 살펴야 되지만 其中에서도 類神은 第一重要位置를 차지할 때가 있다

假令 求官이나 病訟에는 官鬼와 青龍 太常 白虎의 動態를 살펴야 하고 求名에는 文書

와 靑龍 朱雀의 動態를 살펴야 하며 求財에는 財星과 靑龍의 動態를 살펴보고 求婚에는

天后 訪謁에는 貴人 求雨에는 靑龍 求晴에는 天空 文字에는 朱雀 衣服 飮食에는 太常 田

畓土地에는 句陳 道路에는 白虎等의 動態를 살펴야 하는데 要는 課傳之內에 있고 旺相하

며 空亡이 되지 말아야 하고 日辰과 德合이나 相生이 되면 어떤 事類던지 이루어 진다.

萬若 類神이 課傳中에 들어 있더라도 日辰 年命과 刑剋하면 旺相氣라 할지라도 每事無

成하고 傾敗된다. 萬若 無氣하며 日鬼가 되면 凶하고 課傳에 있지 않으면 類在閒地라 하

고 다시 空亡이 되면 無類生成이라 하여 百事不成한다.

어떠한 일이던지 求하는 일은 빨리 되기를 바라는 것이 人之常情이다. 그러므로 類神

이 入局하여 有氣하면 事速하고 無氣하면 事緩하다. 類神이 課傳 年命上에 있으면 다같

이 入局했다고 論한다. 入局하지 않더라도 占之事類는 類神으로서 訣定해야 된다. 例를

들어 失脫之事라면 玄武가 入局하지 않았드라도 玄武의 所去之地를 보고 또 生剋刑合

喜忌로서 其方所 色目까지도 알 수가 있는 것이다. 보통 類神이 陽이면 大衆이라고 보고

陰이면 隱微한 곳을 마땅히 살펴야 한다.

陽은 類神의 所衆之神이고 陰은 類神의 傳出之神이다. 假令 申이 類神이 되어 午上에

加한 즉 午上에 所衆한 申이 陽이므로 申上에 所乘之神 戌은 陰神이 된다. 그러므로 捕

盜는 玄武로서 類神을 삼는 즉 반드시 玄武의 陰神方으로 가야만 盜賊을 捕捉할 수가

있다。

訪人은 日德의 (君子는 德으로 보고 小人은 刑으로 본다) 陰神으로서 相對方의 長短點을 알 수가 있고 求妻는 반드시 天后의 陰神으로서 其女와 性情을 알 수가 있으며 求財는 반드시 靑龍의 陰神으로서 得失을 알 수가 있다。

二二、論 主事

主事는 注目해서 보라는 뜻으로 三傳이 一陽 二陰이면 陽이 主事가 되고 一陰 二陽이 되면 陰이 主事가 된다。陽이 主事일 때는 中傳으로서 結果를 決定하고 陰이 主事일때는 末傳으로서 主事를 決定한다。三傳이 전부 陽이 되면 日上神이 主事로 中傳으로서 每事의 結果를 보고 三傳이 다 같이 陰이면 辰上神이 主事로 末傳으로서 事體의 結果를 본다 以上은 主事論을 占斷의 한 方便으로 그리 重要치 않아 參考에 不過하다。

二三、論 遁干

課傳은 支神과 支神의 相互 生剋制化로서 出現으로 보고 遁干은 吉凶의 伏藏을 보는 것이므로 遁干 自體의 獨立的 吉凶은 이루어 지질 않고 傳課와 參酌되어 吉凶이 論해진다。遁干法에는 둘이 있으니 하나는 六旬中의 旬遁을 말하고 하나는 五字元遁을 말한다。

甲은 數之始冠으로 萬物之尊이 된다。 그러므로 革故昇新 重謀別用의 뜻이 있다。 乙은

日精이고 丙은 月精이다。 그러므로 乙丙이 가서 당는데는 妖邪가 伏匿하고 凶惡이 潛藏

된다。 故로 婚姻은 이루어지고 家宅은 安寧하며 盜賊은 自敗한다。 이와 같이 利明不利

暗하며 利正 不利邪가 된다。 丁은 玉女로 星精이 되기 때문에 能變 能飛騰 能通靈한다。

그러므로 逃亡에 得하면 멀리가서 숨을 수 있고 盜賊이 得하면 깊이 숨을 수가 있으며

婚姻에 得하면 妍淫苟成하고 病論에 得하면 幽暗難伸하게 된다。 丁神은 이와같은 暗事

에 利롭고 明事에 不利하며 또 丁馬의 뜻으로 動을 主로하여 膡蛇가 乘하면 出行하고 白

虎나 太常이 乘하면 孝服의 근심이 있으며 朱雀이 乘하면 消息이 오고 句陳이 乘하면 萬

里를 飛騰할 수가 있고 六合이 乘하면 子孫이 遠行한다。

戊는 陰伏 隱遁之衆이다。 그러므로 逃亡 遠行等事에 第一 좋다。 己는 六陰之首이므로

靜守함이 좋다。 庚辛은 肅殺之氣로 亦是 動하면 不利하여 動한즉 반드시 死傷을 보나 오

직 盜財 漁獵等에는 반드시 獲得한다。 壬은 天一生水로 五行之始요、 乾宮에 寄하여 八卦

의 始가 된다。 그러므로 易은 乾으로서 首로 하고 課는 壬이라 이름하여 萬物의 始가 되

며 動靜의 根이 되므로 其 動機를 볼 수가 있고 萌芽의 初發을 이룰 수가 있다。 癸水는

數之終效로 天地는 靜이 되므로 可以 隱遁할 수가 있고 可以 伏藏할 수도 있다。

一四、論指斗

斗란 即 天罡을 말한다. 보통 課傳은 天罡의 所處를 보아 天罡이 日辰의 前이 되면 災

禍는 이미 지나간 것이고 日辰後가 되면 災禍는 將來에 닥쳐 온다. 日辰上에 있으면 災

禍는 即發하는데 孟上에 加하게 되면 兩親에 仲上에 加하게 되면 己身이나 兄弟에 季上

에 加하게 되면 妻妾이나 奴婢아니면 財物上에 災禍가 닥친다.

그러므로 占卜의 來意를 斗罡으로서 알 수가 있는데 보통 占課를 類神으로서 보는 方法

以外에 天罡의 所指하는 바로서 吉凶을 판단하는 法이 있다. 天罡이 子에 加하면 天關이

되고 午에 加하면 地關이 되며 卯에 加하면 天格이 되고 酉에 加하면 地格이 된다. 天關

格이 되면 반드시 天時가 不順한 關係로 寒暑 雨風 雪等 때문에 모든 일이 막히고

地關格이 되면 반드시 道路의 險阻 即 渡江 津河 折橋等으로 因해서 모든 일이 막힌다.

그러나 課格을 보고 天官等의 消息으로서 吉凶을 判斷해야 한다.

一五、論旬丁

課傳中에서 丁神을 보면 반드시 動함이 있다. 오직 庚辛日에는 凶아 動하고 壬癸日에는

財가 動한다. 凶動은 主로 官事인데 그것은 親戚이나 家族이 他方으로 逃亡했기 때문이다.

萬若에 支上에 丁神을 보고 火鬼를 帶하면 家宅에 火災가 있다. 丁馬를 보고 白虎가 乘

하면 凶은 더욱 急히 動한다. 庚午 辛未日은 卯가 되므로 妻財로 因해서 凶動한다. 庚

辰 辛巳日은 丑이 丁神이므로 田墓關係로 凶動하는데 旺相하면 田畓으로 보고 囚死

하면 墓地로 본다. 庚寅 辛卯日은 亥가 丁神이 되므로 子息으로 因해서 凶動한다. 庚

子 辛丑日은 酉가 丁神이 되므로 自身이나 兄弟로 因해서 凶動하는데 庚日은 自身이

나 祿動關係로 본다. 庚戌 辛亥日은 未가 丁神이 되므로 父母나 尊長으로 因해서 凶動

한다.

庚申 辛酉日은 巳가 丁神이 되므로 官鬼로 因해서 凶動하는데 庚日은 鬼 辛日은 官으

로 본다.

水日에 丁神을 보면 財가 動하거나 妻妾에 기쁨이 있다. 또 遠處에서 붙인 財物이 郵

送되어 오기도 한다. 壬申 癸酉日은 卯가 丁神이 되므로 子息으로 因해서 財物이 들어

온다. 壬午 癸未日은 丑이 丁神이므로 官鬼로 因해서 財物이 들어온다. 壬辰 癸巳日은

亥가 丁神이 되므로 自身이나 兄弟로 因해서 財物이 들어오고 壬寅 癸卯日은 酉가 丁神

이 되므로 父母나 長上으로 因해서 財物이 動하며 壬子 癸丑日은 未가 丁神이 되므로 官

鬼로 因해서 財物이 들어오고 壬戌 癸亥日은 巳가 丁神이 되므로 妻妾으로 因해서 財物

이 動한다. 癸丑日에 干上 未가 되면 丁神이 乘하나 其財는 取하지 못한다. 왜냐 하면

바록 丁神이 되더라도 官鬼가 되어 三傳이 다같이 全鬼가 되고 課格이 또한 返吟課가 되므로 刀上 蜜과 같고 蜜中砒와 같기 때문이다.

一六、論顯晦

顯晦란 類神이 課傳中에 있으면 顯이라고 한다。年命에 類神이 있는 것은 次第로 하는데 課傳이나 年命上에 類神이 있지 않으면 晦라고 한다。그러므로 課格에 따라 顯해야 좋으냐 晦해야 좋으냐가 區別이 된다。顯이 되어야지 晦가 되면 않되는 것은 假令 官職을 묻는다면 官星을 살펴야 되고 財物을 묻는다면 財星을 살펴야하는데 萬若에 官職을 묻지 않는다면 官이 晦해야지 顯하면 좋지 않다。또 問病이라면 白虎나 官鬼를 살펴야 되는데 다같이 晦해야지 顯하면 좋지 않고 問訟이라면 朱雀이 晦해야지 顯하면 좋지 않은 것이다。

一七、論虛實

旬空이 發用하면 虛가 되고 旬首가 發用되면 實이 된다。火神이 日辰에 臨하여 發用하면 虛가 되고 水神이 日辰에 臨하여 發用되면 半虛 半實이 된다。오직 金・木・土神이 日辰에 臨하여 發用하면 全實이 된다。

一八、論 向 背

向背란 地盤을 말하는데 吉神이 得地하면 向이 되어야 하고 得地하지 못하면 背가 되어야한다. 天上神이 所臨地는 空陷이 되거나 入墓가 되거나 克制를 받거나 刑冲破害가 되면 않되고 오직 得官하거나 得照해야만 有情하여 向我하게 된다.

例를 들어 生我者는 恩主가 되고 我生者는 救神이 되며 克我者는 鬼賊이 되고 我克者는 財星이 되는 것이 正理이다. 그런데 相違되는 것이 있으니 나를 生하는 것이 있드라도 없는 것만도 못한게 있다. 例를 들어 木日은 水가 生이 되는데 萬若 水가 自生之地인 金上에 있으면 水는 스스로 貪生하여 나를 와서 生해주지 않는다. 또 水가 旺土之上에 있으면 水가 土에 剋制를 받기 때문에 나를 生할 수가 없게 된다. 日辰이나 行年上에 있더라도 亦是 나를 生하지 못한다.

萬若 水가 空亡이 되었다면 반대로 凶이 甚하다. 父母나 윗 사람의 病占엔 救하지 못하게 되고 尊長이나 貴人에 干請도 亦是 虛事가 된다. 剋을 보더라도 剋하지 않는 것이 있는데 그것은 例를 들어 木日은 金이 鬼가 되는데 萬若 金이 旺土上에 있으면 金은 스스로 變生하여 나를 剋하지 않는다. 金이 또 旺火之上에 있으면 剋을 받으므로 亦是 나를 剋하지 못한다. 金이 또한 空亡이 되어도 나를 剋하지 못한다. 財를 보아도 財가 되

지 않아 虛費心懷만 되는 例가 있는데 假令 木日은 土가 財인데 萬若 土가 申酉之上에

있으면 財入鬼鄕이라하여 取得하기가 不可하다。또 申酉는 土財로 봐서 脫氣가 되므로

虛費만 있게 된다。

土가 空亡이 되어도 亦是 不吉하다。救神이 있어도 救神의 역할을 못하여 災禍를 스스

로 받는다。例를 들어 木日에 金을 보면 火가 救神이 되는데 萬若 火가 旺水之上에 있으

면 火가 스스로 剋을 받아 나를 救할 수가 없다。또 火가 旺木之上에 있어도 스스로 變

生이 되니 救神이 못되고 오히려 災禍가 일어 난다。萬若 空亡이 되면 制鬼할 能力이 없

으므로 亦是 救神의 역할을 못한다。官鬼를 보지 않으면 救神은 反對로 盜神이 되어 不

吉하게 된다。

그러나 盜神을 보더라도 其 盜神이 火가 되어 旺水上에 있거나 空亡이 되면 火가 無力

하므로 盜神의 作用을 못한다。

以上에서 說明한 理論은 吉中에 凶이 되거나 凶中에 吉이 되는 법인데 占斷上 大端히

重要한 것이므로 熟讀을 바란다。

課傳에 父母를 보면 子孫에 憂가 있고 兄弟를 보면 妻財에 憂가 있고 子孫을 보면 官

祿에 憂가 있으며 妻財를 보면 父母에 憂가 있는 것은 確固한 法則이나 例를 들어 三傳

에 財가 있다 하더라도 日辰 年命上에 父母爻가 없으면 함부로 父母에 災禍가 있다고 판

단하지 않는다.

그리고 干上神에 官鬼가 乘해 있으면 財星을 盜氣하여 父母를 生해주므로 父母에게 災害가 없게 된다. 또 三傳에 父母를 보더라도 日辰이나 年命上에 兄弟爻가 있으면 子孫에 憂가 없다. 또 三傳에 子孫爻를 보드라도 財가 日辰에 臨한 즉子孫이 財에 洩氣되어 오히려 遷官 進職할 수 있으나 訟病은 反對로 災難을 免하기 어렵다. 또 官鬼가 三傳에 있더라도 干支上에 父母가 臨하면 己身이나 兄弟에 근심이 안일어 난다. 또 三傳이 全兄弟之神이라도 日支上神에 子孫爻가 있으면 比劫이 子孫爻를 生하고 子孫爻가 다시 財星을 生하여 妻妾은 反對로 無病하게 되고 오히려 豊盈하다.

一九、論進退

三傳이 寅卯辰・卯辰巳・辰巳午・亥子丑・申酉戌 또는 子寅辰 辰午申・申戌子等과 같이 進茹格이나 順間傳이 될 때는 前進의 뜻이 있고 子亥戌・戌酉申・未巳卯・卯丑亥等과 같이 退茹格이나 逆間傳이 될때는 後退의 뜻이 있다. 萬若에 進茹가 空亡이 되면 退해야 좋고 退茹가 空亡이 되면 前進함이 좋다. 또 三傳을 보아 吉하게 짜여져 있으면 前進함이 좋고 凶하게 짜여져 있으면 後退하는 것이 좋다.

二〇、論存亡

行人占이나 出家之人의 占에 生旺하면 生存했다고 보고 死墓가 되면 死亡 했다고 본다

萬若 사람의 生死를 볼 때는 白虎를 보아 辰上神을 剋하면 死亡했다고 보고 剋하지 않았

으면 生存해 있다고 본다。萬若 家出한지가 몇년 或은 十餘年以上이 되어 死生을 모를

적에는 家出人의 行年을 보아 孟神이 臨했으면 健在하고 仲神이 臨했으면 病이나 苦生

을 하고 있으며 季神이 臨했으면 死亡한 것으로 본다。

二一、論男女

純陽은 男子이고 純陰은 女子이다。一陽二陰은 男子이고 一陰二陽은 女子이다。陽神이

陽位에 臨해 있으면 男子이고 陰神이 陰位에 臨해 있으면 女子이다。貴人 螣蛇 朱雀 句

陳 靑龍 白虎等의 陽將이면 男子이고 天后 太陰 六合 天空 太常 玄武와 같은 陰將이면

女子이다。元首는 男子이고 重審은 女子이다。

二二、論老少

發用의 所臨之地를 보아 孟神에 臨했으면 少고 仲神에 臨해 있으면 壯이며 季神에 臨

해 있으면 老로 본다。또 用神이 有氣하면 小壯이라 보고 無氣하면 老衰로 본다。

二三、論新古

日辰上神이 旺相하면 新으로 보고 日辰上神이 休囚가 되면 古로 본다。日上은 旺相하

나 辰上이 休囚하면 新古 相半으로 본다。또 一法으로는 日上에 天罡을 보면 新으로 보

고 大吉을 보면 古로 본다。또 一法으로는 剛日用陽이면 新이고 用陰이면 古이다 柔日用

陰이면 新이고 用陽이면 古이다。또 一法으로 陽日로 干上에 長生이 加하면 新으로 보고

墓神이 가하면 古로 본다。陰日은 日德의 長生이 干上에 乘하면 新으로 보고 日德의 墓

神이 干上에 乘하면 古로 본다。

二四、論貴賤

旺相氣는 貴로 보고 囚衰한 氣는 賤으로 본다。天乙은 貴로 보고 螣蛇는 賤으로 본다。

太歲는 至尊이 되고 月建은 官長이 된다。이것은 다 旺氣가 되기 때문이다。貴人이 印

에 坐하면 祿이 있고 貴로 보고 敗絶空亡이 된즉 賤이 된다。坐印이란 甲子日은 乙丑이

貴人이 되는데 丑이 申에 加하면 壬申이 되어 壬은 甲木의 印綬가 된다。그러므로 坐印

이 되어 有祿之人이라고 본다。또 甲子日은 辛未도 貴가 되는데 未가 辰上에 加해도 坐

印이 된다。왜냐하면 辰은 戊辰이 되는데 戊는 辛金을 生하고 辛金은 日干의 官星이 되

므로 有祿之人이 나에게 와서 害를 끼치게 된다고 본다。(官吏는 오히려 吉)

또 例를 들어 庚寅日에 丙戌을 보면 丙은 庚의 殺이 된다。그런데 戌이 亥上에 臨해있

으면 火는 亥에서 絶이 되므로 貧窮之人이 나에게 와서 害를 끼치게 된다。

二五、論左右

日支의 左는 左가 되고 右는 右가 된다。例를 들어 日支가 子로서 宅이 되면 丑은 左

요。亥는 右가 된다。午는 對隣이 되는데 日干이나 日干上神과 比和生合하면 順하고 刑

克하면 不睦하다。假令 左右上神이 스스로 下를 剋하거나 或은 空亡이 되면 其隣家는 衰

替해 진다。萬若 火鬼가 乘하며 剋戰한즉 其隣家는 반드시 火災를 당한다。白虎 死氣가

乘하면 반드시 死喪이 있다。朱雀이 乘하면 口舌이 있고 玄武가 乘하면 盜失이 있다。句

陳에 死氣가 乘하여 白虎 螣蛇와 相剋하면 반드시 吊喪之類이다。

二六、論高下

有氣한즉 高로 보고 無氣한즉 低로 본다。또 辰은 陵이나 墓로 보고 有氣하면 높은 언

덕이다。日上神이 發用하면 高가 되고 辰上神이 發用하면 低가 된다。失物을 찾을 때에

日上에서 發用하면 物件은 높은데 숨겨져 있고 辰上神에서 發用하면 物件은 낮은데 있다

第四章 壬學須知

第一節 肘後經

어느 學問이고 마찬가지겠지만 特히 六壬이야 말로 記憶力을 많이 必要로 하는 學問이다。 그렇기 때문에 六壬書의 鼻祖인 六壬大全을 中國 淸나라때 郭載騋가 長長 千五百餘에 該當되는 七言節句로 中國 天地에 散在해 있는 모든 壬學種類를 수집하여 增刪補註했던 것이다。

說明式 內容보다는 七言詩句로 엮어 難解한 壬學을 後人들로 하여금 速히 暗記하여 理解케한 그의 功은 大端한 것이라고 보겠다。 다음은 其中에서 初學者가 반드시 알아야할 人事諸般에 걸친 捷訣인 肘後經과 玉成歌와 心印賦를 大全 그대로 召介함으로써 後學에 便宜를 주고저 한다。

課例區分事若何　先從卦體上包羅　三傳四課明凶吉　將與神兮和不和

課格을 세운후에 어떠한 事體인가를 알려면 먼저 卦體上에 羅列된 것에 따르고 三

傳四課로서 吉凶을 밝히고 天神과 天神(十二支)과 和合이 되나 不和가 되나를 살

펴라。

上下相生皆喜美　交相剋戰定癃疴　將剋神兮憂易解　神剋將兮禍必多

上下相生하면 吉하고 서로 剋戰하면 不吉하며 天將이 天神을 剋하면 憂는 쉽게 풀

리나 天神이 天將을 剋하면 禍가 반드시 重하다。

如期要視終傳上　好惡從玆更審歌　初來克末凶還甚　始被終賊禍自磨

應期는 末傳으로 보고 好惡도 다시 末傳으로 보는데 初傳이 末傳을 剋하면 凶은 더

욱 甚하며 喜事는 不成하고 末傳이 初傳을 剋하면 吉한데 吉將 吉神을 만나면 더욱

吉하고 비록 凶하다 할지라도 凶은 自消된다。

假使金神臨火上　末傳還水必無殃　縱有災殃自消散　始知福祿重鬼裁

假令 金神이 火上에서 發用하드라도 末傳이 水가 되면 災殃이 스스로 消散되어 비

로서 福祿이 일어나기 始作한다。萬若 水神이 없으면 土神이라도 있으면 災殃은

消散된다。他五行도 이와 같이 推知하기 바란다。

己前祕訣雖陳露　猶恐三傳吉凶具　假使土上用木神　末傳木救無憂懼

以前의 祕訣을 밝혀 三傳의 吉凶을 살피니 假令 干上에 木이 鬼가 되어 發用하드

라도 末傳에서 木神을 救하면 근심할바가 없다。

忽然無救將復凶　未便極凶仍更慮　如還年占吉神臨　遙剋凶神何必怖

萬若에 三傳四課에 救神이 없고 天將이 또 凶하면 確實히 凶한 가를 다시 생각하라 그래서 年命上에 吉神이 臨하면 凶神을 遙剋하니 어찌 두렵겠는가。

假令 癸未日 寅將 巳時課라면

```
白  戌
陰  未
匕  辰

白   陰   匕   句
戌   未   辰   丑
癸   戌   未   辰

合寅   朱卯   匕辰   貴巳
句丑                 后午
龍子                 陰未
空亥   白戌   太酉   玄申
```

河魁가 干上에 臨하여 上剋下로 鬼가 되고 또 白虎凶將이 乘했고 中傳에는 未上에 太陰이 乘하여 亦是 鬼가 되고 末傳에는 天罡에 螣蛇가 乘하며 또 亦是 鬼가 되어 三傳이 全鬼로 日干을 剋하니 三傳이 다같이 凶하여 救함이 없으니 大凶하다。

그러나 二八歲에 行年이 癸巳라면 巳上의 寅木에 六合이 乘하며 三傳의 衆土를 遙剋하여 救神이 되므로 凶이 變하여 吉로 바뀐다。 또 三十二歲에 行年이 壬寅이 되면 亦是 救

神의 役割을 할 수가 있으며 行年이 申이라면 申上에 貴人이 乘해 있으므로 亦是 救神이
된다。왜냐하면 天乙貴人을 至尊之象이 되기 때문이다。

用生終死慮最深　用死終生吉相聚

初傳이 長生이 되고 末傳은 墓神이 되면 憂深하고 初傳이 墓가 되고 末傳이 長生
이 되면 吉祥이 相聚한다。

順道用公母見兒　失禮還因子傳母　順則爲和失則疑　比是三傳眞祕語

初傳이 母가 되고 末傳이 子가 되면 順道이고 初傳이 子가 되고 末傳이 母가 되면
失禮이다。順道가 되면 喜美하나 失禮가 되면 悖逆이 되어 하는 바가 稽留되고 疑
惑이 있다。例를 들어 初傳이 功曹가 되고 末傳이 勝光이 되면 母가 子를 順生하
니 順道가 되고 初傳이 神后 末傳이 傳送이 되면 母가 子를 逆生하니 失禮가 된다。
그러니까 初傳이 末傳을 生하면 順道이고 末傳이 初傳을 生하면 逆道즉 失禮이다。

喜不喜分親與疎　日辰之下辨相遇　母臨於子爲和喜　交剋魁罡事必踝

喜不喜와 親疎는 日辰上下로서 辨別하는데 母가 子에 臨하면 和喜吉祥이 있으나
魁罡이 臨하거나 相剋하면 諸事에 不美하다。例를 들어 甲日에 神后가 干上에 臨
하면 相生이되 喜親이되나 魁罡이 臨하면 相剋이 되어 每事 不美하다。

初凶後吉終須吉　初吉後凶漸多凶　若遇德生名有救　如逢刑煞怨神窮

初凶後吉하면 끝끝내 吉하고 初吉後凶하면 漸漸 凶이 더한다。萬若 德이나 生을 만나면 救神이 되나 刑冲이나 惡煞을 만나면 凶은 더한다。三傳中에 德神이나 生神이 있으면 凶이 있어도 解消되나 萬若에 三傳이 凶한데 다시 三刑이나 凶將을 보면 其凶은 더욱 심하다。

假令 三月 癸巳日 午時課라면

三傳 申 亥 寅

亥	申	未	辰
申	巳	辰	癸

申	酉	戌	亥
未			子
午			丑
巳	辰	卯	寅

天罡凶神이 臨干하고 申加巳 下賊上하여 發用되고 또 申巳三刑하니 凶加凶이 된다。또

例를 들어 五月 己亥日 申時課

三傳 戌 酉 申

酉	戌	巳	午
戌	亥	午	己

辰	巳	午	未
卯			申
寅			酉
丑	子	亥	戌

河魁가 亥上에 臨하여 發用하고 五月은 死氣가 戌이 되고 劫煞은 亥가 되므로 上下가

다같이 凶하다。 그러므로 凶中에 加凶이 된다。

日辰救之其事緩　三傳用救急能和

日辰上에 救神이 있으면 늦게 吉해지고 三傳에서 救神이 있으면 速히 吉해진다。

假令 丙辰日 亥將 辰時課라면

```
玄  句  后
午  丑  申

子  未  亥  午
丙  子  辰  亥

子  丑  寅  卯
亥          辰
戌          巳
酉  申  未  午
```

初傳은 玄武 中傳은 句陳이되고 下賊上 發用하며 凶하나 支上에 月將이 있고 干上에 六合이 三傳의 凶을 救한다。

假令 甲子日 亥將卯時라면

```
戌  午  寅

辰  申  午  戌
申  子  戌  甲

丑  寅  卯  辰
子          巳
亥          午
戌  酉  申  未
```

河魁 凶神이 下賊上 發用하며 凶하나 末傳은 日德이 되고 末傳에서 初傳을 剋한다。

三傳中에　救神이　있으므로　凶은　빨리　解消된다。

月德支德并生氣　奇神天德解儀科　比上七神衝作救　日年傳末記伊何

凶卦遇之凶漸止　吉卦遇之吉慶多

月德이나　支德　生氣　奇神　天德　解神　六儀等　七神이　日辰　年命　三傳　어디든지　있어

救神이　되면　비록　凶卦일지라도　凶은　漸止하고　吉卦라면　吉慶은　더욱　많아진다。

日上陰陽非爲己　辰上陰陽非爲他　陰內陽外各有理　陰往陽來可知情

陰主伏兮陽主行　陰暗損財陽損明

日上의　陰陽은　自己로서　끝이는게　아니고　辰土의　陰陽은　他人으로　끝이는게　아니라

陰內　陽外는　各各　理致가　있으며　陰往　陽內로　事情을　알　수　있으며　陰은　伏藏이　되고

陽은　飛行이　되며　陰은　暗損이요　陽은　明損이다。日辰의　陰神은　內가　되고　日辰의　陽神

은　外가　된다。日辰의　陰神은　彼事가　되며　日辰의　陽神은　自己行事가　된다。

陰陽配在剛柔位　內外男女此中情　剛日下剋內憂女　若有上剋外男驚

陰陽과　剛柔로서　內外와　男女의　事情을　아는데　陽日下剋은　內事요、女子에　憂恨이

있으며　上剋下가　되면　外事가　되고　男子에　憂驚이　있다。

柔日下剋還用外　上剋下時凶內與　日剋神兮神剋將　事從於內定吉凶

柔日은　反對로　下賊이　外事가　되고　上剋下는　內事가　되며　日剋神이나　神克將이　되

면 諸事가 內에서 따라 吉凶이 定해진다。

將剋神兮神剋將　吉凶自外決枯榮　魁罡上下並蛇虎　休囚爲死旺爲生

將剋神이나 神剋將이 되면 吉凶은 스스로 밖에서 榮枯가 決定되고 河魁나 天罡에

白虎나 螣蛇의 二將 二神이 發用이 되거나 中末傳에 있으면 四時의 旺相休囚를 보

아 旺相이 되면 病者는 生하고 囚獄者는 脫獄할 수 있으나 休囚하면 病者는 重하고

囚獄者는 不脫한다。

旺相爲多休癈少　更將物氣證其情　旺則相乘十數之　相氣因向更倍精

日神이 旺相하면 多數이고 休囚하면 少數이다。그래서 物價의 高下나 物件의 數量

等을 判證할 수 있다。初傳이 旺相하면 數位를 十乘한다。假令 功曹가 辰上에 臨

하여 發用하며 旺하면 功曹數는 七이고 辰의 數는 五이므로 五·七은 三十五가 되

니 十乘하여 三百五十이나 百乘하여 三千五百으로 본다。相氣가 되면 倍數로 보니

假令 太乙이 申上에 臨하며 發用하며 相氣가 되면 申數는 七이고 巳數는 四이므

로 四·七은 二十八이 된다。相氣는 倍數로 보라했으니 二十八의 倍 即 五十六으

로 본다。

休言本數莫疑惑　死囚折減數皆輕　支干之數翻覆算　拘儉卦內見其名

休가 되면 疑惑을 갖지 말고 本數其 自體로 보고 死囚가 되면 輕算하며 折減해서

보고 卦體內를 살펴보아 干支數를 翻覆算하라 假令 神后가 戌土에 臨하여 用神이

休가 되면 神后數는 九이고 戌數는 五이므로 相乘하지 않고 相加하여 十四가 되므

로 그대로 十四數로 본다。 萬若 用神이 死囚가 되면 例를 들어 從魁가 丙上에 臨

하여 發用되며 囚死가 되면 從魁數는 六이고 丙數는 七이므로 合하여 十三이 된다

囚死는 折減하라 했으니 七이나 六數로 보든지 折減을 또하여 三으로 보기도 한다。

亡盜行人知遠近 但尋此數自消停 其他萬物皆如此 不可一途仍更寧

盜亡이니 行人의 遠近도 上記와 같은 數理로 따지고 其他萬物도 다 이와같이 算을

놓으니 活用을 바란다。

課逢旺孟有來意 旺仲必當朝夕期 死囚休廢狀如何 四般皆屬過去事

干上이나 發用이 旺相하고 孟神이 되면 來意가 있고 仲神이 旺하면 朝夕間에 當到

하며 休囚死가 되면 過去之事로 盜亡이나 行人은 돌아오지 않는다。

假使季神當相氣 舊事即人將欲至 孟神無氣臨相地 癈仲還同千此義

忽然相氣臨孟神 新事欲來須防備

四季神이 相地에 臨하여 發用하면 舊事가 將來에 再發하고 孟神이 無氣하여 相地

에 있어도 亦是 舊事가 動하고 仲神이 休廢하여 相地에 있어도 亦是 舊事가 動한

다。 그러나 相氣가 孟上에 臨하면 새로운 일이 닥치고저 하니 반드시 防備해야 한

다。

若占所事吉與凶　卦中神將言其意　不比遠事反吟同　比合伏吟近之事

占時의 吉과 凶은　卦體와　神將으로서 그 뜻을 알고　不比나　反吟은　每事　遲遠하

고 比用이나 三合 六合 伏吟은 每事 近速하다。

若占凶事與凶詳　更剋日辰凶可畏　日鬼辰鬼月破神　更兼刑害五般陳

凶事占에 凶卦를 얻고 다시 發用이 凶神 惡將이 되어 또 日辰을 剋하면 凶은 더욱

심하며 解救하지 못한다。凶神이란 대개 日鬼 辰鬼 月破(月沖) 刑 害等의 다섯

이다。

日辰年上兼爲用　吉卦先歡後劫嗔　復有解神孤寡煞　憂喜無成是的眞

日辰이나 年命上이 發用이 되어 吉卦라도 先吉後凶하는 例가 있고 다시 解이나 孤

辰寡宿이 있으면 憂喜는 다같이 이루어 지지 않는다。

若占吉事旺兼美　德合重重多喜慶　德生己說在前篇　三六合神看用起

吉事占에 三傳이 旺相하고 德 生 三合 六合이 되고 神將이 內傳이 안되면 喜慶이

重重하고 求事가 다 이루어진다。

事神年命兩相生　此主所爲皆得成　事神年上兩相剋　此主所爲皆不得

事神(求財에 財星及 靑龍 文書에는 朱雀等)과 年命이 서로 相生 相合이 되면 얻고

자 하는바가 다 이루어지고 事神과 年命上神과 서로 相剋 冲害가 되면 하고자 하는 일이 다 이루어지지를 않는다.

何以明其急與遲　但看天乙自然知　日辰在前事爲急　支干在後遲無疑

每事의 速遲를 어찌아는가는 天乙을 보아 自然히 알 수 있다. 日辰이 天乙前이면 主事는 急速히 이루어 지고 日辰이 天乙後에 있으면 主事는 遲緩해 진다.

假令 戊寅日 申將 午時課라면

辰 午 申

未	酉	辰	午
戊	未	寅	辰

空未	申	酉	戌
午			亥
巳			子
辰	卯	寅	丑貴

貴人이 順行하고 天罡이 鬼戶에 臨하여 發用되며 日·辰 發用이 전부 貴人의 前이 되므로 主事는 速히 이루어진다. 壬子日 亥將 辰時課라면

午 丑 申

寅	未	丑	午
未	子	午	壬

子	丑	寅	貴卯
亥			辰
戌			巳
酉空	申	未	午

貴人이 逆行하고 發用과 日辰이 다같이 貴人의 後가 되므로 每事가 遲慢해진다。

順行利陽雖急速　常陰不能成福奇　逆行利陰復緩慢　龍合難爲降喜儀

天乙이 順行하면 陽이 이로웁고 速하나 太常 太陰은 있어도 福이 되지 못하고 天
乙이 逆行하면 비록 靑龍이나 六合이 乘해도 喜慶이 이루어 지질 않는다。

忽然貴神臨二八　搖動不安主遷移　被刑帶煞皆凶惡　神在外兮亦如斯

萬若에 貴人이 卯上이나 酉上에 臨하면 動搖나 不安이 있고 移動이 있으며 刑冲破
害 惡煞이 있으면 皆凶한데 神在外 煞在內란 天罡이 四季上에 있으면 神在外 煞在
內가 되고 四孟上에 있으면 神在內 煞在外가 되고 天罡이 四仲에 있으면 神在門 煞
在人이 됨을 말한다。

神將所主爲月內　己往將來用意推　斗在日前災已過　若居月後事還遲

忽然正當日辰上　凶吉只在朝夕期

神將이 所指하는 바로 應期가 決定되는데(寅月에 寅이 發用하면 寅月內應事가 있
다) 己往之事와 將來之事를 어떻게 推測할 수 있나는 天罡이 日辰前에 있으면 災
殃은 이미 지나간 것이고 天罡이 日辰後에 있으면 吉凶은 앞으로 닥치게 되며 天
罡이 日辰上에 있으면 吉凶은 朝夕之間으로 일어난다。例를 들어 甲日에 天罡이
卯에 臨해있다면 今日의 前이 되므로 吉凶은 이미 지나간 것이고 丑에 臨해 있다면

不遠內에 吉凶이 일어나고 寅上에 臨했다면 今日之間으로 일어난다.

前言課例都分顯 猶恐應期難盡善 用起太歲一年中 斗建發時當月見

前述한 課體를 分類한 다음 應期를 的中하긴 대단히 어려웁다. 太歲가 發用하면 一

年中으로 月建이 發用하면 當月內로 應事한다.

傳辰旬內應期詳 用日剋期在朝晚 氣首難過半月間 應候休言五日遠 得時不出八刻中

仔細記之心莫倦

旬首가 發用하면 應期는 旬內가 되고 日辰이 發用하면 應期는 朝晚間에 이루어진

다。節氣가 發用하면 其節氣內에 應期가 되고 一年 七十二候中 本候日이 發用하면

五日內에 成事가 되며 正時가 發用하면 應期는 即時이다.

更有應日未宜陳 吉凶之卦各言因 今日生我爲吉 剋我之身是凶神

應日은 吉卦나 凶卦나를 가려 吉卦면 日干을 生하는 날이 應日이고 凶卦라면 日干

을 剋하는 날이 應日이다。例를 들어 甲乙日에 吉卦가 되면 壬癸日에 應日이고 凶

卦면 庚辛日이 된다。

事神與日何親屬 或爲父母或妻兒 或作鬼吏或兄弟 不離神將洪因疑

日과 事神과 親疎를 어찌 아는가는 印綬가 되는가 或은 食傷이 되는가 官鬼가 되

는가 兄弟가 되는가를 보고 또 神將과의 關係를 보아 親屬을 본다.

忽然兄弟爲鬼吏　那知還被兄弟累　旺爲官爵相錢財　死亡因獄休病忌

忽然兄弟化爲財　財物還從兄弟來

萬若 用神이 今日과 兄弟가 되고 다시 官鬼를 보면 반드시 兄弟之累를 豫防해야 된다。假令 丙丁日에 勝光이나 太乙等이 發用하여 玄武를 得하면 兄弟가 鬼吏로 變하는 것 같으니 兄弟로 因한 災厄을 須防해야 될 것이다。用神이 旺하면 官鬼의 근심이 있고 相하면 財物로 因한 근심이 있고 死가 되면 鬼憂 또는 死傷 哭泣이 있고 囚가 되면 囚獄이나 鬼憂가 있고 休가 되면 鬼憂나 病人으로 因한 근심이 있다。또 萬若 庚辛日에 從魁가 發用하여 靑龍 六合等이 되면 兄弟가 財로 化하니 財物을 兄弟로 因해서 所得하게 된다。

大哉聖法寔難測　須憑將神決疑惑　其事有長有不長　此即事得立用鄕

課體의 長短은 神將의 吉凶과 用神의 所立之鄕으로서 알수가 있는 것이다。

若臨冠帶長生位　福祿重重更顯揚　若値死囚休病地　官災凶事不能當

用神의 所立之地가 冠帶나 長生이나 臨官(建祿) 帝旺等 有氣하게 되면 福祿이 重重하고 吉將이 乘하면 더욱 吉한데 萬若 用神이 死囚休나 病地에 臨하면 官災나 凶事를 免하기 어렵다。

人要先須看日辰　次辨尊卑長幼分　官人百姓從顯記　賢德奸邪次算陳

먼저 日은 人이요, 辰은 體로 보고 다음에 日이 尊이요, 辰이 卑며 日은 老요, 辰이 幼가 된다。 日은 官人이나 賢德으로 보고 辰은 百姓이나 奸邪人으로 본다。

舟車水陸夫妻定　病鬼人宅表裡尋　既往即須尋至處　爲客方知有主人

日은 車、陸、夫、病人、人口、表、既往、主人等이고 辰은 舟、水、妻、鬼祟、事物、裡、至處、客人等이 된다。

出入但依南北路　左右須詳男女身　使作往往知的當　有求人物見虛眞

日은 出이요 辰은 入이며 日은 南이요 辰은 北이며 日은 右고 辰은 左며 日은 男이며 辰은 女고 日은 往고 辰은 住고 日은 人이요 辰은 物件이다。

弓箭網羅爲獵師　鳥獸禽鱗所獲因　干吉支傷順爲喜　干傷支吉逆爲迍

日은 弓、箭、網羅、獵師가 되고 辰은 鳥、獸、禽、魚等이고 所獲之物이다。 그런데 日上神이 辰上神을 剋하면 吉하나 辰上神이 日上神을 剋하면 不吉하여 獸獵을 禁함이 좋다。

支干相生旺有氣　舉動和合疎者親　支干互傷帶刑煞　休囚無氣禍來臻

干支上神이 相生하고 旺相하면 舉動하며 求하는 것을 所獲할 수 있으나 干支上下가 交相剋戰하고 다시 休囚가 되어 刑殺이 되면 所求之物은 얻지 못하고 오히려 凶한다。

日辰大體己分明　更看行年合事情　行年剋日爲不及　日剋年神失節名

日辰으로서　大體를　나누고　다시　行年으로서　事情을　보는데　行年이　日干을　剋하면

不及이라　보고　日干이　行年을　剋하면　失節이라고　한다。

用神若還害天乙　是爲四閉凶不輕　應喜反怨解復結　用玆三事要消停

用神이　天乙貴人을　遙剋하면　四閉라고　하여　凶이　不輕해서　喜者는　反怨하게되고

解結됐던　일이　다시　復結되는데　不及이나　失節이나　四閉의　三種은　課體으로서　吉

凶을　判斷해야　한다。

卦體紀綱前己別　復有擧爲未盡說　百事三傳見類神　與日相生爲果決

卦體紀綱을　前과　같이　分別하나　百事의　擧動을　다　比喩하자면　限定이　없으므로　三

傳과　類神과　日辰과의　相互相生　相剋을　살펴　相生和合이　되면　百謀가　得成된다고

본다。

假令欲去見君王　須尋天乙爲何方　酒食有無看小吉　衣物將來視太常

萬若　君王이나　貴人을　謁見　할려면　天乙의　動態를　보고　酒食은　小吉　印綬나　衣服

은　太常　財物은　靑龍　婦女는　天后　罪囚은　太陰　交易이나　相親은　六合　火光이나　詞

訟은　朱雀　官訟　淹留는　句陳　病人은　白虎　驚恐　怪異는　螣蛇　詐欺나　誕爲는　天空

盜賊　遺亡은　玄武等의　動態等을　살펴야한다。

明擧三事將爲例　欲求他課自消詳　此是神仙肘後訣　能曉乾坤掌內藏

以上의 三事를 明確히 알면 他課의 吉凶을 自然히 알 수 있도다. 이것이야 말로 神仙께서 만든 肘後訣이니 乾坤의 秘密을 掌中을 보듯 밝고 明澈히 알 수 있도다.

第二節　玉成歌 (天將神殺解)

六壬玄妙有靈機　支干神將安辨危　剋冲刑破衰休害　七者言凶定有期

干支와 神將으로서 安危를 아는데 一剋 二刑 三破 四冲 五害 六休 七囚가 되어 內外가 相剋하고 上下가 相刑하며 三傳中에 相破가 되거나 上下相害가 되고 또 休囚死가 되어 干支나 三傳中에 加하면 凶하다. 보통 占課에 刑氣가 初傳이 되어 日干을 剋하면 凶하다.

德合相生並旺氣　此神相訪福來隨

德이란 甲己德寅 乙庚德申 丙辛德巳 丁壬德亥가 되는 것 등이고 支前五位도 德이 된다. (子는 巳가 德 丑은 午가 德之類) 合이란 三合 六合인데 德合이 相生되고 또 旺氣를 띠면 福祿이 自來하다.

將是神兮神是將　若得靑龍便是寅

十二天將이나 十二神이 窮極에는 같은 五行이 되므로 將이 即 神이요 神이 即 將

과 같은 것이다。 萬若 乙日에 白虎를 보면 白虎는 申이 되는데 申은 乙의 德이 된

다。 또 靑龍이 入辰하면 外人이 入內한다。

見機兩用雖艱險　疑惑先難後易伸　知一每事須云近　遙剋當傳主遠尋

見機課는 主事가 兩用이 되는데 비록 어렵고 의혹이 있고 위험한 點이 있드라도

먼저는 어려우나 나중에 쉽게 풀리고 知一課는 盜賊 逃亡等 每事가 近方이나 不遠

內가 되고 遙剋課는 遠應되고 遙遠하다。

玄胎生下病人占　當用下生定有孕　神遙剋日名蒿矢　日遙剋神彈射名

玄胎課는 孟上에 加하여 孟神發用되어 三傳이 다같이 孟神이 되는 것을 말하는데

其中에서도 天盤 孟神이 地盤 孟神을 生하는 玄胎格은 病人 新事 孕育事 老少父病

等에 다 凶하다。 遙剋課 即 嚆失나 彈射格은 暗昧 遙遠한 일이고 客은 다달을 수

가 있으나 同宿은 不可하고 萬若 同宿하면 口舌이나 暗害가 있다。

反吟占事休言定　往復雙雙兩事同　常占須主身離動　不動人情有怨欺

反吟課는 每事 往復이 있고 必是 兩事體가 兼해서 일어나며 또 身上의 移動이나

家宅의 移動이 있고 그렇지 않으면 人情의 違背 怨欺等이 있다。

伏吟舉動心無逐　剛主行人到戶庭　三交凶吉皆因內　昂星蛇虎定凶危

伏吟課는　大槪　每事不成하는데　陽日　伏吟은　行人이　到來하나　陰日　伏吟은　不來하

며　三交課는　諸事의　事因은　內起하고　昂星課는　外起하는데　凶將이　乘하면　釜鳴이

있고　天空은　失物이　있고　靑龍이나　太常은　遷官하며　句陳　太陰은　走失이　있고　蛇

虎二將은　訴訟等이　있다。

墓神加日躍災滯　支臨干上所謀危

歲月受傷剋爲用　虎臨喪吊哭聲歸　三刑爲鬼人家破　日鬼用決官職輝

歲月이　剋傷을　받고　發用되면　長上의　災가　있고　白虎가　年命上에　臨하여　喪門　吊

客이　되어　發用하면　喪禍之事가　반드시　歲나　月內에　일어난다。　또　三刑이　白虎　螣

蛇가　되어　凶煞을　兼해서　日辰을　傷하면　家破人亡한다。　日鬼가　發用하여　行年이나

本命을　生하면　遷官之兆가　있다。

日干의　墓가　日干에　加臨하면　身上에　災殃이　오며　支가　干上에　臨하면　所謀之事가

危殆롭다。

歲月死虎加年命　相刑之月氣樓雲　日鬼加臨辰兩課　門中官吏乃相榮

太歲에　死神　白虎가　乘하여　年命에　加하면　必死한다。　例를　들어　申年　四月　戊辰日

伏吟課인데　行年이　寅이라면　巳月의　死神은　申이므로　死神이　太歲에　乘하여　白虎

가 되고 行年을 刑克하니 四月中으로 死亡한다고 본다。日鬼가 辰上兩課에 있으면

鬼臨三四訟災隨라 하여 官吏가 到門하고 訟事가 반드시 일어난다。

吉將遭傳求事阻　休囚歸傳也不成　時傷年命入傳來　必然卒暴有驚憂

吉將이 被戰이 되면 求事에 막힘이 많고 三傳이 休囚하면 每事不成한다。時가 年

命을 傷剋하고 入傳하면 반드시 卒暴이나 驚恐之事가 있다。

德神動處吉相隨　反遭刑制見凶危　支上有鬼家移動　干若逢之人主憂

日德이 日辰에 臨하여 上下相生이 되면 大喜慶이 있다。반대로 刑剋受制가 되면 凶

危가 있다。支上에 鬼가 있으면 家宅의 移動이 있고 日干에 鬼가 臨하면 근심이

있다。

日課對隔主人離　內之值時宅破期

日上課에 神과 將을 隔離하면 離別之事가 있고 辰上兩課에 있으면 家宅이 破한다。

例를 들어 乙日에 酉가 干上에 乘하여 六合이 乘하면 酉가 六合과 日辰과를 隔離

하는 例이다。

또 例를 들어 丙日에 朱雀이 亥에 乘하여 干上에 臨하는 例等이다。

陰神却受陽神剋　退除陰小暗墮胎　四課相間干內外　傳用冲支宅不寧

第二課가 第一課의 剋을 받으면 食口가 없어지든가 落胎하고 四課도 內外가 있는

데 三傳이나 發用이 支辰을 剋冲하면 家宅이 不寧하다.

子孫陰劫陽加日　逆亂欺凌尊上人　用將支類家中事　三合支辰眷屬親

子孫爻에 太陰이 乘하여 劫煞이 되어 日干에 加하면 逆亂이나 尊長 上人을 欺凌하는 수가 있다. 發用이 支上兩課에서 되고 支神과 發用한 天將이 同一할 때는 (巳午日 見螣蛇 朱雀之類) 每事는 家中의 일이고 日支와 三合 或 三合 三合이 되면 眷屬 親愛等 事이다.

天空在未井靈怪　兼主人曹疾病縈

天空에 井煞이 乘하여 未에 加하여 入墓가 되면 家中에 우물이 잘못되어 있어 옮겨야 한다. 또 家中에 主人이나 子孫中에 宿疾이 있다.

從魁同虎住干支　宅中須言有孝人　白虎或乘日辰墓　來臨內外亦喪坦

從魁에 白虎가 乘하며 干支에 臨하면 孝服之人이 있고 白虎가 日墓에 乘하며 日辰에 加하면 畢法에 論하기를 干乘墓虎無占病 支乘墓虎有伏尸라 하여 반드시 內外에 喪事가 있다.

傳帶凶將冲干支　疾病人災官事至　本日墓與蛇虎併　棺椁坟災欲動興

三傳中 一神이 凶將을 帶하며 日干을 冲하면 人災가 있고 或 官事가 있거나 疾病이 있기쉽다. 日干의 墓와 白虎 螣蛇가 같은 宅神에 臨하여 日辰이나 三傳에서 보

면 喪禍가 있다.

占身用人納音詳　相生有喜剋時殃

發用이 日辰의　納音을　剋하면　身上에　灾殃이　있고　相生하면　吉하다。

父母臨干憂子孫　雀傷支日鬧如簧　子息見時官事解　妻財臨長皆安康

水乘火將皆驚恐　句雀同得多訟傷

父母爻가　日干上에　臨하여　凶將惡煞을　帶하여　子孫을　剋하면　口舌이　있고　대단히

시끄럽다。

그러나　正時가　子孫爻가　될 때는　妻財　尊長이 다　安康하다。螣蛇나　朱雀이　亥子에

乘하면　驚恐이나　口舌　損傷이　있고　句陳　朱雀이　같이　入傳하면　鬪爭이　있다。

卯乘前二招脣吻　罡作朱雀獄訟興

朱雀이　乘하면　口舌之事가　있고　天罡에　朱雀이　乘하면　入獄之事가　일어난다。

熒惑加寅音信至　太陰爲用主陰謀　天魁立用須于衆　若加寅卯獄追求

朱雀이　寅에　加하면　消息이　오고　太陰이　發用하면　陰謀가　있으며　戌이　發用하면

반드시　大衆의　뜻이　있는데　天魁(戌)가　寅卯에　加하며　發用하거나　年命에　加하면

獄訟之事가　일어난다。

晝夜貴人傳共見　或同日德動高尊　天空立用事無憑　前四帶合句引情

三傳에 晝夜貴人을 다같이 보거나 或 日德을 같이 보면 高貴나 高尊의 動함이 있고 天空이 發用하면 四·五次 失敗할 수가 있고 句陳(前四)과 日辰이 合하면 句引之情이 있다.

后陰玄發暗陰謀　傳出貴前將主明　惡將從來只說凶　若逢生合劫歡欣

天后 太陰 玄武가 發用하면 每事陰暗不明之事가 있는데 萬若 發用이 貴人의 前이 되면 먼저는 暗昧之事가 있으나 後에는 得明하게 된다. 白虎 螣蛇 朱雀 句陳 天空 玄武等은 다같이 凶將이 되어 凶하나 萬若 日辰과 相戰하지 않고 日辰을 生하면 反對로 吉해서 오히려 喜慶이 있다.

貴臨巳亥多返覆　罡加癸水主藏名　支干發用歲神臨　所望遠大及朝廷

貴人이 地盤 巳亥上에 臨하면 每事返覆되고 天罡은 魚龍之物에 屬하므로 癸水에 臨하면 隱藏 逃避가 있다. 太歲가 干支에 臨하며 發用하면 所望은 遠大하며 朝廷에 까지 미친다.

占時發用當日言　太歲連傳三二年　支干入傳爲事速　歲建并煞亦如然

占時가 發用하면 應期는 當日이고 太歲가 中傳에 있으면 去年事이고 末傳에 있으면 二三年前事이다. 干支가 三傳에 있으면 每事急速하고 初傳이 歲가 되고 中末傳이 月建이 되면 移遠取近이 되어 每事急速히 이루어진다.

旺相氣發必欲速　休囚死氣皆遲延　日陰辰陰用爲合　更乘吉將難求成

旺相氣가 發用하면 每事速成하고 休囚死氣가 發用하면 每事 遲延하고 日干의 陰神

이나 日支의 陰神이 發用하면 吉將이 乘하고 相合이 된다 하더라도 **陽神이 發用한**

것처럼 每事快速하지 못하다。

日辰相會無凶將　亦主他來只合因　三傳帶合須求事　類就其干象所占

日辰이 相會하고 凶將이 없으면 每事成合의 뜻이 있고 三傳이 合이 되면 大象의 뜻

이 있다。

用與時傷干支凶　若生干支福興榮

用神과 時가 日干을 剋하면 天網課가 되어 大凶하다。 그러나 萬若 用神과 時가 日

干을 生하면 大吉하며 福祿이 끊어지지 않는다。

地足天頭加酉卯　將乘蛇虎遠行爲　斬關遊子身當動　支來日課亦如然

巳(地足) 亥(天頭)가 卯酉上에 加하며 白虎나 螣蛇가 乘하면 遠行이나 道路之事이

다。斬關課나 遊子課는 身上에 變動이나 移動이 있으며 日支가 日上에 臨하여도

亦是 同一한 作用을 한다。왜냐하면 辰은 內요 日은 外인데 辰이 外에 臨하니 外

動이 있게 되는 것이다。

天驛二馬爲初用　參星白虎動行神　玄空直財遭賊盜　財傷年命鬪爭因

或陷空亡須主失　剋亡下剋盜爲眞

日驛馬나 天馬가 發用이 되면 移動 變動이 있고 參星(傳送)에 白虎가 乘해도 移動

之事가 있다。 財星에 玄武나 天空이 乘하며 空亡이 되면 盜難 失財가 있고

財星이 年命을 剋하면 財物로 因한 鬪爭이 있다。 財星에 空亡이 되면 失財가 되는

데 劫煞이 財星을 下賊해도 盜難之事가 있다。

外財入內多財喜　忽然大旺貨物起　傷破須看天上神　財入傳來天將傷

財星이 支上兩課에 있으면 求財之意가 있고 萬若 旺할 때는 大財가 入門한다。財

星이 入傳하거나 發用했는데 天將이 水神이되어 破傷하면 破財하기 쉽다。

官鬼下臨財位上　陰私用事畏人影　日往支辰親識至　反遭刑剋被凶侵

官鬼가 財位에 있으면 凶神이 得旺하니 陰私가 있고 每事에 두려움이 있다。日干

이 支上兩課에 加臨하면 親知나 親戚이 訪問할 수가 있고 人口가 늘어나는 象이나

刑冲剋害가 되면 반대로 凶禍가 來侵한다。

火主其明水主暗　失時只爲火難任　少多大小詳衰旺　旺多衰少細推尋

火는 明麗之象이고 水는 陰暗之象이 되는데 火가 亥子에 臨하면 明麗를 喪失하니

每事 虛驚 虛詐이다。 大小 多寡는 旺衰로서 알 수 있으니 旺은 大多하고 衰는 小

寡하다。

月厭丁符與將空　傷干怪動好況吟　生死二氣常順用　飛魂喪魄畏來臨

月厭 丁馬 螣蛇 將空等이 日干을 傷하면 怪動 況滯 呻吟이 있고 生氣 死氣와 飛魂

喪魄이 凶將을 帶하며 年命 日辰에 臨하며 發用하면 반드시 死喪之患이 있다。

月厭은 正月起戌 逆行十二支하면 되고 丁符는 旬丁과 螣蛇이고 將空은 十二天將이

天盤에 加臨하지 않는 것을 말한다。例를 들어 貴人은 辰戌이 臨하지 않으니 辰戌

은 貴人의 將空이고 靑龍은 戌亥에 臨하지 않으니 戌亥는 靑龍의 將空이 된다。生

氣는 正月起子하며 順行하고 每月 生氣의 對神이 死氣이다。飛魂은 正月起亥하며

二月子 三月丑으로 順行하고 喪魂은 正月起未하며 順行 四季한다。例를 들면 正月

未 二月戌 三月丑 四月辰 五月未 六月戌 等으로 順行한다。

天鬼或與蛇雀併　宅舍須憂火燭驚　關神動處身災滯　飛禍之神忌臨辰

天鬼가 螣蛇나 朱雀이 乘하여 日辰을 剋하면 반드시 火災가 危險하고 關神이 動하

면 身上에 災殃이 있고 飛禍가 日辰上에 臨하면 動則不利하고 進入口하면 口舌 橫

禍가 있다。

天鬼는 正月起酉하며 逆行仲神하고(正月酉 二月午 三月卯 四月子 五月酉) 關神은

春丑 夏辰 秋未 冬戌이고 飛禍는 春申 夏寅 秋巳 冬亥이다。

遊都天盜并天賊　六辛便是五亡身　虜都不可漏商稅　天車出外必遭傷

遊都煞 天盜煞 五亡煞이 玄武와 같이 年命 日辰에 臨하면 반드시 盜賊이 動하거나 逃亡이 있으며 虜都煞이 日辰에 加하면 商業上의 脫稅나 私謀는 絶對不可하며 天車煞이 臨하면 外出이 不可하니 문밖을 나가지 말아야 한다。萬若에 外出時는 交通事故나 驚恐이 있다。

遊都煞은 甲己日丑 乙庚日子 丙辛日寅 丁壬日巳 戊癸日申이 되고 天都煞은 春卯 夏午 秋酉 冬子가 되며 天賊煞은 正月起丑하며 逆行四季한다。五亡煞은 六旬中 辛이 五亡煞이다。例를 들면 甲子旬은 未 甲戌旬 巳 等이다。虜都煞은 甲己日未 乙庚日午 丙辛日申 丁壬日亥 戊癸日寅이며 天車煞은 春丑 夏辰 秋未 冬戌이니 即關神과 同一하다。

天喜相和喜慶多　解神憂喜見消磨　成神爲用總皆成　天目家中有鬼神

天喜와 吉將이 日辰上에 臨하거나 年命上에 臨하면 大吉하고 解神이 日辰과 年命에 臨하면 憂喜가 다 消散된다。成神이 發用하면 每事가 成就되고 天目이 宅上에 臨하면 家內에 鬼神이 있다。

天喜는 春戌 夏丑 秋辰 冬未가 되고 解神은 內解 外解라고도 하며 正·二月申 三·四月酉 五·六月戌 七·八月亥 九·十月午 十一·十二月未가 되고 天目煞은 春辰 夏未 秋戌 冬丑이 된다。

迷惑始爲終不記　刑亡終併事遭凶　金神四煞占來凶　凶將相並禍重

迷惑煞이 日辰에 臨하거나 發用하면 始終 疑惑이 있고 刑亡煞이 白虎나 句陳을 併해 年命에 加하면 警察署나 檢察廳에서 亡人의 訃告가 오거나 問卜者가 死亡한다。金神이나 四煞이 年命에 臨하면 凶事가 來到하고 비록 吉將이 된다。하드라도 凶은 速來하며 禍가 重重하다。

迷惑煞은 正月起丑하여 逆行 四季하고 刑亡煞은 正戌 二亥 三子 四丑 五申 六酉 七辰 八巳 九午 十未 十一寅 十二卯가 되고 金神은 寅申巳亥月酉 子午卯酉月巳 辰戌丑未月 丑이며 四煞은 亥卯未日戌 巳酉丑月辰 申子辰月未 寅午戌月丑等이다。

吉神吉將不相生　喜事論之未必成　凶將凶神無成害　憂疑劫得見和平

吉將吉神이 있드라도 相生이 되지 아니 하면 喜事는 不成하고 凶將凶神이라도 相剋하지 아니 하면 凶解는 必散하고 드디어 和平하게 된다。

第三節　心印賦

月將獨爲福德神　能除殃咎禍難侵　喜事能成憂事散　本命逢之見得眞

月將前支或後支　三位占來作此時　或進或退事多疑　退保無災進喜期

月將은 福祿의 神으로 能히 殃咎나 禍亂의 侵伐을 막아 喜事는 이루어지게 하고

憂事는 消散하게 한다。本命上에 逢하는 것이 제일 좋은데 月將의 前支나 後支가

臨해도 事體는 疑惑이 있으나 退保하면 安寧하고 推進해도 吉하다。

歲臨本命事堪詳　支逢家長不安康　常人逢之事乖張　君子遇之有吉祥

歲冲便爲歲破神　天空玄武莫相併　遺亡走失惟事頻　支干逢來尤得眞

歲前五位歲宅君　後五須知歲墓神　蛇虎禍來有災逆　門災陰卜不安寧

歲命相逢歲程歡　三刑剋害主凶殘　建邊建福月內安　干上逢祥日下端

歲破加臨月破中　上下相逢財物空　吉將逢來憂可客　若見凶神凶更凶

太歲가 本命上에 臨하면 至尊之神으로 百事에 吉兆를 나타내나 支上에 逢하면 家

長이 不安하다。常人은 太歲를 逢하면 不利하나 君子는 吉祥이 있다。歲冲을 歲破

라고 하는데 天空 玄武를 같이 보면 逃亡 走失等이 있고 每事複雜한데 日辰에 逢

하면 더욱 더하다。

歲前五位를 歲宅君(寅年이면 未가 宅君)이라 하고 歲後五位를 歲墓(寅年이라면 酉

가 歲墓)라고 하는데 白虎나 螣蛇를 倂하면 災殃이 있고 家門中에 災禍나 陰人이

不安寧하다。太歲나 本命上神과 相生 相合하면 喜慶이 있고 三刑 剋害가 되면 凶

災가 있으나 月將이나 月建을 만나면 月內로 平安해지고 干上에 吉神을 逢해도 마

찬가지다。 歲破가 月破에 加臨하여 上下相逢하면 財物은 空虛하게 된다。 그러나

吉將을 逢하면 凶은 解消되나 萬若 凶將을 보면 凶은 더욱 더해진다。

月破人情有不和　失財疾病擾多求　凡事不成爭奈何　惟解冤仇自消磨

月破가 乘하면 人情이 不和하고 失財 疾病 憂事가 있으며 凡事不成하고 다툼이 있

으나 오직 冤仇는 스스로 消磨된다。

日上神與命上神　相生合喜福來親　六害相逢自成嗔　三刑冲尅亦爲迍

日命相害否禍祥　日來尅命喜相當　命若尅日見災殃　反覆推窮理最長

日神上見墓神加　病者無痊災可嗟　行人失約路途賖　若當時日來歸實

用起遙尅與日干　救神制見却爲歡　丁日愁逢傳用子　丁上辰居吉又安

三合俱在日加臨　支上皆同上下尋　取合喜事或婚姻　最好相宜望信音

支辰三合爲眷親　假如子日見申辰　惟有巳酉丑三辰　歲中必定別陰人

支神三合發用來　加刑受尅骨肉災　天后陰人事榮懷　定如年內必見乖

日神傳逢兩破神　破財失脫事皆空　恩人斷絕親不親　事多乖錯不和情

支破臨支作用初　自因妻妾不安居　玄空見退事不無　臘脫失脫上同居

日辰上神과 年命上神 相生 相合이 되면 喜慶과 福祿이 있고 親和가 있으나 刑冲

破害가 되면 相爭 阻滯等 事가 있다。日辰과 年命이 이

루어 지질 않는데 日辰 上神이 年命을 剋하면 오히려 喜慶之事가 있으나 年命에서

日干을 剋하면 災殃을 보니 反覆推窮하여 活看하기 바란다。日辰上에 墓神이 加하

면 病者는 不愈하고 災禍는 消散치 않으며 行人은 失約하여 돌아 오지 않는데 墓

神에 該當하는 年月日에 돌아 온다。

遙剋(嚙失)으로 發用되면 반드시 근심이 있으나 日辰上에 救神(食傷)을 보면 安吉

해진다。日辰上에 三合이이 다 있으면 婚姻之事가 있고 所望 消息은 반드시 이루

어진다。三合이란 巳加申 辰加酉 卯加卯을 말한다。日支가 三合이 되면 食口가 늘

거나 相親의 뜻이 있으나 巳酉丑 三合만은 年內로 반드시 陰人과의 離別이 있고 女

人은 夫婦離別의 뜻이 있다。支神이 三合되고 發用되면 親眷의 뜻이 있으나 刑剋

이 되면 骨內間에 疾病 灾殃이 일어나는데 天后나 太陰은 水厄이 있고 玄武 天空

은 逃亡事가 있기 섶다。

日辰上神에 다같이 破神을 보면 破財나 失脫 虛事等이 되고 恩人과는 斷交되고 親

한 사람과도 멀어지며 每事에 錯誤 不和 乖離等이 있다。(甲申 庚寅日 返吟課之類)

支破神(日冲)이 支上에 臨하여 初傳이 되면 自己로 因해서 妻妾이 不安하며 玄武

나 天空을 보면 退損之象이 있고 螣蛇를 보면 疑惑이 不定하고 怪夢 失脫等事가

있다。

貴人用起卜時辰　幹貴圖謀百事成　常人官府喜重重　求利求遷可以榮

時가 天乙貴人 되어 發用하면 願望이나 圖謀之事가 다 이루어 지고 常人이나 官吏

도 다같이 吉利가 있다。

時逢朱雀象文書　或求信息或同途　丙丁巳午又同居　私密流傳法不虛

占時時裡有災祥　諸煞天官務其祥　剋日爲惡必凶傷　日財吉將喜能昌

時가 朱雀이 되면 文書之象인데 消息이나 傳達이 있고 丙丁巳午에 臨하면 陰私秘

密等이 있다。占時로서 災祥을 알 수 있으며 모든 神煞과 天官으로서 吉凶을 아는

데 日干을 剋하면 嫌惡 凶傷이 있으나 日財에 吉將이 乘하면 喜事는 昌達한다。

子臨四季虎來併　小口頻頻災病重　歲爲丑未戌加辰　卑幼年中命見迍

子來加巳爲極陽　戊癸爲合吉則昌　若逢蛇虎爲福祥　合乘不遂事乖張

子丑相加事必成　更逢吉將轉歡欣　卑相加臨神合神　進取婚姻兩事成

子上에 四季가 白虎와 같이 乘하면 子孫에 災殃 疾病이 있고 辰戌丑未가 太歲가 되

어 子上에 加臨하면 年中에 子孫이 死亡한다。子加巳가 되면 極陽으로 戊癸合이 되

니 吉事는 繁昌하고 萬若 螣蛇나 白虎를 보면 福祥이 되나 六合은 吉神이라도 無氣

하면 每事不成한다。(戊癸合은 巳中戊土와 子中癸水와의 合이고 子에서 一陽이 始

生하며 巳에 와선 六陽이 되니 極陽이 된다) 子丑이 相加하여 發用하면 每事必成
하고 吉將을 逢하면 歡欣이 있고 神將이 相合하면 婚姻事가 있으며 凡事가 다 같
이 이루어 진다.

丑加巳上乘合龍　貴來擧薦兩相同　陽道消兮陰漸始　用神此理主父凶
丑은 二陽이라 六陽에 臨하면 陽極則 陰氣가 始生되는데 다시 靑龍과 六合이 乘하
면 陽道는 漸漸 消磨되고 陰氣는 漸漸 始生되어 暗求 私禱事가 있고 그렇지 않으
면 父母에 凶咎가 있다.

寅加酉上爲用初　中末未如子上居　行人遠至及文書　傳墓爲來有一失
三傳이 寅加酉하며 發用해서 寅未子가 되면 行人이나 文書는 멀더라도 다다르나
傳墓入墓(三傳이 스스로 入墓하는 것 即 初傳 寅이 未에 入墓가 되고 巳 戌 卯라
면 巳가 戌에 스스로 入墓가 되는 例)가 되니 반드시 得中에 一失이 있다.

乙庚用起見天罡　地上同辰亦此方　象主爭奪須豫防　或干失脫見乖張
庚酉辛寅若加臨　寅若加日病來侵　卯加三位木就金　利遂名成兩稱心
辰加庚이나 地上에 天罡이 加하여 發用하면 주로 爭奪이 있으니 반드시 豫防해야
되고 또 失脫 怪異가 있기 섭다. 庚酉辛은 申酉戌을 말한다. 寅木이 만약 三位에
加臨하고 惡將이 乘하면 疾病이 來侵하고 卯加三位하면 木이 金에 就合하니 利遂

名成하게 된다。

寅이나 卯가 同一한 木인데 寅木이 臨하면 凶하고 卯木이 臨하면 吉한 것은 寅木

은 天吏棟梁之木으로 金方에 臨하면 損折之象이 있고 卯木은 生木으로 金器로 彫

斲成器하는 格이 되기 때문에 오히려 大吉한 것이다。

寅卯井辰上見魁　戌加三位酒食推　舊事有財新事非　虎臨僕逃足病時

天罡爲用象如何　舊事重新災自磨　酉前帶衆事皆和　干求長者福祥多

官魁須分有祿人　轉官遷職喜氤氳　常人疾病或官神　莫使常流取次聞

天罡이 發用하면 凶하나 舊事에는 吉利하여 災禍는 自消되고 酉의 前이 되면 象事

는 다같이 和合되고 貴人이나 尊長의 도움을 받을 수 있고 福祥이 많다。天罡이

日干을 剋하면 官鬼라고 하는데 官吏는 오히려 吉하여 轉官遷職할 수 있으나 常人

은 疾病이나 官災口說이 있다。

太乙加臨子占初　戌乃爲鑄巳爲爐　君子遷官或音信　常人官府事憂疑

巳爲初傳命上金　用財臨命法幽深　幹財得逐喜相隨　財物無煩別用心

太乙登明爲用初　陰陽不備亦同途　交剋用事神不殊　事先不足後有餘

巳爲雙女亥雙魚　用起須知兩事俱　或求或動皆音書　他人別處吉收扶

太乙이 子上에 加하여 初傳이 되면 三傳이 巳戌卯가 된다。戌은 鑄요 巳는 爐가 되

니 鑄印課가 된다。鑄印課가 되면 君子는 遷官하고 文書나 音信之喜가 있으나 常

人은 官事로 因한 口舌이 있다。巳가 財星이 되어 初傳이 되고 또 本命上에 臨하

면 求財는 得遂하고 喜慶은 自隨하며 太乙이나 登明이 初傳으로 發用하여 不備課

가 되면 每事는 先難後易하게 된다。巳는 雙女宮에 屬하고 亥는 雙魚宮에 屬하니

반드시 兩事體가 同時에 일어나는데 巳亥巳 返吟課는 別處의 他人과의 事體가 關

連되어 있다。

勝光剋日爲螣蛇　陰人離散事堪嗟　若不休妻及淫邪　不然孕婦在其家

勝光爲貴加支神　宅中發願賽神明　處心早起來祈禱　聖法流傳事更眞

勝光臨亥爲德鄉　婚姻有象不相當　立名四絕病人之　隔絕舊事加消詳

午加亥上見極陰　勝光屬火火爲心　心神熒惑疑慮眞　總疑災害不相侵

勝光에 螣蛇가 乘하여 日干을 剋하면 陰人과의 離別이나 슬픈일이 있고 淫邪가 없

을 때는 家中에 孕婦가 있다。勝光이 貴人이 되어 支上에 臨하면 家中에 祈禱發願

하는 祭壇이 있다。勝光이 亥上에 臨하면 德鄉은 되나 또 絕方이 되므로 婚姻之象

이 있드라도 成事되지 못한다。또 四絕(金絕於寅 火絕於亥 水土絕於巳 木絕於巳)

이 되면 疾人은 死亡하고 隔絕할 일이나 解絕之事에는 大端히 좋아 災禍는 消散

된다。

午는 火이며 心이 된다. 그러므로 午가 亥에 加하면 極陰이 되어 되어 心身에 疑

惑이 많게 되나 災害는 相侵하지 않는다.

勝光太乙主文書　用或來加命上居　更逢貴雀莫躊躇　若見龍常皆可圖

午加酉上吉相扶　進取求遷疑可圖　逢凶恐怪有憂疑　先見疑難後得甦

勝光과 太乙은 文書之神인데 發用이 되거나 年命에 逢하여 다시 貴人 朱雀等이 乘

하며 每事에 躊躇할 必要가 없고 萬若 靑龍이나 太常을 보면 意圖가 達成되며 午

加酉發用하면 三傳이 午卯子가 되어 軒蓋課가 되니 처음엔 반드시 疑難 恐怪等이

있으나 나중에는 無難하게 된다.

申加巳上六合神　玄胎生處又爲眞　六合內戰子災迍　不然媒約議婚姻

年命上逢傳送神　傳送臨時災病侵　更加凶將伏沈昏　庚申白虎位屬金

申加巳하며 六合이 되면 生玄胎가 되니 婚姻은 有成之象이나 六合內戰이 되니 子

孫에 灾病이 있다. 年命上神에 傳送을 보고 時가 또 傳送이 되면 災病이 侵害하는

데 다시 凶將이 加하면 暗昧之事와 災殃이 沈伏한다. 그것은 庚申은 白虎가 되기

때문이다.

酉加巳上用朱禽　青龍貴位要加臨　干貴求財有信音　三事占來多稱心

初傳年命有從傳　從魁不樂有憂疑　爲財爲信有凶期　吉將逢來百事宜

天上從魁酉作雞　雞能報信法堪依　上臨本命事相宜　信息須知早晚歸

酉加巳 發用하여 朱雀이 乘하면 消息 音信이 있고 靑龍이 乘하면 求財에 좋고 貴

人이 乘하면 應試에 吉하다。從魁는 八月建으로 刑氣는 在內하고 德氣는 在外하며

肅煞之氣를 行하여 萬物을 彫殺하는 神이므로 初傳이나 年命에 逢하면 憂疑不樂하

여 凶將 刑害를 꺼리나 吉將 吉神을 逢하면 先憂後喜하며 百事가 順調롭게 된다。

酉는 닭에 該當하는데 닭은 報時 信音을 象徵하는 動物이므로 酉가 年命上에 臨하

면 消息이 早晚間으로 傳해 오게 된다。

占人命上見魁罡　來情必動往他方　天驛二馬用更當　須知此法最爲良

占人의 年命에 魁罡이 臨하면 來情은 반드시 移動問題이고 다시 天驛二馬가 되면

틀림없이 他方으로 移動 移徙가 있다。

登明物來傳上居　干求貴位必懸魚　卯未同傳事不虛　祈禱求人見福餘

登明刑害虎朱句　獄訟爭論事不休　凡事如芽殘未謀　欲動求人疑不同

登明이 發用하면 반드시 事體는 兩途에서 오는데 吉將이 乘하면 求官 干貴가 반드

시 이루어지고 卯未三合卦가 되면 虛事는 아니고 祈禱나 求人에도 福利가 있다。

그러나 亥는 極陰으로 自刑이 되며 十月健으로 萬物을 收藏하는 뜻이 있으므로 萬

若 刑害나 白虎 朱雀 句陳等의 凶將이 乘하면 凡事가 機微만 動하고 成事는 되지

아니 하며　求하고자 하는 일에　進退가　不自由하고　疑惑이 있다.

貴人臨命喜非常　有喜無憂百事昌　凶中尙乃免災殃　吉事占來尤福祥

求貴先須看所乘　貴上神詳命上神　三刑克害難事成　德合相生便可親

晝夜貴人臨命宮　夜得日貴互相同　壬癸最宜用太冲　天宜干貴百相從

貴人冲處是天空　常人虛詐劫難容　君子文書有始終　利占春日必遭逢

五行遙合或德鄕　貴人合處兩相當　癸日彈射太乙方　動望須知有吉祥

神과의　對照)

貴人이　年命上에　臨하면　昌達하며　凶事라도　災殃을　免할 수 있고　吉事는　더욱　福祥이 있다.　求官이나　干貴에는　먼저　貴人과　年命上神을　보아　알 수가　있는데　三刑克害가　되면　每事難成하고　德合　相生이　되면　成事된다고　본다.　(貴人上神과　命上

晝夜貴人이　命宮에　臨하면　大吉한데　壬癸日에　太冲이　發用하거나　本命에　臨하면　百事가　咸宜하다.　貴人의　冲處는　天空이　되는데　常人은　虛詐가　있고　每事難容되나　君子는　文書上　利得이　있다.

五行이　相互合이　되고　德鄕에　臨하여　貴人의　合이　되면　吉하고　癸日에　彈射課로　太乙이　發用하면　遠行이나　吉祥이　있다.

螣蛇所主告君知　本命逢來大端疑　十分幹事九分時　常懷猶豫意遲遲

螣蛇玄武用初傳　專主朝朝事必然　午加亥上意同緣　五行受氣孕胎言

螣蛇玄武作初中　須知終處見靑龍　用臨支上定其宗　失財失物與災凶

螣蛇玄武共靑龍　三傳俱見不爲凶　玄武象龜龍蛇同　龍蛇物類喜重重

螣蛇가 本命上에 臨하면 十分之九는　疑惑이 있고 망서림이 있다。螣蛇와　玄武가 初傳이 되면　婦人은　胎氣가 있는데　午加亥　酉加寅子加巳　卯加申도 同一하다。玄武나 螣蛇가 初傳과　中傳이 되면　末傳이 靑龍이 되어야 한다。萬若　그렇지 않을 때는　失財　失物이 있으나　靑龍이　末傳에　居하면　玄武는　龜象이요。靑龍과　螣蛇는　同一한　物類이므로　喜事가　重重하게　된다。

朱雀剋日事紛紜　望事求財總不成　婦人爲撓不合情　百章訣內見其眞

朱雀臨神剋日支　定知宅上禍殃隨　不然門戶訟官詞　此法微妙更幽奇

朱雀來乘卯臨申　多因信息在他程　三傳和合期有成　門前向信有來眞

登明卯上用朱禽　象主文書及信音　旺相相生作加臨　合處須知事稱心

朱雀이　日干을　剋하면　每事가　複雜하고　所望事는　이루어 지지 않으며　婦人은　人情이 不合하며　朱雀이　臨한　神이　日支를　剋하면　家中에　災殃이 일어나고 그렇지 않으면　訟詞　官訟이 있다。朱雀이　卯에　乘하여　申上에　臨하면　他方에서　消息이 오고 三傳이　三合하면　門前에　消息이　當到한다。登明이　卯上에　臨하고　朱雀이　乘하면　文

書나 消息이 오는데 萬若 年命을 剋하고 刑冲破害가 되면 凶信이다. 그러나 旺相

相生하면 喜信이고 每事가 다 이루어진다.

用起命上見句陳　百般留滯屈難伸　不然事有兩般心　諸般祕法必然云

句陳이 年命上에 乘하고 또 發用이 되면 百事全般에 걸쳐 滯留難伸하고 그렇지 않

을 때는 事體는 兩端으로 벌어진다.

五行生處見靑龍　財帛如意事相容　壬癸日占申上逢　丙丁火日功曹動

占財緊要視靑龍　用起或加在命宮　加臨旺相相生處　須知財利喜重重

占財에는 반드시 靑龍을 보아야 하는데 發用이 되거나 中末傳 日辰 年命 占時에

있으면 得財할 수 있고 旺相하여 相生되면 반드시 喜事가 重重하다. 壬癸日 干上

申에 靑龍이 乘하거나 丙丁日 干上寅에 靑龍이 乘하여 日干을 生하면 財帛之事가

如意하여 뜻대로 이루어진다.

酉作天空巳上臨　須知中處是太陰　黃奸失財不稱心　陰空一位理還深

庚辛白虎作初傳　更言占有病連綿　三月辛未申時占　死氣飛禍昴星言

白虎乘神剋命宮　假土生人見太冲　兼與惡煞一路同　須知月下病來臨

酉가 天空이 되어 巳上에 臨하면 酉는 即 太陰이 되므로 陰邪 失財 走婢等事가 있

는데 太陰이 空亡이 되어도 같은 理致이다. 庚辛(申酉)이 白虎가 되어 初傳이 되

면　占者는　病이　連綿한다。例를　들어　辛未日　酉將　申時課라면

```
四課
天盤　 亥　子　申　酉
地盤　 辛　亥　未　申

地盤
午　未　申　酉
巳　　　　　戌
辰　　　　　亥
卯　寅　丑　子
```

申　亥　申

三月의　申은　死氣　飛禍　月厭에　該當되고　申金(白虎)이　發用하니　陰人의　父病이다。

白虎가　乘한　神이　命宮을　剋하면서　(例를　들어　命宮이　辰戌丑未인데　太冲에　白虎가　乘한것)　惡煞을　倂하면　반드시　月內로　災病이　來侵한다。

傳來玄武暗遺財　盜賊淫佚事須乖　惟見功曹得和諧　寅亥相合身不災

玄武가　三傳에　있으면　損財가　있으며　盜賊의　淫佚之事가　있고　매사　어그러져　바르지　못하나　오직　功曹를　볼　때에는　(玄武는　癸亥이므로)　寅亥가　相合하는　것　같기　때문에　凶變爲吉하고　오히려　進入口하며　喜慶이　있다。

用起陰武何所宜　陰私得助暗扶持　常人見處有憂疑　君子託人見貴奇

대개　太陰이나　玄武가　發用하면　他人이　모르는　陰暗之事가　있다。常人이　보면　憂疑나　驚災가　있으나　君子는　託人之事나　貴人과의　相扶等이　있다。

天后受剋死絶鄕　母及婦女災病傷　若不離逃病在床　巳加亥位未卯當

天后가 絕地에 臨하여 剋을 받으면 母親이나 婦女에 災禍 疾病이 있거나 逃亡之事가 있다。例를 들어 巳上에 天后가 乘하며 亥位에 臨하거나 未上에 天后가 乘하며 卯上에 臨하는 等이다。

三傳剋日是爲侵　卯酉居上變其神　螣蛇朱雀應六丁　天后門前見怪頻
三傳先看剋日辰　次觀日剋受其眞　神將剋處吉凶門　此法玄妙最明分
行人未至看三傳　三傳順行人未還　剛日伏吟會時間　三傳退逆見團圓
用時爲終相見時　更詳諸煞可爲之　上頭地下交互剋　聖法流傳事不疑
三位相連作三傳　占者須知進退間　進行千里見回還　退則不久還再遷

三傳이 日干을 剋하고 卯酉上에 居하면 반드시 移動 變調가 있는데 螣蛇나 朱雀 丁神天后는 後에 怪頻이 있다。三傳이 日干을 剋하는가 日干이 三傳을 剋하는가를 보고 神將의 生剋으로서 吉凶이 나누어 진다。行人이 돌아 오지를 않으면 三傳을 보아 알 수 있는데 三傳이 順行하면 돌아오지 않고 剛日 伏吟은 時間이 좀 걸려야 오고 陰日 伏吟은 돌아오지 않는다。

用神이 始終 相見(午月은 天馬가 寅인데 寅이 午上에 加하고 月厭이 午인데 午는 戌에 加하고 다시 寅에 加하는 例)하는가를 보고 다시 諸煞로서 上下相剋을 보아 吉凶을 判斷한다。三位가 相하여 三傳이 되면 반드시 進退를 알아야 한다。進行한

즉 千里밖에서도 돌아 오고 退行한즉 돌아 왔다가도 머지않아 다시 돌아 간다。丑

加子는 退中有進이고 子加丑은 進中有退한다。

三傳亥卯未相期 門直爲名春旺時 託人幹貴見相知 暗求私禱事相宜

亥는 門直이 되는데 三傳이 未卯亥로 逆行하면 先墓後生이 되니 先屈後直이되

어 每事先難 後易하고 亥卯未로 順行하면 先生後墓가 되니 每事先通后阻하게 된다

亥는 天門으로 徵召貴人等事가 되고 卯는 私門으로 陰私 隱匿이 되니 求禱나 干貴

(求官)之事는 이루어 진다。

酉上功曹共太冲 卯邊四季土皆同 此名關隔俱難通 逢金逢水却相容

酉上에功曹나 太冲이 臨하면 關隔이 되고 卯上에 四季神이 臨하여도 關隔이 된다。

關隔이 되면 每事難通하며 不成한다。

午加亥上酉加寅 子居巳位卯居申 諸經名此爲四絕 結絕舊事最爲眞

午加亥가 되면 酉는 寅에 子는 巳 卯는 申位에 臨하게 되는데 이것을 四絕이라 하며 結

合이나 結成之事에는 不利하나 結絕解決之事에는 最吉하다。

天喜加臨本命來 憂疑心驚不爲災 君子還官百事諧 常人財利稱心懷

天喜가 本命上에 來臨하면 憂疑나 心驚이 없어지고 君子는 遷官되며 常人은 財物

을 얻고 每事順調롭다。

天馬加臨本命逢　驛馬須知事亦同　遷官承詔喜重重　遠行遠同吉祥逢

天馬剋日復臨支　得此須知失脫事　后陰玄武又來期　破財人口走西東

天馬가 本命上에 臨하면 驛馬와 作用이 같기 때문에 遷官 承詔等이 있고 喜事가

重重하다。

그러나 天馬가 日干을 剋하고 다시 日支에 臨하면 반드시 失脫之事가 있고 天后나

太陰 玄武 等을 같이 보면 破財되고 人口가 東西로 흩어진다。

占財緊要視三財　日辰命上細推排　三傳生日如旺相　定知凡事有和諧

三傳俱作日之財　得此須知長上災　金日曲直必見乖　木來剋土不和諧

日財臨命是來情　必得財帛喜事成　假令巳午剋申酉　日上逢金命卯寅

財數占에는 三傳이 第一 緊要하고 日辰 年命을 보아 細細히 살펴야 한다。三傳이

日干을 生하고 또 旺相하면 반드시 每事가 和合한다。三傳이 전부 日干의 財가 되

면 반드시 長上에 災禍가 있다。金日에 三傳이 曲直이 되면 每事가 어그러지고 木

日에 三傳이 全土면 每事和諧되지 않는다。日干의 財가 年命에 있으면 **來情**은 반

드시 財帛之事이다。

百事皆詳剋應時　五行墓絕俱預知　假令用神見從魁　便於寅丑日爲期

百事의 應期는 五行의 墓絕로 보는 수가 있다 例를 들어 從魁가 發用했다면 寅日

이나　丑日이　應期이다。

若問來人存與亡　行人年上在何方　不侵三傳日辰藏　魁罡臨處可參詳

行人의　居處와　生死를　모를　때에는　行人의　行年이　어느　方位에　있나를　보아　孟神

上에　있으면　健在하고　仲神上에　있으면　得病했거나　苦生하고　四季上에　있으면　死

亡했다고　본다。

그러나　日辰은　關係없이　魁罡이　臨한　곳을　보아서　알　수　있는데　天罡이　陽孟神上

에　있으면　安寧하고　陰孟神上에　있으면　小病이　있고　陽仲上에　있으면　死亡하지　않

았고　陰仲上에　있으면　死亡했으며　陽季上에　있어도　死亡하지　않았고　陰季上에　있

으면　必死했다。

病符常來歲後居　支上逢之宅不虞　若臨年上外難除　蛇虎尤凶法不虛

若剋日辰凶轉乖　吉來舊歲事和諧　若逢喪吊兩凶神　日辰年上用爲迍

白虎更兼死氣併　歲內頻頻見哭聲　吊客初傳白虎鄉　日辰逢之骨肉傷

若在外傳立外喪　復尋年命細推祥　病符臨命爲用初　玄胎並處亦同途

事之未定病未除　重疊阻難後方甦

病符는　昨年歲支　卽　歲后一支를　말한다。日支上에　臨하면　家宅이　不寧하고　年命上

에　臨하면　災殃을　免하기　어려운데　螣蛇나　白虎가　있으면　더욱　凶하다。萬若　日辰

을 剋하면 凶事는 連綿되나 吉神을 帶하면 諸事에 和諧가 있다。그러나 喪門(歲前

二支)이나 吊客(歲後二支)을 만나고 日辰 年命上에 臨하여 白虎 死氣 死神들을 帶

하면 歲內에 喪事가 頻繁히 일어난다。

吊客이 初傳이 되고 白虎가 乘하여 日辰에 臨하면 骨內이 損傷되는데 干上二支가

發用하면 外喪이고 日支二支가 發用하면 內喪이다。

病符가 本命에 臨하여 初傳이 되고 玄胎課(巳加申 亥加寅之類)가 되면 每事가 未

定되고 疾病도 未除되고 阻難이 重疊되다가 나중에 更甦된다。

空亡用起喜無成　憂災雖有不爲迍　托人虛詐不寔情　要逐當在別旬中

天地上下作空亡　財物占來最可傷　問事不寔憂得散　罪可消除病可康

空亡剋日百事端　走失人物有欺瞞　安閑守分免禍殘　幹事求財難又難

空亡이 發用하면 憂事이던 喜事이던 一切 일어나지 않고 托人도 虛詐며 人情도 眞

實이 아니다。그러므로 謀事는 一旬이지나 脫空이 된 다음에 다시 圖謀합이 可하

다。天地盤이 다 空亡이 되면 財物占에는 제일 나쁘며 每事不實之象이나 凶事는

오히려 좋아서 罪는 免除되고 新病은 다시 健康해지나 久病은 死亡한다。

走失이나 欺瞞詐欺等이 있으니 安分守己하면 凶禍를 免하나 求事 求謀에는 어렵고

또 어렵다。

第二編

課經

第一章　課　目

二三、亨通三傳遞生日　天生地生有兩般
二四、繁昌夫妻年爲用　德合旺相卦應咸
二五、榮華貴旺祿馬發　干支年命吉將傳
二六、德慶天德與月德　干支二德用爲先
二七、合歡日上遁干合　吉將三六合用兼
二八、和美專言四課事　各合五合皆爲歡
二九、斬關魁罡日辰用　重土塞門斬關行
三〇、閉口旬尾加旬首　又有武陰逆四從
三一、遊子季用又乘丁　再遇天馬是西東
三二、三交四仲來加仲　三傳皆仲陰合逢
三三、亂首支加干剋干　干加支上被剋同
三四、贅壻支臨干被剋　干加支上剋支通
三五、冲破日辰冲爲用　更兼歲月破神併
三六、淫泆后合乘卯酉　狡童泆女此中情
三七、蕪淫三課有尅取　交車剋下男女爭
三八、解離日辰互剋上　年命互剋亦同稱
三九、孤寡四季之前後　如春巳孤丑寡星
四〇、度厄三課上下剋　上下上剋長幼驚
四一、無祿四上來臨下　以尊制卑臣子凶
四二、絕嗣四下賊乎上　小人無禮肆縱橫
四三、迍福八迍兼五福　吉凶參駁此爲名
四四、侵害日辰六害兼　年命發用最凶殘
四五、刑傷干支三刑用　又兼本命與行年
四六、二煩日月加四仲　斗繫丑未此爲言
四七、天禍四立絕神用　昨日之干加今干
四八、天獄墓作死囚用　天罡日本之宮躔
四九、天寇分至前一日　月加離辰發用先
五〇、天網時用俱剋日　物孕有損病纏綿
五一、魄化死囚帶白虎　干支年用凶禍連
五二、三陰貴逆日辰後　死囚玄虎時剋年
五三、龍戰卯酉日兼用　年立卯酉事迍邅
五四、死奇月躔天罡用　再遇鬼墓事煞煎

第一課　元首課(統乾之體　元吉第一之象)　元首一上剋其下　天地得位品物亨

元首課란　四課中에서　上剋下가　하나만　있는　것을　말한다.　元首課는　하늘을　形象하고　임금이　신하를　다스리는것(克)　같아서　順正함이　있을뿐　亂動이나　反常의　뜻이　없으며　九宗의　으뜸(元)이　되고　六十四課의　머리(首)가　되므로　元首課라고　이름한　것이다.

元首課를　君王이　얻으면　옛,　中國　湯임금　때의　伊尹과　같은　臣下를　얻을　수가　있고　臣下가　元首課를　얻으면　唐나라　때　虞王과　같은　어진　임금을　만날　수　있다.　常人은　萬事順利하여　父子는　和親하고　婚諧는　達成되며　出産은　훌륭한　男兒를　낳을　수　있고　用兵은　客이　勝利하고　訴訟은　原告에　利롭고　市政의　物價는　높고　家庭엔　기쁨이　넘친다.

例　甲子日　亥將　寅時課　本命寅　行年　未

三傳

龍　朱　后
午　卯　子
孫　兄　父

四課

　　　　○　○
孫　午　白　太　白　陰
兄　卯　午　酉　申　亥
父　子　酉　子　亥　甲

天地盤

　　　　　　朱　合
匕　寅　卯　辰　巳　勾　　　○
貴　丑　　　　　午　龍
后　子　　　　　未　空　○
陰　亥　戌　酉　申　白　○
　　玄　太

酉上에 午가 一位만 上剋下가 되므로 元首課가 된다. 이 課는 子孫父에 青龍이 乘하여 發用되었으니 子孫과 自身의 前程家宅事를 占한 것인데 훗날에 父子가 다같이 높은 官爵을 받았다. 아들은 午年에 登科하여 未年에 及第해서 매번 寅午年月에 轉官 됐으며 自身은 寅年에 應詔하여 飼官 벼슬로 出發하여 매번 巳丑年月에 陞遷됐다.

이 課는 正月占이므로 初傳午는 天馬가 되고 卯는 天車가 되며 子는 華蓋가 되므로 軒蓋課를 兼하며 日辰과 用神이 旺相하고 또 吉將이 乘했으므로 三光課도 되니 公卿의 貴를 누리게 된다는 것을 알 수 있다. 青龍은 文書이고 午는 甲木의 子孫이 되며 相氣가 되

어 遁干에 庚金 官星을 얻고 行年 未上에 六合이 乘했으니 子兒가 求官하는 뜻이 있는데

午年엔 午火가 旺祿이 되고 卯木이 위에서 相生하며 朱雀이 乘하고 文字로 發科하고 未

年은 午未六合하고 또 未는 亞魁星이 되며 吉將이 乘했으니 及第할 수 있는 佳兆가 있다.

火는 威儀를 나타내고 禮部에 該當되며 午數는 九이고 靑龍數는 七이며 庚數는 八이

되는데 相合 二四가 되므로 官運이 二十四年이나 繼續하게 되며 火數는 二가 되니 二品

벼슬인 尙書之位를 누리게 된다. 甲日은 本身이 되는데 月令을 얻어 旺相하고 月將 亥가

臨하며 長生과 學堂이 되고 또 天詔가 되니 應詔되는데 卯數는 六이 되고 朱雀은 九이므

로 官運이 十五年間 首擢되게 되는데 亥子는 一數이므로 一品의 貴를 누리게 된다.

末傳을 歸結門이 되므로 子數는 九이고 天后數 亦是 九이므로 相乘하여 八十一數가 되

므로 天壽는 八十一歲로 終命하게 된다.

第二課　重審課(統坤之體　萬物厚載之象) 重審一下賊乎上 以臣諍君詳審行

重審課는 下에서 上을 克하여 發用되는 것을 말한다. 重審課는 땅을 形象하고 下로서

上을 犯하니 모든 일에 逆理가 되기 때문에 반드시 再三 詳審하여 熟考하라는 뜻에서 重

審이라고 이름한 것이다。 積善者는 慶賀가 있으나 積惡者는 災殃을 받는다。 重審課는 順
天厚載하고 柔順利貞之象이나 下逆上하니 어찌 憂驚이 없을까 마는 貴人이 順治가 되면
福祿이 있고 逆治되면 禍亂이 일어난다。 모든 일을 나중에 起動해야 마땅하며 禍는 안으
로 부터 생기고 用兵은 主勝하며 胎孕은 女兒이고 모든 所望하는 일이 먼저는 어렵다가
후에 가서 이루어 진다。 例 七月 丙戌日 巳將 寅時課 本命子 行年酉

三傳
```
合　申
貴　亥
玄　寅
```

四課
```
合　貴　陰　白
申　亥　丑　辰
丙　甲　戌　丑
     ⊙   ○
```

天地盤
```
空巳    龍午 ⊙    句未 ○    合申
白辰                          朱酉
太卯 ×                        蛇戌
玄寅    陰丑      后子        貴亥
```

一下賊上으로 發用하니 重審課가 되는데 申金이 巳上에 臨하여 六合이 乘하고 妻財가
되니 主事는 利祿 求財等의 일이라고 본다。
中傳은 官鬼가 되나 貴人이 乘하고 天門이니 財物을 納官하여 京職에 있고자 하는 것
이고 父母爻에 玄武가 乘했으나 財物을 얻을 수 있고 또 發身할 수 있는데 三傳이 遞生하

여 日干을 生하니 大吉하여 반드이 윗 사람의 推薦을 받아 始終능히 高貴함을 成就할 수 있다.

六合은 子息이 되고 申金은 日財가 되므로 子息이 求官하게 되면 반드시 財産을 上納하고 得官하게 된다. 重審課는 元來 凶兆를 內包한 課이나 末傳에서 初傳을 剋하거나 靑

龍 太常 太陰 天后 六合等의 吉將이 乘하고 生氣 解神 天德 月德 日德 天喜等이 末傳에 하나라도 있으면 반드시 凶이 변해서 吉하게 된다.

第三課　知一課(統比之體　去讒任賢之象) 知一上下二相剋 擇比而用允執中

知一課는 四課中에서 二位에서 上剋下가 되거나 下賊上이 될때 今日의 日干을 보아 取用하는 것을 말한다. 比란 即 和란 뜻인데 陽日은 陽比하고 陰日은 陰比한다. 二爻가 다

같이 動하니 每事는 岐路에 서게 되며 善과 惡이 같이 있어 반드시 和合되는 한곳의 喜處를 찾아 取用하라는 意味에서 知一이라고 이름한 것이다. 知一課는 相比 相和의 뜻으로

모든 事體는 가까운데서 일어 나고 尋人이나 失物은 近方에 있고 災禍는 밖에서 일어 나는데 下剋上이면 疾妬가 있고 日辰이 貴人의 後가 되면 遲疑 不安이 있다.

例　壬辰日　申將　酉時課

三傳
```
白　戌
太　酉
玄　申
```

四課
```
合　朱　太　白
寅　卯　酉　戌
卯　辰　戌　壬
```

天地盤
```
匕辰　貴巳　后午　陰未
朱卯　　　　　　　玄申
合寅　　　　　　　太酉
句丑　龍子　空亥　白戌
```

河魁에 白虎가 乘하여 官鬼가 되니 官人은 催官使者가 되기 때문에 속이 遷官되나 常人은 반드시 놀라는 일이 있거나 奴婢의 逃走 또는 婦人의 依服 食物 盜難等의 일이 있다。 類神인 酉가 옆에 있고 先鬼後生이 되니 반드시 찾을 수 있으며 盜賊 亦是 잡을 수 있다。

第四課　涉害課（統坎之體　苦去甘來之象）

涉害俱比俱不比　度難歸家深淺逢

涉害課는 二上剋下나 二下賊上으로 陰陽이 同一할 때 本家까지 오는 동안 剋을 많이 받는 것을 取用하는데 剋을 받는 것이 또한 同一할 때는 孟上神을 먼저 取하고 孟上神이 없을 때에 仲上神을 取하고 季上神은 取하지 않는다. 그러나 萬若에 孟神이 剋을 받는 數가 같거나 仲神이 剋을 받는 數가 같을 때는 復等이라 하여 陽日은 干上을 取用하고 陰日은 支上을 取用한다. 以上을 分別하면 다음과 같다. (孟上見機 仲上察微)

孟上神에서 發用이 되면 見機格이라고 한다. 仲上神에서 發用이 되면 察微格이라고 한다. 復等이 되어 陽干 陰支에서 取하게 되면 綴瑕格이라고 한다.

涉害課는 風波가 險惡하고 度涉艱難하며 每事에 費用만 많이 들고 成就되지 않으며 婚姻은 不成하고 疾病은 快愈되기 힘들며 胎産은 遲滯되고 行人은 돌아 오지 않는데 神將이 凶하고 三・四處의 剋을 받을 때는 凶禍는 解散되기 힘들다.

例一 四月 庚子日 申將 戌時

三傳:

```
比 午
合 辰
龍 寅
```

四課:

```
后 玄 合 比
申 戌 辰 午
戌 子 午 庚
```

天地盤:

```
      合 朱
句 卯 辰 巳 午 比
龍 寅       未 貴
空 丑       申 后
白 子 亥 戌 酉 陰
      太 玄
```

戌과 午가 同一하게 剋을 받으므로 孟上의 午가 發用한다。그러므로 見機格이 된다。

見機格은 每事의 機微를 보아 急히 改變해야 吉하지 萬若 守舊하고 있으면 稽留難解하게 된다。名利는 이루어 지기 어렵고 胎孕은 實胎가 아니며 疑事는 急히 改變해야 된다。

神將이 吉하면 나중엔 吉해지고 神將이 凶하면 禍害는 消散되기 어려운데 多算이라야 勝하고 小算은 不勝한다。

例二 庚戌日 申將 辰時課

```
午　寅　辰　子
寅　戌　子　庚

辰　玄
申　青
子　匕

酉　戌　亥　子
申　　　　丑　貴
空　未　　寅
```

仲神上에서 發用이 됐으므로 察微格이다。察微格은 不仁之心을 주의 해야되고 或은 小人의 謀害가 있기 쉬우니 반드시 미리 알아 예방해야만이 禍患을 免할 수 있다。

또 웃음 속에 칼을 품은 것 같고 꿀 속에 砒素가 들어 있는 象이므로 大端히 주의해야 되는 課이다。

人情이 淺薄하고 世事를 헤쳐 나가기가 어려우며 機密의 漏洩을 豫防하고 物欲은 반드시 억제해야 하는데 神將의 吉凶을 보아 자세히 살펴 보기 바란다.

例三　戊辰日　丑將　午時課

三傳　子　未　寅

四課

```
子　未　亥　午
戊　子　辰　亥
```

地盤

```
子　丑　寅　卯
亥　　　　　辰
戌　　　　　巳
酉　申　未　午
```

子午가 孟上에서 剋을 받는 數가 다 같으므로 綴瑕格이 된다. 綴瑕格은 兩雄이 相爭하는 象으로 首尾가 牽連하며 災耗가 不絕하며 君子와는 親함이 마땅하나 小人은 멀리 해야 된다. 胎産은 時期가 늦어지고 行人은 오지 않으며 每事가 延滯되며 不成하나 三傳 日辰이 吉하고 有氣하면 每事 延期는 되나 終乃는 드디어 이루어 진다.

第五課　遙剋課(統睽之體　狐假虎威之象)

遙剋神日互相剋
蒿矢彈射勢爲輕

遙剋課는 上下로 剋賊함이 없기 때문에 他神과의 遙剋됨을 取하는 것을 말한다. 그런데 他神에서 日干을 剋하는 것을 蒿矢課라 하여 먼저 取하고 日干에서 他神을 剋하는 것을 彈射課라 하여 나중에 取한다. 例一 壬辰日 申將 巳時課

戌丑辰

四課 (右→左):

戌	未	巳	寅
未	辰	寅	壬

天盤:

申	酉	戌	亥
未			子
午			丑
巳	辰	卯	寅

陽日이므로 相比하는 戌土가 用神이 된다. 蒿矢課는 멀리서 剋이 되어 오므로 처음에는 우뢰가 울리듯이 轟張해서 놀라움과 두려움이 겹치나 호랑이 인줄 알았더니 여우가 호랑이 탈을 썼다는 格으로 나중에는 무사하게 된다.

他客은 받아 들이지 않는 것이 좋고 萬若 容納하면 小人의 口舌이 있다. 또 凡事에 憂在西南하고 喜在西北하며 主人은 不利하고 他客에 利로웁다. 先動則 不利하고 後動한즉 조금 이익이 있다. 神將이 凶하고 日辰이 無氣하면 賊盜의 陰謀가 있고 神將이 吉하고 日辰이 有氣하면 干貴에 기쁨이 있고 行人은 돌아 오며 訪問하면 相見할 수 있다.

가령 亥將申時課라면

三傳 (天將):

朱	龍	太
巳	申	亥

四課 (天將／上神／下神, 右→左):

玄	巳	太	寅
寅	寅	亥	亥
壬		申	

天盤:

申	酉	戌	亥
未	空		子
午			丑
巳	辰	卯	寅

日干에서 他神을 尅을 하므로 彈丸을 發射하는 것 같으므로 彈射課라고 이름한 것이다.

彈射課는 客에 利롭고 主에 不利하며 先動에 利롭고 後動한즉 不利하며 上에 利롭고 下에 不利하다. 神將이 吉하고 德合을 보고 貴人이 順行하면 親切和氣하고 神將이 凶하고 凶神을 帶하고 貴人이 逆治되면 每事에 不睦하며 冤仇盜賊이 있고 訪人은 不見하고 行人은 오지 않으며 萬若 兩神을 尅하면 한 화살로 두 마리의 사슴을 쏘는 것 같아서 事物難中하고 每事가 兩頭로 오는 뜻이 內包된다.

위의 兩課는 다같이 遠事로 虛驚不寔之象으로서 或是 成就된다 하드라도 亦是 虛名虛利에 끝나므로 求財에는 꺼리는 課이며 萬若 土金煞을 帶하면 사람이 傷하게 된다.

蒿矢에 金을 보면 鏃이 되고 彈將에 土를 보면 仇가 되어 災殃이 일어나나 萬若 空亡이될 때에는 大端한 禍나 福일지라도 다같이 虛事가 되며 太陰 玄武 天空을 보면 詐欺를 당하기 쉬우므로 大端히 操心해야 된다.

二課에는 近射와 遠射가 있는데 第二課에서 發用이 되면 近射로 大概 外事에 屬하며 凶勢는 略大하며 함부로 處理함이 不可하고 第三課나 第四課에서 發用하면 遠事로 凶勢는 漸小하나 第三課는 凶重하고 第四課는 無力하여 吉凶은 이루어 지지 않는다.

第六課　昂星課（統履之體　蛇虎當道之象）

昂星四課无剋遙
陰伏掩目阻轉蓬

昂星課는 賊剋도 遙剋도 없을 때에 酉位를 中心으로 해서 陽仰陰俯 即 陽日에는 地盤 酉上의 神을 取用하고 陰日에는 天盤 酉下의 神을 取用하는데 二十八宿로 보아서 酉는 昂星에 해당되므로 昂星課라고 이름한 것인데 陽日昂星을 虎視轉蓬格이라 하고 陰日昂星을 多蛇掩目格이라고 한다. 例一 戊申日 辰將 卯時課

四課

戌	酉	未	午
酉	申	午	戊

天地盤

```
          空   白
    午    未   申   酉   太
    巳               戌   玄
    辰               亥
    卯    寅   丑   子
                 貴
```

陽日 昂星이므로 虎視轉蓬格이다. 酉의 昂宿은 秋分에 屬하며 天地의 關梁으로 日・月이 出入하는 門戶이며 또 白虎 金位로 肅殺之性을 갖고 義主決斷한다.

剛者는 陽으로 陽性은 하늘을 따르고 男子를 形象하는데 男子는 氣浮하여 仰視함이 虎

視轉蓬하며 動함과 같으므로 虎視轉蓬이라고 한 것이다. 虎視轉蓬格은 반드시 驚恐이 있고 關梁은 閉塞되고 津渡는 稽留되며 出行은 自身이 不得不歸家하게 된다.

大抵 禍는 밖에서 쫓아 일어나므로 집안에서 靜守함이 吉하고 出動한즉 不吉하다. 萬若에 發用이 凶하고 死囚가 되거나 天罡에 死氣가 乘하고 蛇虎가 入轉하면 大凶하며 病者는 반드시 죽고 訟者는 投獄되는데 日辰이 旺相하면 無關하게 된다.

例二 丁丑日 丑將 辰時課

```
ヒ  子
青  辰
后  戌

        龍          后
辰  丑  戌  未
丁  辰  丑  戌

           空
    寅 卯 辰 巳
  丑           午
  子           未
  貴 亥 戌 酉 申
```

柔日 昴星이므로 多蛇掩目格이다. 柔는 陰으로 陰性은 地勢를 따르고 女子를 形象하는데 女子는 氣沈하여 俯視하므로 多季에 蛇類가 掩目함과 같아 多蛇掩目이라고 이름한 것이다. 多蛇掩目格이 되면 百事에 暗昧不明하고 進退兩難하며 女子는 淫洗하고 禍는 안으로 쫓아 일어나며 訪人은 不見하고 行人은 淹滯되고 逃亡은 자취를 감추어 못찾는다.

이 課에 螣蛇가 入轉하면 怪夢이나 걱정 근심이 더욱 많고 或 申加卯가 되면 交通事故

가 일어나고 玄武를 보면 百事가 다같이 凶하나 午加卯가 되면 午는 離明을 나타내고 卯

는 天馬가 되며 房宿도 明堂之宿이므로 萬事昌陰하고 凶을 만나도 吉로 변한다.

第七課　別責課(統渙之體　凡事不備之象) 別責无剋三課備 剛三柔六九爲宗

別責課는 賊克도 없고 遙剋도 없으며 三課밖에 되지 않는 것을 말한다. 陽日은 干合하

는 奇宮의 上神을 別取하고 陰日은 日支의 三合하는 前一位를 別取하기 때문에 別責이라

고 이름한 것이다.

別責課는 萬事가 두루 갖추어져 바르지 못하고 不足한 것을 나타내는 課로 婚姻은 他

處에 婚事가 또 있거나 再婚이고 胎孕은 多延되고 求財는 不利하다. 神將이 凶하고 日辰

과 用神이 休囚하면 凶하고 神將이 吉하고 日辰과 用神이 旺하면 吉象이 된다.

例　丙辰日 辰將 卯時課

태을식반(課式):

三傳
太　亥
合　午
合　午

四課
合　句　未　合
午　未　巳　午
丙　年　辰　巳

天地盤
龍　句
空　酉　申　未
白　戌
太　亥
玄　子　丑　寅

第一課와　第四課가　同一하여　三課를　이루고　無遙　無剋하므로　別責課이다.

第八課　八專課(統同人之體　大衆會盟之象)

八專二課俱天剋　日陽辰陰順逆從

干支가　同一하여　二課밖에　안되고　上下로　賊剋이　없을　때를　八專課라고　하는데　陽日은　日干의　陽神에서　順位로　三位가　發用하고　陰日은　日支의　陰神에서　退位로　三位가　發用하는데　八家同井之象이므로　八專이라고　이름한　것이다。

八專課는　二人이　同心하여　其利를　分配하는　象으로　兵資는　衆捷되고　失物은　內尋해야　되며　陽日은　윗　사람이　아랫　사람을　속이고　百事는　急速히　이루어지며　陰日은　妻는　男便

을 속이고 奴婢는 主人을 속이며 百事에 退縮되고 遲緩해진다。婚姻이나 進人口는 口舌만 있고 分離되며 憂喜는 다같이 重疊된다。八專課에 靑龍이나 六合을 보고 天乙과 같은 吉將과 天德 月德 日德等을 보면 萬人이 協力하여 每事가 順調롭게 이루어 진다。

例一 丁未日 辰將 丑時課

```
陰 〃        后 戌 丁
后 〃        丑 戌
后 〃        后 戌 未
             丑 戌

        申  酉(貴)  戌  亥
        未                子
        午                丑
        巳   辰   卯   寅
```

八專課中에서 三傳에 天后나 六合이나 玄武을 하나만 보드라도 帷簿不修格이 된다。帷簿不修格은 重門樹塞하고 內外에다, 講堂을 設帳해서 陰陽이 共處하여 男女가 混雜하니 風紀가 문란하며 私洗不明하고 失其禮한다。

例二 己未日 酉將 未時課

```
合 酉        合 酉 己
合 酉        亥 酉
合 酉        合 酉 未
             亥 酉

        申  酉   戌  亥
        未                子
        午                丑
        巳   辰   卯   寅(空)
```

三傳이 同一할 때를 獨足課라고 하는데 六壬 總 七百二十課中 一課 밖에 없는 有別난

課다。 初傳에서 부터 中末이 相併하여 三傳이 다같이 一神으로 歸着하니 路遙驛遞에 傳

送하는 사람이 없고 홀로 一足으로 獨進함과 같아 獨足課라고 이름한 것인데 百事에 移

動이 不能하고 費用만 많이 들지 이루어지는 일이 하나도 없다。

旅行은 배로 가는 것은 관계 없지만 其外엔 絕對로 不可하다。

第九課 伏吟課(統艮之體 守舊待新之象) 伏吟天地俱不動 乙癸有剋法不同

伏吟課는 天地가 同位로 不動하여 伏而呻吟之象이므로 伏吟이라고 이름한 것이다。伏吟

課에 乙日과 癸日은 剋이 되므로 剋하는 神을 發用하고 其外에는 陽日은 干上神이 初傳

이 되고 陰日은 支上神이 初傳이 되어 계속 刑으로 中・末傳을 삼는데 萬若 初傳이 自刑

이 될 때에는 陽日은 支上神이 中傳이 되고 陰日은 干上神이 中傳이 된다。그런데 中傳

이 또다시 自刑이 될 때에는 末傳은 刑을 取하지 않고 中傳의 冲을 取하는데 陽日 伏吟

은 自任格이라 하고 陰日 伏吟을 自信格이라 한다。

例一 丙辰日 申時 申將課

```
句　巳
比　申
白　寅

　　　　句　　　龍
　　巳　巳　辰　辰
　　丙　巳　辰　辰

　巳　午　未　申
貴　酉　　　　辰
　戌　　　　　卯　空
　亥　子　丑　寅
```

陽日伏吟이므로 自任格이다。自任格은 自巳를 믿고 剛暴하기 때문에 반드시 지나친 허물이 있고 行人은 바로 돌아오며 逃亡은 眼前에 있고 胎産은 벙어리를 낳기 쉽다。禍患은 留連되고 訪謁은 不出하여 相見할 수 있으나 만약 역마나 丁神이 三傳中에 있으면 出他中이다。本分을 시켜 守舊함이 吉한데 甲日春占 丙戊日夏占 庚日秋占은 日干이 有氣하여 相剋이 무관한데 三傳에 驛馬 劫煞을 만나므로 몸을 지켜 때를 기다려야 한다。

不得己 움직이게 되면 動中에 성공이 있고 吉象이 應한다。 오직 庚寅日은 三傳이 申寅巳가 되어 未傳이 太乙이 되는데 句陳이 乘하면 刑剋 日干하므로 秋占이 아닐 때는 危險이 따른다。

例二　丁丑日　未將　未時　謀

陰日伏吟이므로 自信課이다。自信課는 百事에 몸을 움직이기 곤란하며 家宅이 平安키
힘들고 日干이 潛藏伏匿하므로 自身이 不自由하고 逃亡은 近處에서 찾아야하며 盜賊도 안
에서 찾아야 하고 病人은 暗啞이며 行人은 淹留檢身되어 오지 못한다。日干이 有氣하고
神將이 吉하면 吉象으로 보고 神將이 凶하면 凶象으로 본다。例三 壬辰日 酉時 酉將課

三傳
```
朱　丑
后　戌
太　未
```

四課
```
太　　　朱
未　未　丑　丑
丁　未　丑　丑
```

地盤
```
空　巳　午　未　申
　　辰　　　　　酉
　　卯　　　　　戌
　　寅　丑　子　亥　貴
```

三傳
```
空　亥
ヒ　辰
白　戌
```

四課
```
空　　　ヒ
亥　亥　辰　辰
壬　亥　辰　辰
```

地盤
```
貴　巳　午　未　申
　　辰　　　　　酉
　　卯　　　　　戌
　　寅　丑　子　亥　空
```

이과는 自刑이 發用되었으므로 杜傳課이다. 杜傳은 杜絕된다는 뜻으로 누구나 杜傳課을 얻으면 百事를 中止하고 다시 改求함이 마땅하다. 스스로 改求치 않드라도 머지않아 每事에 中斷되고 만다.

居者는 將移하고 合者는 將離되며 萬事에 結果는 反對로 좋지 않게 돌아가는데 日辰이 旺相하고 德合과 吉將이 乘하면 于先은 吉하나 長遠치 못하다. 白虎 六合 天馬 驛馬等을 보면 靜中에 有動하여 人信은 倒門하고 句陳을 보면 沈屈不伸하고 動과 止가 稽留되며 太陰을 보면 陰私不明하고 天空을 보면 虛詐이고 六合을 孟神에서 보고 三傳이 陽이 될 때는 男子之象인데 子午는 道路事나 信望事 卯酉는 門戶事 四季는 田宅의 爭訟事 四孟은 不得己 사람과 相互 協同하는 일인데 日辰이 旺相하면 吉象으로 본다.

第一〇課　返吟課(統震之體　重重震驚之象) 返吟有剋往來取 井欄丑未丁己辛

返吟課는 月將과 占時가 相冲하여 天盤과 地盤이 自然히 相冲될 때를 말하는데 返吟課도 相剋하는 것을 取하고 萬若 冲이 않될 때는 井欄射라고도 하고 無親이라고도 하여 日支의 驛馬를 取用한다. 例一 庚戌日 寅將 申時課

寅　申　寅

```
寅　申　辰　戌
庚　寅　戌　辰

寅　卯　辰　巳
丑　　　　　午
子　　　　　未
亥　戌　酉　申
```

返吟課에 右와 같이 相剋이 있어 發用이 될 때에는 一名 無依格이라고도 하며 온 사람은 갈 생각을 하고 離別한 사람은 相合할 생각을 하고 每事는 反對로 得失이 一定치 않아 얻은 物件은 반드시 잊어버리고 敗物은 反成되며 安營은 離散되고 出陣은 虛驚이 있으며 得失은 밖에서 있고 害人은 스스로 만든 것이다.

巳 亥 巳는 改動 受金 文章事等이고 卯 酉 卯는 家宅 門戶 道路事이고 寅 申 寅은 遠行 移動 爭訟事等이 있는데 凶神 凶將을 만나면 損失이 있고 비록 動謀해도 無益하고 重重驚恐이 있으나 吉將 吉神이 되면 喜消息이오고 官吏는 轉官된다.

例二　辛丑日　巳將　亥時課

亥　未　辰

```
辰　戌　未　丑
辛　辰　丑　未

寅　卯　辰　巳
丑　　　　　午
子　　　　　未
亥　戌　酉　申
```

相剋이 없이 驛馬가 發用하므로 無親格이다. 行人은 阻滯되어 오지 못하고 盜賊은 相

攻하며 內外에 怪事가 있고 上下가 不恭하며 間接的인 일이며 直接的인 일은 每事不通하

고 三傳이 救護하면 喜事重重하고 神將이 凶하면 반드시 凶象이 있다.

第一一課　三光課(統貫之體　光明通達之象) 三光用神與日辰 時旺將吉萬事通

三光課는 用神과 日辰이 旺相하고 吉神이 있으면 三光課가 된다. 日干은 人으로 견주 되는데 旺相하면 諸鬼가 侵伐치 못할 뿐만 아니라 人口가 더욱 崢嶸됨이 一光이요. 日支는 宅으로 견주 되는데 旺相하면 店宅이 寬廣할 뿐만 아니라 諸邪가 들어 오지 못하니 二光이요, 用神은 日辰의 모든 動作에 견주 되는데 用神이 旺相되면 모든 일에 막힘이 없을 뿐만 아니라 光輝를 볼 수 있으니 三光이다.

위의 三處에 다시 吉將이 乘하면 光其身하고 光其宅하고 光其動作하여 三者(三處)에 다 같이 光華가 있으므로 三光이라 이름한 것이다. 三光課가 되면 萬事吉昌하고 囚刑者는 釋放되고 疾病은 安康해지며 市買는 利得이 있고 謀幹은 良好하며 福佑는 스스로 오고 凶禍은 전부 消散된다. 神將이 다 和合相生하면 官吏는 地位가 높아지는 榮華가 있고 始

終 기쁨을 얻고 반드시 慶事가 있으며 萬事吉昌되고 年命이 凶하드라고 凶이 되지 않는다。例 甲辰日 酉將 未時課

```
三傳        四課              天地盤

辰      辰 午 午 申        未 申 酉 戌
午      甲 辰 辰 午        午       亥
申                        巳       子
                          辰 卯 寅 丑
```

三月에 月令辰이 發用 했으므로 旺하고 春節은 木氣가 旺相하며 日辰과 用神이 旺相하므로 三光課가 된다。

第一二課　三陽課(統晋之體　龍劍呈祥之象)

三陽日辰與用旺　日辰貴前貴順登

三陽課는 天乙貴人이 順行하고 日辰이 天乙貴人의 前에 있으며 有氣하고 旺相氣가 發用되는 것을 말한다。天乙貴人이 左行(順行)하면 正理로 陽氣가 順調하니 一陽이요 日辰이 前이면 天乙 陽氣가 伸暢하니 二陽이요 日辰이 旺相하면 陽氣가 和進하니 三陽이 된다

三陽課가 되면 官爵은 翶翔하고 訟獄은 釋放되며 疾病은 安康하고 財數는 뜻대로 이루

어지고 行人은 還鄕하며 賊은 오드라도 싸우지 않고 出産은 賢明한 子息을 낳게 된다。萬若 神將이 上下相生하면 營謀나 萬事가 다같이 利得이 있고 官吏는 職位가 高遷되며 病者는 棺에 들어가기 직전이라도 살아 나며 罪囚는 칼이 목에 당아도 念慮할것 없게 된다。

例 乙丑日 戌將 酉時課

日辰이 旺하고 發用이 旺相하며 貴人이 天門에 臨하며 順治되므로 三陽課가 된다。

```
        青 寅
        合 卯
        句 辰

        青 巳 乙
        午 巳
    朱 寅 丑
    卯 寅

    酉 戌 亥 子 貴
    申          丑
    未          寅
    午 巳 辰 卯
    空
```

第一二三課　三奇課(統豫之體　上下悅澤之象)

三奇子戌尋大吉　申午辰寅子亥承

三奇課란 旬日의 奇가 發用하거나 入傳이 되는 것을 말하는데 旬奇란 甲子旬과 甲戌旬

은 丑이 旬奇이고 甲申旬과 甲午旬에는 子가 旬奇가 되고 甲辰旬과 甲寅旬은 亥가 旬奇가 된다。 이것은 旬三奇로 丑은 玉堂으로 鷄鳴於丑하고 日精備가 되며 子는 明堂으로 鶴鳴于子하고 月精備가 되며 亥는 絳宮으로 斗轉干亥하고 星精備가 되어 日精 月精 星精의 三精이 六旬의 奇가 되므로 三奇格이라고 이름한 것이다。

또 遁干이 三傳에서 乙 丙 丁(天上三奇)이 되거나 甲 戊 庚(地下三奇)이 되도 三奇格이 되며 干奇는 그리 重要하지는 않지만 甲日은 午 乙日巳 丙日辰 丁日卯 戊日寅 庚日未 辛日申 壬日酉 癸日戌이 干奇가 된다。 例一 丙子日 申將 戌時課

旬 卯 丙 午 未 申 酉
朱 貴 陰 丑 卯 空 巳 戌
丑 亥 酉 后 戌 子 辰 亥 貴
甲 戌 卯 寅 丑 子

甲子甲戌旬은 丑이 旬奇인데 丙子日은 甲戌旬中에 該當이 되므로 三奇格이 된다。

例二 乙酉日 子將 亥時課

龍 巳 乙 酉 戌 亥 子 貴
后 貴 匕 午 巳 甲 丑
亥 子 丑 陰 戌 酉 未 寅
亥 戌 午 巳 辰 卯

亥子丑 全旬奇가 三傳에 다 있으므로 三奇課가 된다。 三奇課는 萬事가 和合되고 千殃

이 解除되며 婚姻을 求하면 賢良한 淑女를 맞을 수 있고 孕胎에는 貴子를 두고 선비는

반드시 높이 되고 貴人을 만나며 病者는 良醫를 얻으며 비록 凶將이 乘해도 흉함이 가고

吉함이 오는 吉課인데 日奇가 倂臨하면 더욱 吉하다。 그런데 旬奇만 있고 日奇가 없으면

三奇課가 되나 日奇만 가지고는 三奇課로 볼 수 없으며 遁奇만 있어도 參半해서 본다。

萬若 三傳이 亥子丑 三奇 聯珠가 되면 大吉한데 다시 天上三奇 乙丙丁이나 地下三奇

甲戊庚을 보면 더욱 이로와서 異政超擢하고 出軍은 利用하며 반드시 勝利하고 凡事에 化

凶爲吉하고 百禍가 消散되는 大吉한 課體이다。

第一四課　六儀課(統兌之體　喜氣溢眉之象)六儀六甲旬頭發 日儀午逆未順宮

儀에는 旬儀와 支儀가 있는데 旬儀란 바로 旬首를 말하고 支儀란 다음 表와 같다。

日支	子	丑	寅	卯	辰	巳	午	未	申	酉	戌	亥
支儀	午	巳	辰	卯	寅	丑	未	申	酉	戌	亥	子

例 丙辰日 酉將 辰時課

青 寅
阻 未
合 子

貴   七
寅 酉 卯 戌
酉 辰 戌 丙

戌 亥 子 丑
貴酉   寅
申   卯
未 午 巳 辰 空

丙辰日은 甲寅旬中이고 辰日의 支儀는 寅이 되므로 六儀課가 된다. 旬儀만 있고 支儀는 없어도 六儀課가 되지만 旬儀는 없고 支儀만 있으면 六儀課가 될 수 없다.

六儀課는 喜慶이 많은 課로 罪囚는 赦宥를 받고 病者는 良醫를 만나며 干貴는 때를 만나고 投書는 기쁨을 보며 刑殺은 꺼리지 않으며 萬若 魁罡이 日辰에 加乘하드라도 年命에서 六儀를 보아 發用되면 凶은 自然히 吉로 바뀐다. 或 旬儀나 日儀가 다같이 三傳에 있고 다시 天乙貴人이 되면 富貴六儀格이 되고 簾幕官이 되니 士人은 高遷하고 百事가 다 吉하며 아무리 凶한 일이라 할지라도 自然 消散된다.

第一五課　時太課(統泰之體　天地和暢之象)

時太發用歲月方　龍合財德最爲強

時太課란　太歲가　發用하고　月健에　靑龍이나　六合이　乘하고　財德을　兼하는　것을　말한다

太歲는　天子이고　月健은　諸候이며　靑龍은　官長이　되고　財德은　錢財喜慶이　되고　六合은

謀幹利祿이　되므로　時運을　만나　大通하는　것과　같으므로　時太라　이름한　것이다.

時太課를　얻으면　皇恩欲拜하고　灾患은　潛消되며　謀事에는　碍路가　없으며　逃者는　반드

시　돌아오고　盜賊은　스스로　敗亡하고　胎兒는　貴子이며　前程이　浩大無窮하다.

萬若　初傳에　靑龍이　되고　末傳에　六合이　되거나　初傳에　六合이　되고　末傳에　靑龍이　되

고　太歲月健　月將을　보고　다시　財德合等의　吉神을　보면　福神이　相助하며　利見大人하

며　諸候가　天子께　謁見하는　것　같아　大貴人이나　仕官은　다　吉하며　榮寵詔命　高遷되고

喜慶이　크게　있고　큰　財物을　얻을　수　있으나　賤人은　오히려　큰　災殃을　당하거나　投獄

된다.

例　子年　戊月　戊寅日　卯將　戌時課

太歲가 發用하고 子는 日干의 財가 되고 德도 되며 初傳이 青龍 末傳이 六合이 되므로 時太課이다。

三傳
子　青
巳　阻
戌　合

四課
　　　貴　　　合
子　未　卯　戌
未　寅　戌　戌

天地盤
　　　　　　　空
戌　亥　子　丑
酉　　　　　寅
甲　　　　　卯
未　午　巳　辰
貴

第一六課　龍德課(統萃之體　雲龍際會之象)

龍德太歲與月將　天乙發用致福祥

龍德課는 太歲와 月將에 貴人이 乘하여 發用하는 것을 말한다。太歲는 人君으로 首出庶物하고 被德天下하며 月將은 一月을 主宰하는 神 即 太陽으로 懸空在天하여 明炤四方하고 天乙貴人은 吉將의 首로 降福致祥하는 吉神인데 太歲와 月將이 같이 天乙貴人이 乘하여 日辰에 臨해서 用神이 되니 龍行雨澤하며 德及萬物하므로 龍德이라 이름한 것이다。

龍德課는 君恩이 及下하며 萬姓이 歡忻하고 罪囚는 出獄되고 財喜가 臨身하며 和名이

易萃하고 爭訟은 없어지고 官爵은 超躍되며 君臣이 際會하여 恩詔之榮이 있으며 선비는

求官하여 반드시 祿位를 받고 宰相이나 君子는 所謀가 이루어지고 財物을 얻는 기쁨이

연이어 있게 되나 卑下는 不吉하며 爭訟은 朝廷까지 波及되고 投獄이나 凶禍가 일어

난다.

例　癸巳年　七月　癸酉日　巳將　酉時課

太		貴	
酉	巳	巳	丑
癸	酉	酉	巳

丑	寅	卯	辰
子（空）			巳（貴）
亥			午
戌	酉	申	未

歲月將　天乙이　兼하며　發用이　되므로　龍德課이다。

第一七課　官爵課(統益之體　鴻鵠冲宵之象)

官爵歲月與年命　驛馬魁常發用香

官爵課는　太歲와　月建과　年命의　驛馬가　發用하고　또　天魁와　太帝이　入傳하게　되는　것

을 말한다。 驛馬란 三合頭沖인데 遞驛之神으로 傳命之使이다。

年命 太歲 月建이 같은 馬를 使用하니 華麗異常하고 天魁인 戌은 印綬로 榮加官爵하며

爵祿을 받음으로 官爵課라고 이름한 것이다。官爵課를 얻으면 榮華가 있고 財名이 吉利

하며 病訟은 없어지고 訪人은 不在하나 行人은 還家하고 産生은 貴子를 얻으며 四馬가

印綬를 帶하고 다시 德神 天馬 靑龍 日辰二馬를 帶하면 더욱 吉하게 된다。日辰과 用神

이 旺相하면 百事가 速成하고 官吏는 遷官되고 陞職되는 慶事가 있고 常人은 財物을 얻

는 기쁨이 있고 선비는 어찌 上選에 不通함을 근심할 것인가。

萬若 驛馬가 沖破를 당하고 河魁나 太常이 空亡이 되고 日辰과 用神이 休囚가 되면 每

事가 遲滯되고 反對로 燥急히 애만 쓰나 官爵이 失印之象이 되어 黜罰을 당하든가 文書

上의 過失로 謀事는 이루어 지지 않는다。

例 未年 二月 丁亥日 戌將 巳時課 癸亥年

三傳

空	巳
匕	戌
太	卯

四課

后		白	
子	巳	辰	酉
丁	子	亥	辰

天地盤

	貴		
戌	亥	子	丑
酉			寅
甲			卯
未	午	巳	辰
		空	

行年上에 亥가 乘하고 未年 二月에 巳는 驛馬가 되고 河魁와 太常이 入傳했으므로 官

爵課다。

第一八課　富貴課(統大有之體　金玉滿堂之象)　富貴天乙乘旺相　日乘年命相生良

富貴課는 天乙貴人이 發用되어 旺相하고 日辰과 行年에 臨하거나 또는 日支上에는 日干의 祿이 乘하고 日干上에는 日支의 驛馬가 乘하도 富貴課가 된다。

富貴課를 얻으면 福德이 하늘에서 내리고 萬事가 新鮮하며 財喜雙美하고 富貴兩全하며 胎産은 貴子를 낳고 婚姻은 天生緣分이며 獄訟은 如意하고 戌加巳가 되면 富貴權印之象으로 最吉하고 다시 太常 印綬와 驛馬에 靑龍이 乘하면 財物 珍寶를 얻어 代代로 富貴할 수 있고 官이 없드라도 반드시 上人에 拔擢되어 得官하고 官吏는 明君을 만나 取擢되어 福祿을 누릴 수 있다。

例　壬子日　未將　寅時

	貴		后
戌	巳	酉	辰
巳	子	辰	壬

空			亦是子
戌	亥	子	丑
酉			寅
申			卯
未	午	巳	辰
		貴	

天乙貴人이 行年과 日支에 臨하고 旺相하여 發用했으므로 富貴課가 된다。

第一九課 軒蓋課(統升之體 士子, 發達之象) 軒蓋三傳午卯子 正七兩月正相當

車蓋課는 正月이나 七月 兩月에 三傳이 午卯子가 되면 된다。子는 神后로 紫微華蓋가되고 卯는 太冲으로 天駟天車가 되며 午는 勝光으로 天馬가 되어 以上의 三神이 같이 만나게 되면 馹馬 軒車에 高張華蓋하므로 軒蓋라고 이름한 것이다。軒蓋課를 얻으면 詔用榮宣하며 財物은 求獲하고 疾病은 安易하고 干貴는 歡喜하며 行人은 반드시 돌아오고 聞賊은 必來하는데 正七 兩月이 아니면 三交課가 되니 出戰戰鬪는 避함이 좋고 訟事는 法院이 자꾸 바뀌고 病者는 魂魄이 千里로 달아나고 年命에 靑龍을 보면 出行에 天雨가 있다。그러나 日用이 旺相하고 또 太歲 月將 德神上에 貴人 靑龍 天后 六合等 吉將이 乘하면 君主을 만나고자 出入하고 官爵은 公卿之位에 오르고 寵祿十全之榮을 누릴 수 있다。

例 甲子日 亥將 寅時課

三傳

青	午
朱	卯
后	子

四課

太			陰
午	酉	甲	亥
酉	子	亥	申

地盤

寅	卯	辰	巳
丑(貴)			午
子			未(空)
亥	戌	酉	申

正月에 三傳이 午卯子가 되므로 軒蓋課이다。왜 正七月에만 軒蓋課가 되는가 하면 午
勝光은 正月이나 七月에만 天馬가 되기 때문이다。

第二○課　鑄印課(統昇之體 煉成丹之象)

鑄印發用戌加巳　戌印巳爐緩太常

鑄印課는 三傳이 巳戌卯가 되고 太常이 入傳하면 된다。巳는 爐고 戌은 印이며 卯는
印模인데 戌中 辛金이 巳中丙火에 煅煉되어 印符가 鑄成되므로 鑄印課라고 이름한것이다。
鑄印課를 얻으면 頑金을 鑄篆하여 籍火功成하니 官職은 높이 오르고 詔命을 여러번 받
으며 產孕은 大吉하고 婚姻은 良緣이다。出產 疾病 訴訟 憂慮等에는 大端히 不利하며 大

概 疾病 官慾이기 쉽다。戌己日에 鑄印格은 日干을 生하는 印이 되는데 다시 太常을 보면 印綬가 雙全하니 鑄印乘軒之象이 되어 考試에는 合格되고 君王께 進策上書를 올리면 官爵이 高遷하고 所求하는 것은 전부 이루어지며 印信 喜慶 恩命之榮이 있다。貴人 靑龍 六合 太陰等의 吉將이 乘하며 日辰과 用神이 旺相하면 더욱 大吉하다。

例 丙子日 辰將 亥時課

三傳
初傳	中傳	末傳
巳	戌	卯
空	巳	太

四課
第一課	第二課	第三課	第四課
匕		空	
戌	卯	巳	戌
丙	戌	子	巳

天地盤

```
          貴
  戌   亥   子   丑
  酉             寅
  申             卯
  未   午   巳   辰
              空
```

三傳이 巳戌卯가 되고 太常이 入傳하니 鑄印課이다。三傳이 巳戌卯가 되면 鑄印課라고 볼 수 있는데 太常이 없으면 眞體가 아니다。또 夏三月 巳午日時에 螣蛇나 朱雀이 乘하거나 戌卯가 空亡이 되면 破印 損模라 하여 每事先成後敗하고 勞力만 들지 이루어지는 일은 없다。

또 春節의 丙丁日도 火가 太過하므로 鑄印課로 보지 않는다。또 末傳에 天后나 玄武가 乘하면 水鄕에 臨하게 되니 鑄印不成하며 來情은 官爵 鑄印等事로 왔지만 成功치 못한다。

第二二課 斷輪課(統頤之體 革故鼎新之象)
斷輪太冲申上傳　卯輪庚斧乙庚歡

卯가 庚、申、辛、上에서 發用하면 斷輪課가 된다. 卯는 車輪이고 庚辛은 刀斧이므로

木就金斷하므로 斷輪課라고 이름한 것이다. 斷輪課을 얻으면 財喜懽躍하고 祿位는 加增

되며 官職은 超擢하나 訟事나 疾病은 凶險하다.

戌印과 太常이 入傳하면 더욱 吉祥이 있는데 卯加庚이 제일 좋고 卯加辛은 다음 간다.

왜냐하면 卯中乙不은 申中庚金과 作合하여 貴器가 이루어지나 辛金은 乃乃 戌士이므로

辛上에서 發用이 되면 求財는 急取하고 萬事速히 處理해야지 그렇지 않으면 나중에 卯木

이 戌士를 剋하여 凶하게 되기 때문이다.

斷輪課에 다시 貴人 靑龍 太常 太陰 六合等의 吉將과 驛馬 德合等의 吉神이 入傳하면

官爵은 公卿之位에 오르고 百事에 亨通한다. 그러나 卯가 空亡이 되면 朽木에 彫刻할 수

없으니 朽木難彫라 하여 別度로 일을 바꾸든가 아니면 百事不成하고 庚金이 空亡이 되면

斧斷不利格이라 하여 以上과 마찬가지다.

例　辛丑日 亥將 辰時課

卯
戌
巳

子	丑	寅	卯
亥			辰
戌			巳
酉	申	未	午

卯	申	子	巳
申	丑	巳	辛

卯가 申上에서 發用하니 斲輪課이다.

卯는 申辛上에서 發用하면 斲輪課가 되나 寅木은 申辛上에서 發用하면 斲輪課가 되지

못하는 理由는 卯木은 아직 成器가 되지 못한 自然 그대로의 나무이기 때문에 사람의 能

力에 따라서 어떠한 物件이라도 좋은 연장만 있으면 만들어 낼 수 있으나 寅木은 棟梁之

木으로 이미 成器가 된 때문에 庚辛金上에 있으면 破器가 되므로 斲輪課가 않되는 것이

다.

第二三課　引從課(統渙之體　車馬蜂擁之象)　引從二傳引干支　又有貴引千年吉

引從課는 日干上神이나 日支上神을 初傳과 末傳에서 前引後從하는 것을 말한다.

例一　庚辰日　酉將　辰時課

例一

```
寅 后
未 空
子 七

        句      貴
    寅  酉  午  丑
    酉  辰  丑  庚

     戌 亥 子 丑 貴
     酉         寅
     申         卯
   空 未 午 巳 辰
```

功曹가 從鬼上에서 發用하며 日干上神의 前一位가 되고 末傳神后는 日干上神의 後一位가 되어 前引하고 末傳은 後從하니 引從課가 된다。(子丑寅)

例二 壬子日 巳將 子時課

```
        貴          后
    戌   巳   酉   辰
    巳   子   辰   壬

         空
     戌  亥  子  丑
     酉          寅
     申          卯
     未  午  巳  辰
             貴
```

初傳 巳와 末傳 卯가 前后에서 引從하므로 引從課가 된다。(卯辰巳)

例三 己亥日 子將 未時課

```
三傳            四課
白 巳        貴          太
朱 戌     子  巳  辰  酉
玄 卯     己  子  亥  辰

          天地盤
        貴
     戌 亥 子 丑
     酉       寅
     申       卯
     未 午 巳 辰
         空
```

日支上神을 初傳巳와 未傳卯가 相互 引從하므로 引從課가 된다.

引從課가 되면 반드시 四方에서 貴人이 많이 나와 서로 도와 주고 官吏는 陞遷하는 기쁨이 있는데 日干上神을 前引後從하면 大概 榮傳이나 陞遷이 있고 日支上神을 引從하면 家宅修理 宅造等에 大吉한데 선비는 더욱 좋아 及第할 수가 있고 名利榮躍하며 出産은 英兒를 낳고 婚姻은 吉하며 出行하면 財物을 얻고 貴人의 도움을 받는다.

第二三課　亨通課(統漸之體 福祿來臨之象)　亨通三傳遞生日 天生地生有兩般

亨通課는 三傳中에서 初傳이 中傳을 生하고 中傳이 末傳을 生하고 末傳이 日干이나 日支를 生하던지 末傳이 中傳을 生하고 中傳이 初傳을 生하고 初傳은 日干이나 日支를 生하는 것을 말한다. 例 丙戌日 巳將 寅時課

```
合　申
貴　亥
玄　寅


　　　合
陰
辰　丑　亥　申
丑　戌　課　丙


申　酉　戌　亥　貴
未　　　　　　子
午　　　　　　丑
空　巳　辰　卯　寅
```

初傳은 中傳을 生하고 中傳은 末傳을 生하며 末傳은 日干을 生하니 亨通課이다。亨通課가 되면 干支가 有情하여 官運薦擢하고 士獲科名하며 婚姻은 合和하며 財利는 生成하고 經營은 如意하고 모든 일에 貴人의 懽迎을 받는다。그러나 만일 三傳中에서 一神이라도 空亡이 될 때에는 亨通課가 되지 못하여 貴人은 熱心이 없고 萬事 中途에서 이루어지지 않는다。

第二四課　繁昌課(統咸之體 男女交感之象)

繁昌夫妻年爲用
德合旺相卦應咸

繁昌課는 한 사람이 안닌 夫婦 두 사람의 行年이 上下 相生되고 德合이 될때에 繁昌課

가 된다。

例　壬申日　巳將　未時課　夫行年甲寅　妻行年　己亥

四課:

```
          空
  合
  辰   午   未   酉
  午   申   酉   壬
```

天地盤:

```
  貴  卯   辰   巳   午
      寅              未        空
      丑              申
      子   亥   戌   酉
     夫行年          妻行年
```

夫行年　甲寅과　妻行年　己亥가　上下로　相合하고　德이되며　夫婦의　行年이　各各　天地盤과　相生하고　七月에　金水가　旺相하므로　繁昌課이다。繁昌課를　얻으면　陰陽이　和合하여　萬物이　生成되고　妊娠은　男兒이고　營謀는　大利를　얻고　家道가　日昌한다。

生子의　善惡과　性情은　夫妻行年의　干合으로서　알　수　있다。甲己合이　되면　黃色長大하고　端厚하며　讀書를　좋아　한다。乙庚合이　되면　白色淸俊하고　音樂을　좋아　하고　兵法을　잘안다。丙辛合이　되면　黑色으로　肥滿하고　힘이　大端히　세고　凶惡하다。丁壬合이　되면　靑色으로　눈이　깊고　검으며　文學　藝術을　잘한다。戊癸合이되면　얼굴이　붉고　上尖　下大하며　놀기를　좋아　하고　훌륭한　技術을　가지고　있다。

第二五課　榮華課(統師之體　士衆擁從之象)榮華貴旺祿馬發　干支年命吉將傳

榮華課는 祿馬 貴人이 干支에 臨하고 年命이 旺相하여 發用이 되고 다시 吉將이 乘하면 榮華課가 된다。例一 丙寅日 巳將 寅時課 本命寅 行年申

四課

合	空	貴	合
申	巳	亥	申
巳	寅	甲	丙

天地盤

合申	朱酉	比戌	貴亥
句未			后子
龍午			陰丑
空巳	白辰	太卯	玄寅

行年 本命에 다같이 吉神이 臨하고 驛馬가 發用하고 中傳이 貴人이 되므로 榮華課가 된다。榮華課는 祿馬와 貴人이 臨하니 사람이 榮達하며 光華가 있는 것과 같으므로 榮華라고 이름한 것이다。榮華課를 얻으면 人宅이 다같이 吉하고 經營도 亨通하며 動靜이 均美하고 産育은 貴子이고 婚姻은 合當하고 兵征討伐은 得地千里한다。

第二六課　德慶課〈統需之體　君子歡會之象〉 德慶天德與月德 干支二德用爲先

德慶課는 干德이나 支德이나 天月二德이 發用하고 年命에 吉將이 乘하는 것을 말한다.

德이 扶持하면 災凶이 全部 消散하니 德 이상 좋은 吉神이 없고 德은 慶會가 있으며 德은 能히 利物濟人하고 掩凶作善하며 轉禍爲福되어 喜慶이 있으므로 德慶이라 이름한 것이다.

德慶課를 얻으면 德神이 在位하니 諸殺이 潛藏하고 囚禁은 釋放되고 病은 危險하드라도 無妨하며 婚姻은 좋은 配匹이고 出産은 賢英한 아들을 낳고 凡事의 所望은 事事 吉昌한다. 萬若 德神이 鬼가 되드라도 功名은 얻을 수 있고 疾病도 關係없다. 青龍이 乘하면 더욱 吉하고 辰戌丑未 四煞이 乾坤艮巽에 沒하면 大吉하며 百事에 하나라도 障碍되는 것이 없다.

例 戊子日 卯將 戌時課

三傳

巳	陰
戌	合
卯	太

四課

	陰		合
戌	巳	卯	戌
巳	子	戌	戊

戌	亥	子	丑	空
酉			寅	
申			卯	
未	午	巳	辰	
貴				

巳는 日德이 되는데 子上에 臨하여 發用되므로 德慶課이다.

第二七課　合歡課(統井之體　婚姻團圓之象)　合歡日上遁干合　吉將三六合用兼

合歡課는 三傳이 三合이 되고 三傳中 一神이라도 日干과 干合되고 日干上神과 六合이 되는 것을 말한다。 例 戊申日 申將 子時課

三傳:

```
龍　子
蛇　申
玄　辰
```

四課:

```
子　辰　酉　丑
辰　申　丑　戊
```

天地盤:

```
空丑　白寅　太卯　玄辰
龍子　　　　　　　陰巳
句亥　　　　　　　后午
合戌　朱酉　蛇申　貴未
```

三傳이 三合하고 干上丑과 子가 六合하고 丑中癸水와 日干戊土가 干合되므로 合歡課가 된다。 每事和合하고 人歡事成하므로 合歡이라고 이름한 것이다。 合歡課가 되면 孕胎는 늦어지고 行人은 榮省하며 名利高遷하고 財喜歡稱되고 婚姻은 天緣이며 萬事에 佳慶이있다。 그러나 解散事나 疑惑之事는 더욱 結連되어 좋지 않다。

第二八課 和美課(統豊之體 神合道合之象) 和美專言四課事 各合互合皆爲歡

和美課는 三傳이 三合하고 干上神과 三傳中 一神이 다시 六合이 되고 日辰이 日辰上神

과 上下 三六合이 되거나 交車合이 될 때를 말한다。

例 壬午日 巳將 丑時課

```
三傳   戌 午 寅

四課   未 卯 寅 戌
       壬 未 午 寅

       辰 巳 午 未
       卯       申
       寅       酉
       丑 子 亥 戌
```

三傳이 三合하고 干上未와 三傳午가 六合이 되며 干支上神과 干支가 三合이 되므로 和美課다。

上下 交互 相合만 되므로 人情合悅하고 眞美하므로 和美課라 이름한 것이다。和美課를 얻으면 上下가 歡悅하고 交易은 大通하며 財利가 不絕하고 婚姻은 틀림없이 이루

어지고 疾病은 不利하고 戰賊은 和決된다。 그러나 三合中에 干支上神과 刑冲害가 되면

合中犯煞하니 笑中藏刀하고 蜜中에 砒素가 들어 있는 象으로 百事不成하고 合中犯煞卦를

얻으면 萬事에 靜함이 좋고 動하면 不利하다。

第二九課　斬關課(統遯之體　豺隱南山之象)　斬關魁罡日辰用　重土塞門斬關行

斬關課는 魁罡이 日辰에 臨하여 發用될 때를 말한다。 辰은 天罡이고 戌은 河魁이며 日

辰은 人인데 魁罡(天關)이 日辰에 加臨하면 사람이 凶神을 만나 重土가 閉塞되어 天關을

難度하니 通關코자 하면 반드시 斬開關門해야 되므로 斬關이라고 이름한 것이다。

寅은 天梁이고 卯는 天關인데 寅卯木으로서 土를 克하면 三天이 俱動하니 逃亡이나 出

行에 이로운데 未(玉女)를 보면 能히 護身하고 子(華蓋)을 보면 能히 掩形하며 太陰(地

戶)을 보면 潛藏할 수 있고 六合(私門)을 보면 隱匿이 되며 天乙(神光)을 보면 能히 神

의 庇佑가 있고 靑龍(萬里翼)을 보면 멀리 다달을 수가 있으므로 三傳에서 위의 一神이

라도 보게되면 陰私에 이롭고 行藏隱避할 수 있으며 求事에 拘碍됨이 없다。

斬關課를 얻으면 逃亡에 第一 좋고·盜賊은 잡기 어려우며·出行은 自強하고 病訟으로 凶

禍가 있다. 祈禱 書符 合葯等의 方法은 最良한데 萬若 官鬼가 直符가 되거나 罪塞鬼戶

(辰加寅) 魁度天門(戌加亥)等이 되고 凶將이 乘하고 魁罡이 羅網이 되어 四仲에 加하면

天地가 關隔되어 關梁이 閉塞되니 不利隱匿하고 病訟 出行에도 다같이 나쁘다. 子卯는 天

時關係로 關隔되고 午酉는 地理關係로 關隔된다.

三傳이 內戰하면 內外의 意見이 相合되지 않아서 關隔되고 中傳이 初末傳을 冲하면 上

下의 意見이 合致되지 못하여 關隔되며 剛日 昻星은 道路나 橋梁으로 因한 關隔이고 柔

日 昻星이나 伏吟은 潛伏하여 사람을 보지 못하여 關隔되고 三交 羅網 從革은 다같이 每

事 阻滯되므로 關隔이 된다. 例 甲寅日 卯將 未時課

```
三傳          四課
合 戌      合        合
后 午      戌   午   戌
白 寅      寅   戌   甲

        丑 寅 卯 辰
        子         巳
        亥         午
        戌 酉 申 未  貴
                空
```

河鬼가 干支上에 臨하여 發用됐으므로 斬關課이다. 寅은 天梁이므로 出行에 이롭고 또

貴人이 天門에 이르러 螣蛇 朱雀 句陳 天空 白虎 玄武 六神이 다 藏潛되고 辰戌丑未

四庫가 四維에 沒하니 四大吉時로 萬事가 順理롭다。

斬關課에 申 酉 白虎 太陰을 보면 逃亡者는 영영 잡지 못하고 다시 血支 血忌 羊双 呻吟煞等을 보면 반드시 殺人이나 傷人을 하고 逃亡한 것이다。

第三○課　閉口課（統謙之體　上下朦朧之象）

閉口旬尾加旬首　又有武陰逆四從

閉口課란 旬尾가 旬首에 加하거나 아니면 旬首에 玄武가 乘하거나 旬首位上神에 玄武가 乘하여 發用하면 閉口課가 된다。 首尾가 相加하여 似物閉臟되며 環圓無端으로 不見其口하므로 閉口라 이름한 것이다。 例一甲申日 子將 卯時課

三傳：

巳　句
寅　ヒ
亥　陰

四課（右에서 左로）：

```
天將   陰             句
上神   亥   申   巳   寅
下神   甲   亥   申   巳
```

天地盤：

```
寅  卯  辰  巳
丑(貴)        午
子            未(空)
亥  戌  酉  申
```

甲首尾（右에서 左로）：

	甲子(首)	甲戌	甲申	甲午	甲辰	甲寅
(尾)	酉	未	巳	卯	丑	亥

甲申旬中이므로 旬首는 勿論申이고 旬尾는 巳인데 巳加申이 되어 發用했으므로 閉口課가 된다。

例二 戊辰日 卯將 巳時課

三傳
蛇　寅
后　子
玄　戌

四課
　　　蛇　　　朱
　子　寅　丑　卯
　寅　辰　卯　戌

天地盤
　　　卯　辰　巳　午
　　　寅　　　　　未　空
　　　丑　　　　　申
　貴　子　亥　戌　酉

戊辰日은 甲子旬中이므로 旬首인 子上戌에 玄武가 乘하므로 閉口課이다。

例三 乙未日 寅將 卯時課

三傳
戌
卯
午

四課
　巳　午　寅　卯
　午　未　卯　乙

天地盤
　　　辰　巳　午　未
　　　卯　　　　　申
　　　寅　　　　　酉
　　　丑　子　亥　戌

乙未日은 甲午旬中이므로 旬首가 日支上에 臨하고 旬尾가 日干上에 臨하니 閉口課인데 一旬週遍格이라고도 한다。閉口課가 되면 禁口不語하고 事跡은 分明치 못하며 尋人은 찾을

수 없으며 失物도 역시 찾지 못하며 報造는 吊允되고 論訟은 回斷되어 不平하고 胎產은
벙어리를 낳기 쉽고 占事는 끝에 가서 미루어 진다.

旬尾가 旬首에 加하고 三傳中에 六合이 있으면 每事成就되나 凶禍는 難散하고 朱雀이
乘하면 訟事는 屈曲難伸하고 白虎는 不明치 않게 罪를 받고 病占엔 痰氣로 咽喉가 막혀
말을 못하고 失物은 사람을 붙잡아도 肯定하지 않고 凡事에 閉口之意가 있다. 그러므로
病者는 咽喉腫塞으로 飮食을 먹지 못하고 冤恨이 있어도 訴訟을 하지 말아야한다. 또 日
祿이 閉口가 되거나 無祿課(無祿課參照)가 되면 病者는 必死한다.

盜賊을 捕獲하는데는 다음과 같다. 六甲日에는 玄武의 陽神下 六位에서 女子를 잡고
逆數로 四位가 玄武의 陰神으로 보고 玄武의 陰神下方位에서 男子를 잡는다. 六甲日 以
外에는 玄武의 陽神下에서 女子를 잡고 玄武의 陰神下에서 男子를 잡는다.

例 甲子日 丑 巳時課

三傳

合	戌
后	午
日	寅

四課

合	后	乚	玄
戌	午	申	辰
甲	戌	子	甲

地盤

```
            玄
      辰  卯  寅  丑  男走處→
←女走處 巳           子
      午           亥
 貴   未  申  酉  戌
```

辰上에 玄武가 乘했으므로 玄武의 陽神인 申方에서 女子를 잡고 逆으로 四位인 丑神下

巳方에서 男子를 잡는다。 以上과 같이 六甲日에 限해서는 玄武之神에서 無條件 逆으로 四

位에서 男子를 잡는다는 것을 잊지 말아야 한다。

例二 乙卯日 未將 寅時課

寅　未　子

凶　寅　申　丑
乙　酉　卯　申

　　　　　　　貴
戌　亥　子　丑
酉　　　　　　寅
男走處　申　　　卯　玄　女走處
未　午　巳　辰
　　　空

玄武 卯가 戌上에 있으므로 戌方 卽 西北方에서 女子를 잡고 玄武의 陰神인 申方下 卽

正東에서 男子를 잡는다。 또 사람을 찾는데는 君子는 德方으로 찾고 小人은 刑方으로 찾

는다。 例를 들어 甲戌日에 寅加未가 되었다면 君子는 德寅이 臨한 未方을 찾고 小人은

未가 子에 加했으므로 正北方을 찾으면 된다。

第三一課　遊子課(統觀之體　雲萃散聚之象)　遊子季用又乘丁　再遇天馬是西東

三傳이 辰戌丑未 全土가 되고 旬丁이나 二馬(驛馬 天馬)를 보면 遊子課가 된다。土는

季神으로 遍歷巡遊하는 象이 있고 旬丁이나 二馬는 다같이 動搖의 神이므로 사람으로 하

여금 好遊 하게끔 하므로 遊子課라고 이름한 것이다。

天馬를 보면 海角課라고도 한다。 遊子課는 丁馬가 加季하니 奔走東西하고 出行은 吉利

하나 坐守하면 困窮하고 疾病은 難痊되며 官訟은 多凶하고 婚事는 不吉하고 傳出陽神(初

未中戌之類)하면 遠行코저 하고 傳出陰神(初戌 中未之類)하면 私敗코저 한다。萬若 斬關

課를 兼하면 范蠡가 越나라로 가버린 거나 張良이 歸山한 것과 같이 踵跡을 모르게 된

다。萬若 淫洗課를 兼하면 淫私로 멀리 逃亡코저한다。

天寇課를 兼하게 되면 盜賊질을 해가지고 멀리 숨고저 한다。墓神 四煞이 日辰 年命에

있고 神將이 凶하면 每事 迍邅되고 歲內에 반드시 官災가 있고 惡禍가 相攻하여 三年內

로 반드시 破敗된다。

例 三月 乙巳日 酉將 午時課

三傳이 全土이고 初傳 未가 旬丁이 되므로 遊子課가 되는데 此課는 三月卦이므로 戌에 天馬가 되고 日馬가 四課上에 있어 海角課라고도 한다.

```
三傳        四課            地盤
 未      未 戌 申 亥      巳 午 未 申
 戌      乙 未 巳 申      辰       酉
 丑                      卯       戌
                         寅 丑 子 亥
```

第三二課　三交課(統妬之體　風雲不測之象)　三交四仲來加仲　三傳皆仲陰合逢

四仲日 四仲時에 三傳이 四仲이 되고 天后 朱雀 太陰 六合等의 天將이 乘하면 三交課이다. 四仲日時가 一交요 三傳이 全部四仲이니 二交요 將逢陰合하니 三交가 되므로 三交課라고 한 것이다.

三交課가 되면 家中에 奸私함이 있고 或 逃匿함이 있다. 謀事는 不明하고 求財는 無益하며 官訟은 刑을 犯하게 되고 兵逢戰敵하게 된다. 다시 凶將이 乘하게 되면 病患은 더욱 심하고 또다시 凶神을 만나면 男子는 重法을 犯하고 女子는 私通한다. 太陰 六合이 乘

하면 門戶不利하고 天空을 보면 虛詐가 있고 玄武는 遺失이 있으며 騰蛇는 驚怪 朱雀은

口舌 句陳은 戰鬪 白虎는 殺傷等이 있다。 六陽日은 交羅라고 하여 陰私上門하고 凶將惡

煞을 帶하면 殺傷之禍가 일어나며 六陰日은 交祿이라 하여 求祿事이고 玄武가 乘하면 陰

私와 失祿이 있다。

例 戊子日 酉將 午時課

```
              陰                      青
      午      卯      亥      申
      卯      子      申      戊


      申      酉      戌      亥
  空  未                        子
      午                    丑  貴
      巳      辰      卯      寅
```

四仲日 四仲時에 三傳이 四仲이 되고 太陰이 乘하니 三交課이다。

第三三課　亂首課(統比之體 无首藏凶之象)

亂首支加干剋干 干加支上被剋同

亂首課란 日支가 日干에 加하여 日干을 剋하거나 日干이 日支에 臨하여 剋을 당할때를

말한다。干은 尊上이며 首가 되고 支는 卑下로 足이 되는데 卑下가 無亂作亂하여 上門亂首하므로 亂首課라고 이름한 것이다。日干이 日支에 臨하여 剋을 받으면 自取亂首라 하고 日支가 日干에 加하며 剋하는 것을 上門亂首라고 하는데 亂首課를 통털어 反常課라고도 한다。

亂首課가 되면 下로서 上을 犯하니 家門이 背逆되고 不孝莫及하며 不可與事하게 된다。自取亂首는 尊上이 스스로 失禮를 한 것이기 때문에 事體는 稍輕하나 上門亂首는 卑下가 犯上하니 事體는 重하다。自取亂首는 事體는 안에서 發端되어 밖에서 일어나므로 軍兵은 客에 不利하고 亦是 不宜侵攻하며 오직 固守함이 마땅하여 나중엔 解圍된다。

上門亂首는 事體는 밖에서 發端되어 안에서 일어나므로 軍兵은 主에 不利하고 賊來擊戰하여 營寨가 刑傷된다。萬若 卯酉와 后合을 보면 男女가 訛雜하여 不分幼長하며 窩犯醜聲하고 禍自內出함을 不免한다。

此課는 祖上이 變姓했거나 自己가 變姓하는데 萬若 靑龍이 乘했으면 來情은 幼兒나 私生兒를 어떤 戶籍에 올릴까 하는 問題이다。

例一　戊寅日　寅加巳 發用。

例一 (課式)

三傳: 寅 / 亥 / 申

四課:

寅	亥	亥	申
戌	寅	寅	亥

地盤:

寅	卯	辰	巳
丑			午
子			未
亥	戌	酉	申

日支가 日干에 臨하여 剋干하니 上門亂首이다.

例二 丙子日 巳加子

四課:

戌	巳	卯	戌
巳	子	戌	丙

地盤:

戌	亥	子	丑
酉			寅
申			卯
未	午	巳	辰

日干이 日支에 臨하여 剋을 받으니 自取亂首가 된다.

第三四課　贅壻課(統旅之體　爲客求財之象)

贅壻支臨干被剋　干加支上剋支通

贅壻課는 亂首課와는 反對로 日支가 日干에 臨하여 日干에게 剋을 받거나 日干이 日支

에 臨하여 日支를 剋하는 것을 말하는데 이것은 男子가 壻贅妻家하는 것과 같으므로 贅壻課라고 이름한 것이다。 贅壻課가 되면 每事不快하고 寄居나 一身이 自由롭지 못하고 屈意從人하며 事多牽制되고 孕胎는 늦어지고 病訟은 遲延되고 行人은 滯留되며 日干이 日支를 剋하면 尊上에 利롭고 卑下에 不利하며 動함이 마땅하고 靜함이 不宜하며 兵事는 客에 이롭다。

日支가 日干에 臨하며 剋을 받으면 卑下가 尊上을 凌侵하고 日辰 用神이 休囚하고 凶將이 乘하면 傳染病은 낳지 않고 日辰 用神이 旺相하고 吉將이 乘하면 婚姻之事인데 데릴사위의 뜻이 있다。 例 丙申日 丑將 辰時課

```
        巳
        寅
        亥

寅   巳   亥   寅
巳   申   寅   丙

寅   卯   辰   巳
丑             午
子             未
亥   戌   酉   申
```

日干이 日支上에 臨하여 日支를 剋하므로 贅壻課가 된다。

第三五課　冲破課(統夫之體　雪上加霜之象)　冲破日辰冲爲用　更兼歲月破神倂

日辰이 冲神에 破神이 加하여 發用되거나 用神과 歲月日時가 서로 冲破되면 冲破課가

된다。 冲은 冲動의 뜻이 있고 또 反覆의 뜻이 있으며 破는 解散과 破損의 뜻이 있으므로

冲破課라고 한 것이다。 初傳에 비록 德이 있다 하더라도 나중에 반드시 傾覆된다 子午冲은

道路나 男女의 爭訟이나 謀事의 變動이 있고 卯酉相冲은 門戶의 改動 移徙 逃亡 失脫 外

人의 淫亂 奸私等이 있고 寅申相冲은 人鬼가 相傷하며 夫婦에는 異心이 있으며 巳亥相

冲은 主事가 反覆되고 虛無하며 重求輕得한다。 丑未相冲은 兄弟나 朋友間에 謀心이 不同

하고 每事不成한다。 辰戌相冲은 主僕이 相離하고 貴賤이 不分明하며 不義之爭이 있다。

破란 解散으로 主事更改하고 多有中輟되는데 午와 卯 酉와 子의 破는 主로 門戶가 破

敗되고 陰少有災가 있다。 辰丑破는 坵墓 寺刹의 破損이 있고 戌未破는 先破後刑되며 亥

寅破와 申巳破는 先破後合하는데 대개 冲은 反覆이 있고 破는 傾壞가 있다。 冲破課가 되

면 人情은 反覆되고 門戶가 不寧하며 婚姻은 不遂되고 胎孕은 難成하며 疾病이나 凶禍는

消散되고 財利나 謀望은 成事되드라도 다시 傾覆되어 버린다。

例　子年　庚子日　申將　巳時課

午　酉　子

午　卯　寅　亥
卯　子　亥　庚

```
申 酉 戌 亥
未       子
午       丑
巳 辰 卯 寅
```

太歲와 發用이 相冲되고 또 日支와도 相冲되며 發用이 卯와 相破되어 發用되므로 冲破課가 된다. 위의 課는 三傳이 相互 相破가 되므로 凶은 더욱 심하다.

第三六課　淫泆課(統既濟之體　陰陽配合之象)

淫泆后合乘卯酉　狡童泆女此中情

淫泆課란 初傳이 卯나 酉가 되고 天后나 六合이 乘하는 것을 말한다. 卯酉는 陰私之門이고 后合은 淫泆之神이므로 卯酉와 后合을 보면 淫奔泆慾하므로 淫泆課라 이름한 것이다. 淫泆課가 되면 男子는 就室하고 婦女는 私通하며 陰私莫禁하고 淫慾이 加하니 嫁聚는 不吉하고 逃亡은 오히려 吉하며 盜賊은 難獲하고 訪人은 自差된다.

萬若 三交課가 兼하게 되면 濁濫淫泆하여 所私는 一人一處가 아니고 天羅地網(天網課

(參照)이 加하면 대단히 凶하여 惡聲이 드높다. 二煩課를 兼하면 男子는 殺傷하고 女子는 毒虫에 물리거나 橫死당하고 九醜課를 兼해도 男女 다같이 殺傷 당한다.

例一　辛未日　戌將　寅時課

三傳

初傳	中傳	末傳
卯	亥	未

四課

第一課	第二課	第三課	第四課
貴		合	
午	寅	卯	亥
辛	午	未	卯

天地盤

```
丑 寅 卯 辰
子       巳
亥       午
戌 酉 申 未
```

初傳이 卯가 되어 六合이 乘하므로 淫泆課이다.

例二　戊戌日　午將　辰時課

三傳

初傳	中傳	末傳
后	比	合
子	寅	辰

四課

第一課	第二課	第三課	第四課
空	空	后	
未	酉	子	寅
戌	未	戌	子

天地盤

```
未 申 酉 戌
午       亥
巳       子
辰 卯 寅 丑
```
　　　　　　　　　　　　　　　貴

卯酉는 아니드라도 子午에 六合 天后가 乘해도 淫泆課의 뜻이 있다. 그런데 初傳이 天后가 되고 末傳이 六合이 되면 女子가 먼저 慾奔하며 先動하므로 洗女格이 된다.

洪女格이 되면 女子가 男子를 따라 通私하며 멀리 달아난다. 初傳이 六合이 되고 末傳

이 天后가 되면 狡童格이라 하며 過失은 男子에 있고 男子가 女子를 꾀어 멀리 달아나는

뜻이 있다.

第三七課　蕪淫課(統小畜之體琴瑟不調之象)　蕪淫三課有剋取 交車剋下男女爭

蕪淫課란 剋은 있으나 別責課와 같이 三課밖에 없을 때와 日辰이 交車相剋하는 경우를

말한다. 陽日은 第一課가 陽이 되어 第二課는 陰 第三課는 陽 第四課는 陰의 順序로 따

져나가고 陰日은 第三課에서부터 陽으로 따져 第四는 陰 第一課는 陽 第二課는 陰으로

따진다. 거듭말해서 陽日은 一陽 二陰 三陽 四陰으로 따지고 陰日은 三陽 四陰 一陽 二

陰으로 따진다.

위와 같이 따져 二陽 一陰이 되면 陰不備가 되어 二男爭一女之象이고 二陰一陽이 되면

陽不備가 되어 二女爭一男之象이되어 家門이 不正하고 事多淫亂하며 夫婦는 다같이 私通

하고 兩情이 相背하며 荒淫無度하므로 蕪淫課라고 한 것이다.

例一 乙卯日 未將 午時課

辰 巳 午

3 陽	4 陰	1 陽	2 陰
巳	午	辰	巳
乙	巳	卯	辰

午	未	申	酉
巳			戌
辰			亥
卯	寅	丑	子

陰日이므로 第三課에서 부터 세어나가면 辰卯 巳辰이 되고 세번째 또 巳辰(巳乙)이 되므로 이것을 이미 두번째에서 따졌으므로 없는 것과 같기 때문에 二陰一陽이 된다.

例二 乙亥日 子將 巳時課

午 丑 申

3	4	1	2
亥	午	午	丑
乙	亥	亥	午

子	丑	寅	卯
亥			辰
戌			巳
酉	申	未	午

첫번째 午亥를 따졌으므로 네번째에서의 午亥는 따지지는 않는다. 그러므로 陰이 하나 不足하게 되어 二陽一陰이 된다.

例三 丙子日 卯將 戌時課

巳 戌 卯

陽 1	陰 2	陽 3	陰 4
戌	卯	巳	戌
丙	戌	子	巳

戌	亥	子	丑
酉			寅
申			卯
未	午	巳	辰

陽日은 干上에서 부터 따져나가는데 첫번째 陽位에서 戌丙을 따졌으므로 네번째 陰位의 戌巳(戌丙)는 따지지를 않는다。그러므로 二陽一陰이 된다。

例 丙子日 子將 巳時課

三傳：子 未 寅

四課：

```
1  子  丙
2  未  子
3  未  子
4  寅  未
```

地盤：

子	丑	寅	卯
亥			辰
戌			巳
酉	申	未	午

第二課 陰位를 따졌으므로 第三번째인 陽位의 未子는 따지지를 않는다。그러므로 二陰一陽이 된다。 例五 甲子日 戌將 寅時課

四課：

```
合  戌  甲
白  午  戌
青  申  子
玄  辰  申
```

地盤：

貴 丑	寅	卯	辰
子			巳
亥			午
戌	酉	申	未 空

甲日은 夫요 子支는 妻인데 甲夫가 妻인 子에게 親近코저 하나 申金의 剋함이 두렵고

子水妻가 甲木夫에 順從코저하나 戌土의 剋이 두려워 相親이 안되고 子는 스스로 支上의

申과 相合하고 相生하니 妻는 他人과 私通하게 되고 夫는 干上神을 發用하며 三傳三合하

며 戌土는 偏財가 되므로 他意가 있어 外女와 私通하니 蕪淫課가 된다.

蕪淫課가 되면 利名은 碌碌하고 獄病은 淹淹하며 陰不備는 淸明하고 陽不備는 雨氣가

있으며 行人은 未至하고 征戰은 自敗하며 陽不備는 用兵에 主가 利로우며 賊은 오지 않

고 陰不備는 客에 利롭고 賊은 오나 不戰하고 射物은 難中하는데 不備課가 되어 日辰이

交相剋戰하면 最凶하고 神將까지 凶하면 凶禍는 難免한다.

第三八課　解離課(統離之體　夫婦相別之象)

解離日辰互剋上 年命互剋亦同稱

解離課는 夫妻行年이 冲剋하고 上下神이 互相剋戰되는 것을 말한다. 例를 들어 夫行年

이 午인데 天盤에 寅을 보고 妻行年이 子인데 天盤에 申을 보면

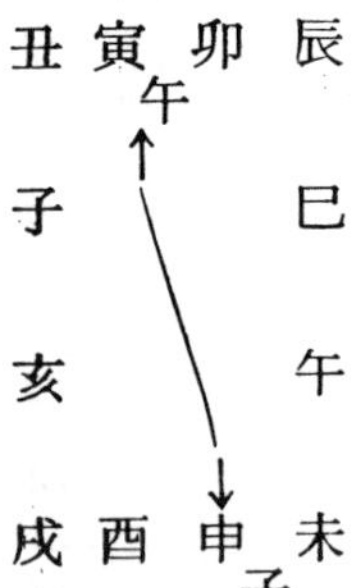

```
丑 寅 卯 辰
      午  巳
  ↑        午
  │
子 │        未
  │        申
  ↓        子
亥 戌 酉 申
```

申金은 午火의 剋이 두렵고 寅木은 申金의 剋冲이 두려우며 地盤은 子午相冲하고 天盤

은 寅申相冲하므로 天地가 解離하고 各有 異心하니 解離格이라고 이름한 것이다. 解離課

는 三傳과 四課와의 吉凶과는 關係없이 繁昌課와 같이 夫妻의 行年으로 따져 天地가 相

冲되는 것을 말하는데 凡事의 吉凶과는 상관 없이 夫婦間의 離婚이나 別居問題에 많이

나오는 課이다. 그러므로 夫婦 以外의 凡事의 吉凶은 四課三傳으로서 判斷하여야 한다.

第三九課 孤寡課(統姤之體 一雁高飛之象) 孤寡四季之前後 如春巳孤丑寡星

孤寡란 孤居 寡宿이란 말로서 旬中孤寡에 세종류가 있으니 發用이 旬空이 될때 陽空

은 孤요 陰空은 寡가 그 하나요, 發用의 地盤空이 孤요, 天盤空이 寡가 됨이 둘이며 發

用이 空亡되는 것이 孤요, 末傳의 空亡을 寡라고 하는 것이 셋이다.

또 四時上의 孤寡가 둘이 있으니 그 하나는 春節은 木氣가 盛하는 때이므로 水가 必要

한데 其水가 絕하는 巳가 孤가 되고 水가 墓가 되는 辰이 寡가 되는 것과 둘째는 水를 生

해주는 金의 墓인 丑을 寡로 보는 것 등이다.

위와 같이 따져나가면 夏節에는 申이 孤요, 辰과 未가 寡며 秋節에는 亥가 孤요, 未戌

이 寡가 되며 冬節에는 寅이 孤가 되고 丑이나 辰이 寡가 된다.

例 十月 庚子日 寅將 辰時課 本命 未生

```
三傳          四課
午 龍 ○       龍 ○ 玄
辰 合 ○       午 辰 戌 申
寅 七         庚 午 子 戌

天地盤
            ×
        ○   ○
        合   旬
○ 朱 卯 辰 巳 午 龍
○ 七 寅         未 空
  貴 丑         申 白
```

初傳이 凶死가 되고 中 末傳은 空亡이 되므로 孤寡課가 된다. 孤寡課가 되면 孤鄕을 등지고 他鄕으로 나가며 官職은 易位되고 財産은 空手 되며 結婚은 破綻되고 孕胎는 虛孕이며 出入에 防盜해야 되는데 日辰이 無氣하면 最凶하다. 孤辰이 되면 父母에 災殃이 있고 일찍 부모와 故鄕을 離別하고 寡宿은 妻子와 離別하고 六親과 叛背된다. 旬中 孤寡와 四時孤寡가 兼하면 空寡라 하여 더욱 凶하다. 보통 空亡이 되면 憂喜가 다같이 이루어지질 않는데 近事는 出旬을 하면 이루어 질 수 있으나 遠事는 百事不成한다.

第四〇課　度厄課(統剝之體　六親氷炭之象)　度厄三課上下剝　上下相剝長幼驚

四課中에서 三位가 同時에 上剝下가 되든지 下賊上이 되면 度厄課가 되는데 三上剝下가 될 때는 幼度厄이라 하고 三下賊上이 될 때는 長度厄이라 한다. 三上剝下는 卑小가 厄難을 當하고 三下賊上을 하면 尊長이 度侵을 當하니 度厄課라고 이름한 것이다.

例一 甲子日 申將 丑時課

```
三傳        四課
寅       寅 未 辰 酉
酉       未 子 酉 甲
辰

子 丑 寅 卯
亥       辰
戌       巳
酉 申 未 午
```

第一課는 酉가 甲을 剋하고 第三課는 未가 子를 剋하고 第四課는 寅이 未를 剋하므로 幼度厄이 된다. 例二 壬申日 未將 子時課

```
四課
戌 卯 丑 午
卯 申 午 壬

子 丑 寅 卯
亥       辰
戌       巳
酉 申 未 午
```

三下賊上이 되므로 長度厄이 된다。度厄課가 되면 家門이 不吉하고 骨肉이 乖離되며

幼度는 子孫이나 卑下에 禍厄이 있는데 子孫이 發用하고 凶將이 乘하고 凶死되며 子孫墓

神이 乘하면 子孫이 必死한다。長度厄에 父母가 發用하고 凶神이 入墓하면 父母나 脅長

이 死亡한다。官吏는 左遷되고 商人은 失敗하며 선비는 名利가 如意치 못하다。

第四一課　無祿課(統否之體　上下僭亂之象)

無祿四上來臨下 以尊制卑臣子凶

無祿課는 四課가 전부 上剋下가 되는 것을 말한다。日辰의 陰陽이 다 相剋되니 不得其

所하고 不得其祿하니 無祿課가 된다。例 己巳日 酉將 寅時課

```
  寅  酉  子  未
  己  寅  巳  子

      子  丑  寅  卯
      亥          辰
      戌          巳
      酉  申  未  午
```

四課가 同一하게 上에서 下를 剋하므로 無祿課가 된다。無祿課가 되면 孤獨하고 常人

은 無祿하며 官吏는 不遠內로 剝職되는데 輕하면 罰俸이고 重하면 削職된다。上으로서 下

를 制하니 臣子가 災殃을 받고 屈者는 難伸하며 對敵은 客에 이롭고 訟事는 先起者가 勝訴한다。 君臣은 悖逆하고 父子는 分離되며 求謀不遂하고 動作多疑되는데 救神이 있으면 災厄을 免할 수 있으나 神將이 凶하면 包羞之凶象으로 凶禍을 免하기 힘들다。

第四二課　絕嗣課(卦象은 無祿課와 同一함)　絕嗣四下賊乎上　小人無禮肆縱橫

絕嗣課는 無祿課와는 反對로 同一하게 四下賊上이 됨을 말한다。 絕嗣課는 絕嗣無祿이라 하고 四祿絕嗣라 해서 吉凶은 大同小異하게 作用한다。

例 庚辰日 亥將 辰時課

```
三傳    午 丑 申

四課    卯 戌 亥 午
        庚 卯 辰 亥

天地盤   卯 寅 丑 子
        辰       亥
        巳       戌
        午 未 申 酉
```

四課가 同一하게 下賊上이 되므로 絕嗣課이다。 絕嗣課가 되면 上下無禮하고 卑小不利하며 胎孕은 傷胎되고 疾病은 易死하며 子病은 必死하며 奴婢는 逃亡하고 骨肉은 分散

한다。旬空이 發用되면 來人은 반드시 獨身이며 事起男子하고 兵訟은 先動者가 勝利하며

凡事에 先動後靜하게 된다。또한 中年엔 비록 子息이 많다 하더라도 末年엔 반드시 孤

獨해지고 英特한 아들은 먼저 죽는다。

第四三課　迤福課(統迤之體 雷雨解災之象) 迤福八忌兼五福 吉凶參駁此爲名

迤福이란 八迤과 五福이란 뜻으로 凶神 惡煞 死囚 墓絕等을 迤이라 하고 旺相 德合等

의 吉神을 福이라고 하는데 迤과 福이 같이 兼해 있는 課를 迤福課라고 한다。

八迤이란 死氣 發用이 一迤이요、上弱下旺이 二迤이며 仰視하여 墓神이 됨이 三迤이요

俯視下剋(下賊)이 됨이 四迤이요、凶將이 乘함이 五迤이요 刑害를 帶하고 日干의 坵墓等

이 六迤이며 下賊上이 七迤이요、凶神이 日辰에 臨하여 相剋됨이 八迤이 된다。

五福이란 發用이 死氣가 되나 末傳이 旺相하면 一福이요 子는 凶神을 만나고 母는 德

神 吉神을 帶하며 凶을 解救함이 二福이요 初傳은 凶神이나 末傳은 吉神이 되면 三福이

요 初傳에 鬼賊을 보나 年命에서 剋制하면 四福이요 吉神이 日辰에 臨함에 五福이다。

八迤課가 되면 憂患은 닥쳐오고 得病은 傾危되며 遭官坐死하고 營謀는 不成하며 動作

被累된다。 그러나 五福을 相逢하면 凶變爲吉하나 五福을 相逢치 못하면 大凶하다。

例 癸酉日 亥將 午時課 行年酉

三傳

朱 未
白 子
貴 巳

四課

匕 　 玄 　
午 亥 寅 未
癸 午 酉 寅

天地盤

```
      空
戌 亥 子 丑
酉       寅
申       卯
未 午 巳 辰
      貴
```

初傳은 寅月에 死囚되니 一迍이고 寅上에서 發用하니 上弱下旺하여 二迍이고 仰視하면

未는 寅木의 墓神이 되므로 三迍이 되고 符視하니 未土를 寅木이 剋하니 四迍이 되고 初

傳에 朱雀凶神이 乘하니 五迍이고 干上傳과 日干이 丑午相害되니 六迍이 되고 下賊上으

로 發用하니 七迍이 되고 日辰에 螣蛇와 玄武가 乘하며 相剋하니 八迍이 된다。

그러나 初傳은 死氣이나 末傳巳火는 寅月에 相氣가 되므로 一福이 되고 未土子가 凶

하나 巳火母가 日干의 德이 되니 二福이 되고 始凶 終結하니 三福이 되고 初傳은 鬼賊이

나 末傳은 天乙貴人이 되고 行年 寅木이 初傳을 剋制하니 四福이 되고 日辰에 旺相氣가

乘하니 五福이 되어 迍福課가 된다。

第四四課　侵害課(統損之體　防人有弄之象)

侵害日辰六害兼　年命發用最凶殘

干支의 害神이 上下相加하여 發用되면 侵害課가 되는데 年命에 臨하면 더욱 强하게 作用한다。例 丙子日 卯將 申時課 行年子

```
三傳    子
        未
        寅

四課    子 未 未 寅
        丙 子 子 木

地盤    子 丑 寅 卯
        亥       辰
        戌       巳
        酉 申× 未 午
```

子未가 日支에 相加되고 發用하며 行年과 다시 相害되니 侵害課가 된다。子는 午와의 冲을 두려워 하는데 午는 未와 合이 되어 冲을 救助하므로 子는 未와 相害한다。害가 된즉 물이 흘러가다가 壅滯된 것 같아 血氣가 未行하고 每事阻隔된다。子加未는 每事에 始終이 없고 官災口舌이 있으며 未加子는 營謀阻塞되며 災禍가 있고 丑午나 卯辰은 小人凌侵의 뜻이 있는데 丑加午는 官病憂驚하고 夫妻不合하며 午加丑은 每事 不明不就되고 卯加辰은 主事虛聲이고 爭財有阻하며 寅巳申亥는 競强爭進의 害가 있고 寅加巳는 出行改

動이 있는데 退即利하고 進即不利하며 巳加寅은 主事艱阻하고 口舌憂疑가 있으며 申加亥는 先順後逆되어 心無始終된다。 酉加戌은 陰小逃亡 病凶等이고 戌加酉는 的時를 놓지며 막힘이 많고 疾病은 凶하다。 以上과 같이 侵損相害가 되는 것이므로 侵害課라고 한 것이다.

第四五課　刑傷課(統訟之體　男女不合之象)　刑傷干支三刑用　又兼本命與行年

刑傷課는 三刑이나 自刑이 發用되고 行年도 또한 三刑이 될때를 말한다。 刑은 반드시 損傷됨이 있고 더 以上 惡함이 없으므로 刑傷課라고 이름 한 것이다。

例　丑月　庚午日　子將　寅時課　行年申

```
                     行年申

            寅　辰　辰　午
            辰　午　午　庚

  午                        ×
  辰         午　巳　辰　卯
  寅         未　　　　　　寅
            申　　　　　　丑
            酉　戌　亥　子
```

干上의 午는 日支와 自刑이 되고 發用되어 行年과 다시 自刑이 되므로 刑傷課가 된다。

刑의 原論에 對해서는 앞의 刑論에서 說明했으므로 省略한다。刑傷課를 얻으면 모든 職位가 喪失하고 家門이 不昌하며 胎孕은 落胎하고 婚姻은 不良하며 謀爲乖亂되고 凡事에 災殃을 만나고 人情이 不合하여 疎遠해지며 日干을 刑하면 男子에 不利하고 日支를 刑하면 女子에 不利하며 家宅이 不安하다。時를 刑하면 口舌이 있고 月建을 刑하면 訴訟은 不可하고 日辰을 刑하면 遠行은 不可한데 干刑은 速速하고 地刑은 遲緩된다。

第四六課　二煩課(統明夷之體　荊蕀滿途之象)　二煩日月加四仲　斗擊丑未此爲言

二煩이란 天煩과 地煩이란 말로서 四仲日(子午卯酉日)이나 四平日(朔望弦晦　即陰歷　初一日爲朔　初八日爲上弦　十五日爲望　二十三日爲下弦　月終日爲晦)에 四仲月將이나 四仲月宿이 四仲에 加하여 斗罡(天罡)이 丑이나 未이 臨하게 되면 二煩課가 되는데 四仲 日宿가 仲神에 臨하여 斗擊丑未하면 天煩課가 되고 四仲月宿가 仲神에 臨하여 斗擊丑未하게 되면 地煩課가 된다。

月宿란 每日該當되는 二十八宿로서 正月初一日에 室이 되고 二日에는 壁 三日에는 奎 等으로 次第되고 二月初一日은 奎 三月初一日은 胃 四月初一日은 畢 五月初一日은 參 六月

初一日은 鬼 七月初一은 張 八月初一日은 角 九月初一日은 氐 十月初一은 尾 十一月 初
一日은 斗 十二月 初一日은 虛가 되는데 每日 次例로 따져나간다. 그런데 奎 張 井 翌
氏 斗等의 月宿는 一日을 더 머물러 二日로 計算한다.

例를 들어 二月은 初一日이 奎가 되는데 奎는 重留되는 故로 二日도 奎가 되고 三日에
婁가 四日에는 胃 五日에는 昴 六日에는 畢 七日에는 觜 八日에는 參 九日에는 井이되는
데 井도 重留되므로 十日도 역시 井이 되는 것이다.

二十八宿란 角·亢·氏·房·心·尾·箕·斗·牛·女·虛·危·室·壁·奎·婁·胃·昴
畢·觜·參·井·鬼·柳·星·張·翌·軫等의 二十八星을 말한다.

이와 같은 二八宿는 다음과 같이 十二支에 該當所屬된다.

子=女·虛·危
丑=斗·牛
寅=尾·箕
卯=氏·房·心
辰=角·亢
巳=翌·軫
午=柳·張·星
未=井·鬼·參
申=觜·參
酉=胃·昴·畢
戌=奎·婁
亥=室壁

例一 九月初三日 丙午日 午時 卯將 寅命 行年在午

子	卯	亥	寅
卯	午	寅	丙

寅	卯	辰	巳
丑			午
子			未
亥	戌	酉	申

九月初三日은 月宿가 房이 되는데 房은 卯에 該當되므로 四仲月宿가 되고 月將亦是 卯

宮으로 四仲인 午上에 加하여 辰戌 魁罡이 丑未上에 臨하니 天地 二煩格 된다.

例二　三月十八日 己卯日 酉將 子時課 男行年 子女行年午

```
            三傳   子 酉 午

        四課   辰   丑   子   酉
               己   辰   卯   子

        地盤
            巳    午    未    申
            辰              酉 男年
         女年 卯             戌
            寅    丑    子    亥
```

三月十八日은 二十八宿가 氏에 該當되고 氏는 卯이므로 四仲이 된다。男命이 子라면

天煩課가 되고 女命이 午라면 地煩課가 된다。

行年이나 本命에 該當이 되지 않드라도 二煩課는 成立되나 위와 같이 行年을 兼하면 作

用力이 더욱 強하다。男子가 天煩課를 얻으면 重法을 犯하며 刑戮을 당하고 女子가 地煩

課를 얻으면 毒虫에 물리거나 不治病으로 死亡한다。

또 征戰은 傷亡하고 疾病은 嚎哭하고 獄訟은 連禁되고 胎孕은 不育한다。萬若 螣蛇가

乘하면 憂恐이 있고 句陳이 乘하면 爭鬪가 있으며 后合이 乘하면 陰暗되며 白虎는 喪亡

之事가 있다。

天地二煩을 併하면 男女다같이 禍患이 있는데 春夏에는 可生할 수 있으나 秋冬엔 必死

한다。그러므로 이럴때는 꼼짝 않고 집안에 들어 있어야 좋고 出行은 絕對 不可하며 百事에 造作하는 일이란 災殃과 凶禍를 招來하므로 靜守함이 제일 좋다。

第四七課　天禍課(統大過之體　嫩草遭霜之象) 天禍四立絕神用 昨日之干加今干

天禍課는 四立日에 前日의 干支가 今日의 干支에 臨하던가 今日의 干支가 前日의 干支에 臨하게 되는 것을 말한다。

立春日은 木旺하여 水氣가 絕滅되고 立夏日은 火旺하여 木氣가 絕滅되고 立秋日은 金旺하여 火氣가 絕滅되고 立冬日은 水旺하여 金氣가 絕滅이 되므로 一年內에 立春 立夏 立秋 立冬이 四立日이고 其前一日이 四絕日이 된다。그러므로 四立日의 干支가 絕神의 干支에 加하거나 絕神의 干支가 四立日의 干支에 臨하게 되면 이것은 四時의 氣가 德絕用刑하여 天刑이 있고 時災가 있어서 人受其禍하므로 天禍課라고 이름한 것이다。

天禍課가 되면 天災나 天禍가 있어 一身을 삼가하여 謹守해야 되며 戰鬪는 流血하고 造死喪偶하며 出行하면 死亡하고 訪謁은 空走한다。萬若 四立日이 金日인데 絕日火神이 相加하여 發用하면 占者는 반드시 火災를 당하고 雷震天災가 있으며 水動은 水災나 盜賊

淫亂等事가 있고 木動은 屋梁의 朋拆 金動은 兵戈 戰斗 刀劍之傷이 있고 土動은 家宅朋壞 牆壁의 破損等이 있다。 다시 白虎가 乘하면 死喪 玄武는 失脫 朱雀은 口舌 句陳은 爭鬪等으로 보고 惡煞을 帶同하면 반드시 不意의 凶禍가 九十日內로는 나가지 않는다。

例　正月　立春　甲申日　子將　亥時課

```
        辰
         巳
          午

     卯  辰  酉  戌
     甲  卯  申  酉

          午 未 申 酉
          巳       戌
          辰       亥
          卯 寅 丑 子
```

立春日이 絕日 干上에 臨하니 天禍課가 된다。 甲은 即 寅이고 癸는 即 丑인데 寅加丑이 되므로 天禍課가 된다。

第四八課　天獄課(統噬嗑之體　委靡不振之象)

天獄墓作死囚用　天罡日本之宮躔

天獄課는 四·死·墓神等이 發用하고 斗罡이 日本(日干之長生)에 加臨될 때를 말한다。
囚死란 時令의 囚死之氣를 말하고 墓란 日干의 庫藏을 말한다。死囚가 發用하면 死喪이

나 囚禁之事가 있는데 日本이 强하여 日干을 生하게 되면 救神의 役割을 할 수 있는데

斗罡이 日本을 擊刑하니 用神을 扶助할 수가 없어 天降灾禍하며 人罹 獄禁難逃하게 되니

天獄課라고 이름한 것이다. 天獄課가 되면 日用이 迍邅하니 刑獄之恣이 있고 犯法은 難

逃하며 傳染病은 未痊되고 出行은 凶하다. 謀事는 虛事이고 兵家에서는 大忌하며 出軍은

不旋한다. 天獄卦는 비록 靑龍과 같은 吉將이 있다 하드라도 救神의 役割을 하지 못하며

萬若 魄化나 死氣 를 兼하면 凶禍는 더욱 중하여 이런때는 出行이나 造作等은 절대로

不可하다.

例 乙酉日 戌將 巳時課

三傳

未
子
巳

四課

未	寅	寅	酉
寅	酉	酉	乙

地盤

戌	亥	子	丑
酉			寅
申			卯
未	午	巳	辰

春月이므로 未土는 死氣가 된다. 위와 같이 死氣가 發用하고 未土는 또한 日干의 墓神

이 되며 木氣의 長生인 亥上에 天罡이 擊躍하니 天獄課가 된다.

第四九課　天寇課(統蹇之體　時勢多艱之象)　天寇分至前一日　月加離辰發用先

天寇課란　四離日에　月宿가　臨하여　發用되는　것을　말한다。　四離日이란　春分　秋分　夏至

冬至의　前一日을　말하고　月宿란　二煩課에서　說明한　每日　該當되는　二十八宿를　말한다。

例一　八月　初五日　丁酉日　秋分　辰將　酉時課

```
三傳    亥  午  丑

四課    寅  酉  辰  亥
        丁  寅  酉  辰

地盤    子 丑 寅 卯
        亥       辰
        戌       巳
        酉 申 未 午
```

秋分이　丁酉日이므로　四離日은　丙申日이　된다。　그리고　八月初五日은　月宿가　房星인데

房星은　卯에　該當된다。　月宿卯가　四離日　申上에　加해　있으므로　天寇課가　된다。

例二　二月初二日　丁卯　春分인데　初五日　庚午日　戌將　卯時課라면

三傳

戌
巳
子

四課

卯	戌	丑	申
庚	卯	午	丑

地盤

子	丑	寅	卯
亥			辰
戌			巳
酉	申	未	午

初二日이 春分이므로 四離日은 丙寅이 된다。二月初一日은 奎張翼氏

斗는 重留함으로 初五日은 昴星이 된다。昴星은 酉인데 酉가 四離日辰인 寅上에 臨해있

으므로 天寇課가 된다。月宿은 陰精으로 刑殺과 逾盜를 主事로 하는데 月宿가 四離에 加

하면 明中有盜가 되어 天降凶寇하며 殃及千人하니 天寇課라고 이름한 것이다。

天寇課가 되면 凡事破壞되고 事多亂離되며 盜猖兵敗되고 病者는 死亡하고 産婦는 即出

産하나 女兒이고 出行하면 死傷이 있고 婚姻은 折散되며 營造는 火災를 보고 謀望은 不

成한다。

한번 動한즉 生死가 分別되는 象이므로 비록 救神이 있드라도 所用이 없고 오직 집안

에서 靜守함이 上策이다。月宿가 離辰에 臨하면 課傳에 없드라도 凶하며 萬若 發用이 되

면 더욱 凶한데 玄武나 句陳이 乘하여 遊都나 盜神이 되면 盜賊은 必來하며 必戰한다。

白虎가 乘하여 鬼劫이 되면 眞天寇格으로 凶은 더욱더하니 이러할 때는 절대로 出行이나

市買는 不可하며 刦盜喪亡等가 있다。萬若 月宿가 離辰에 臨하는데 年命이 兼하게 되면

반드시 自身이 盜賊질을 할려고 成敗를 묻는 것이다。 萬若 月宿와 太陽이 併하면 盜賊은 敗露된다。

第五○課 天網課(統蒙之體 羅網在頭之象) 天網時用俱剋日 物孕有損病纏綿

天網課는 正時와 發用이 日干을 同一하게 剋하는 것을 말한다。 正時는 目前이 되고 發用은 事始가 되는데 時用이 같이 日鬼가 되면 人擧함에 目見天網함과 같기 때문에 天網이라고 이름한 것이다。 例一 庚辰日 辰將 午時課

三傳: 午 辰 寅

四課:

午	辰	寅	子
庚	午	辰	寅

天地盤:

午	巳	辰	卯
未			寅
申			丑
酉	戌	亥	子

占時와 發用이 同時에 日干을 剋하므로 天網課가 된다。

例二 甲寅日 辰將 酉時課

酉　辰　亥

辰	酉	辰	酉
酉	寅	酉	甲
子	丑	寅	卯
亥			辰
戌			巳
酉	申	未	午

發用과 正時가 同時에 日干을 剋하므로 天網課가 된다。天網課가 되면 動靜에 不安과 阻滯가 있어 踴躍 登高 致遠이 不可能하게 된다。胎孕은 損傷되고 戰兵은 埋伏이 있으며 疾病은 膏盲되기 쉽고 金鬼(木日見 庚辛申酉例)는 鬪訟 疾病이 있고 水鬼는 女子의 病에 對한 근심이 있거나 訴訟이 있고 太鬼는 鬪訟 損財 毁傷等이 있고 火鬼는 驚恐 官災 口舌等이 있으며 土鬼는 田土나 墳墓에 對한 爭訟이 있다。

三傳에 三煞을 만나면 반드시 官災 口舌이 있고 또 災劫을 만난다。三煞이란 天網煞과 天刑煞과 天羅地網煞을 말한다。天網煞은 寅午戌日亥 亥卯未日申 申子辰日巳 巳酉丑日 寅이고 天刑煞은 春酉 夏子 秋卯 冬午이고 天羅는 天罡을 말하고 地網은 河魁를 말한다。

以上의 三煞이 入傳하면 天網四張이 되니 萬物이 盡傷되니 大端히 凶한 課가 되어 官災 口舌은 難消되고 行軍은 被圍되어 脫出이 不可能하며 萬若 天獄課나 死奇課를 兼하게 되면 必死한다。

第五一課　魄化課(統蠱之體　陰害相連之象)　魄化死囚帶白虎　干支年用凶禍連

白虎가 死神이나 死氣를 帶하고 日辰과 年命에 臨하여 死囚가 되어 發用하거나 日墓에

白虎가 乘하여 日鬼가 되면 魄化課가 된다。白虎는 凶神이나 旺相하면 受制되어 害가 되

지 않으나 萬若 死神 死氣나 時令으로 凶氣가 될 때에는 餓虎가 되어 반드시 傷人하니

魂魄이 驚化飛散하는 것과 같으므로 魄化課하고 이름한 것이다。

例一 壬戌日 亥將 子時課 年命 亥

```
三傳        四課
白 戌       白 戌 ― 壬
太 酉          酉 ― 戌
玄 申       太 酉 ― 戌
              申 ― 酉

未 午 巳 辰
申         卯
酉         寅
戌 亥 子 丑   ×
```

白虎가 日鬼가 되고 또 囚死가 되어 日辰 年命에서 發用하니 魄化課이다。

例二 癸巳日 寅將 巳時課

```
三傳        四課                    天地盤

戌 白     合        白          寅 卯 辰 巳  貴
未 陰   亥 寅 未 戌          丑          午
辰 七   寅 巳 戌 癸          子          未
                            空 亥 戌 酉  申
```

白虎가 囚死되어 干上에서 發用되니 魄化課가 되는데 年命이 萬若에 丑이 된다면 더욱
凶하다。 魄化課가 되면 病者는 死亡하고 無病한 사람이라도 病이 들며 訴訟은 驚憂가 있
고 課事는 禍를 招來하고 遠行은 더욱 꺼리고 日墓 作鬼가 되어 白虎가 乘하거나 魁罡이
囚死하여 發用하면 虎銜尸라 하여 아주凶하다。

萬若 年命에 臨하면 스스로 죽음을 찾고 金神 三煞 血支 血忌를 倂하면 刀下身亡한다。
또 水神(五行上) 井煞(正月起未 順行十二支) 歸忌(正月起丑 順行十二支)等이 兼하면 반
드시 스스로 投水溺死 코저하거나 縊死한다。 大抵 白虎가 日干을 剋하면 一身을 操心해
야 되고 日支를 剋하면 家宅의 條理를 잘해야 된다。 上剋下가 되면 外喪이고 下剋上하면
內喪인데 陽神은 男子에 憂가 있고 陰神이면 女子에 憂가 있다。

例三 三月 甲戌日 寅時課

三傳

```
合　戌
白　午
后　寅
```

四課

```
　　合　　　　白
　　戌　午　午　寅
　　甲　戌　戌　午
```

地盤

```
貴　丑　寅　卯　辰
　　子　　　　　巳
　　亥　　　　　午
空　未　申　酉　戌
```

二月은 戌이 死氣가 되고 囚死하며 白虎가 日支에 臨하니 반드시 死喪事가 있는데 午는 陽神이므로 男子에 憂가 있고 下剋上하니 內喪이다.

第五二課　三陰課(統中孚之體　群陰黨惡之象) 三陰貴逆日辰後 死囚玄虎時剋年

三陰課는 天乙이 逆行하고 日辰이 天乙의 後가 되고 發用이 囚死가 되며 天將이 玄武와 白虎가 되고 時가 行年을 剋할 때를 말한다. 貴人逆治되고 日辰이 在後가 一陰이요, 發用이 囚死됨이 二陰이요, 凶將이 乘하고 正時가 行年을 剋하는 것이 三陰이다.

例 正月 癸丑日 子將 卯時課 行年在丑

三傳

白	戌
陰	未
七	辰

四課

陰	白	陰	白
未	戌	未	戌
戌	丑	戌	癸

天地盤

合	寅	卯	辰	巳	貴
句	丑			午	后
龍	子			未	陰
空	亥	戌	酉	申	玄
		白行年	太		

貴人이 逆治되고 日辰이 貴人의 後가 되며 正月에 土氣가 死囚되어 發用하고 白虎凶將이 乘하며 卯時가 丑土 行年을 剋하니 三陰課이다。 三陰課가 되면 動作이 困苦하고 百事가 沈滯되며 見官屈伏되고 病者는 死亡하며 선비는 失職하고 婚姻은 꺼리며 求財는 오히려 破散하며 胎孕은 女兒이다。

萬若 三傳이 始終 囚死가 될 때에는 最凶하여 公私間에 어떤일이고 이루, 지지 않으며 喪魄 遊魂 五鬼 伏殃煞等이 倂臨하면 大禍가 일어난다。 喪魄煞은 正月未 二月辰 三月丑 四月戌 五月未等으로 나가고 遊魂煞은 正月起亥 順行十二支하고 五鬼煞은 正月 起寅 逆行 十二支하며 伏殃煞은 月冲(月破)과 同一하다。

第五三課　龍戰課(統離之體　門戶不寧之象)

龍戰卯酉日兼用　年立卯酉事迍邅

卯酉日에　卯酉나　卯酉上神이　發用하고　行年이　卯酉가　되면　龍戰課가　된다。모는　萬象의　造化를　옛분들은　龍이라고　表現했다。卯酉는　陰陽의　出入之門으로　一生一殺하며　一合一戰하여　造化의　本源을　이루니　龍戰이라고　이름한　것이다。

龍戰課가　되면　疑惑이　反覆되고　門戶가　不寧하며　出行은　절대로　南과　北을　꺼리고　合者는　將離되며　居者는　將移하고　欲行不行하고　欲止不止하며　婚姻은　막히고　孕胎은　不安하며　財物을　不聚되고　萬若　三交課가　되면　賊來必戰하고　遊神(春丑　夏子　秋亥　冬戌)을　併하면　行人은　必來하고　疾病은　反覆되며　官職은　改動되고　夫妻年命上에　龍戰이　되면　家室이　離散되고　兄弟上에　龍戰이　되면　爭財異居하며　天將이　天后가　되면　事因은　婦人으로부터　일어나고　螣蛇와　玄武가　있으면　驚恐이　있다。

例　丁卯日　戌將　辰時課

```
          卯
          酉
          卯

卯  酉  未  丑
酉  卯  丑  丁

  寅  丑  子  亥
  卯          戌
  辰          酉   年命
  巳  午  未  申
```

卯日에 卯가 發用하고 年命이 또한 卯가 되니 龍戰課가 된다.

第五四課　死奇課(統未濟之體 憂中望喜之象)　死奇日躔天罡用 再遇鬼墓事煞煎

天罡이 日辰에 臨하여 發用되거나 月行度가 角亢之分이 되거나 月宿가 太歲에 臨하게 되면 死奇課가 된다. 例 甲子日 巳將 丑時課

```
         辰   申   子

      午   戌   辰   申
      甲   午   子   辰

         子 丑 寅 卯
         亥       辰
         戌       巳
         酉 申 未 午
```

天罡이 日辰에 臨하고 天罡이 發用하니 死奇課이다. 死氣課가 되면 病者는 必死하고 謀事는 凶逃가 있으며 訴訟은 被囚되고 婚姻이나 出行等은 禍患이 自招되고 日鬼나 日墓를 帶하고 災劫 惡煞을 倂하면서 白虎가 乘하면 반드시 死亡할 徵兆가 있다. 다시 歲月之上에 臨하면 眞死奇課가 되어 最凶하다. 天罡이 臨日하면 憂患은 旬內에 있고 臨辰하면 憂患은 月內에 있다. 太歲에 臨하면 憂患은 歲內에 일어나고 孟神에 臨하면 兩親에

仲神에　臨하면　妻婢에　憂患이　있다。

第五五課　灾厄課(統歸妹之體　鬼崇作孽之象)　灾厄喪弔遊魂用　丘墓歲虎伏殃邊

灾厄課는　喪車(即喪魄)　遊魂　伏殃　病符　喪門　吊客　坵墓　歲虎等의　惡煞이　發用하면　災

厄課가　된다。　喪車는　正月起未하며　逆行　四季하는데　惡鬼가　臨門하니　疾病이나　死亡의

근심이　있고　婦人의　産厄이　있으며　病이　아니드라도　危怡함이　있다。　遊魂은　正月起亥하

여　順行　十二支하는데　鬼崇이나　妖怪의　不祥스러움이　있고　精神上으로의　驚恐　病患凶災

等이　있으며　伏殃은　正月起酉하여　逆行四仲하는데　天鬼殺이라고도　하며　殃禍가　所侵되고

伏兵殺傷이　있다。　病符는　去年太歲로　日支上에　臨하여　剋을　하면　全家族에　病剋이　있는

데　天鬼　白虎等을　倂할　때는　大凶하다。

그러나　干支가　旺相하고　日財나　貴人을　帶하면　去年舊事는　잘　處理된다。　歲前　二支가

喪門이고　歲後二支가　吊客인데　萬若　干支나　年命에　臨하여　發用하면　孝服을　입는데　或死

氣나　絶神　白虎等이　倂臨하면　吊客入宅이라　하여　自身이　死亡한다。　歲後四辰이　歲虎가　되

는데　白虎를　倂하면　最凶하여　病氣는　治療不可하게　된다。　坵墓란　三坵五墓로(金丑　木未

等） 墓神의 冲位가 坵神이 된다。白虎 朱雀 喪門을 併하면 埋葬事가 있고 丑에 臨하면 四墓之事가 있다。

萬若 坵墓가 入傳하고 季神에 丁馬가 乘하여 神將이 凶할 때는 惡禍 官災 疾病等의 凶災가 最速하게 닥치고 厄殺이 侵攻하므로 災厄課라고 이름한 것이다。

例 亥年 正月將 乙亥日 卯時課

```
        白        貴
卯  未  申  子
未  亥  子  乙

辰  巳  午  未
卯          申
寅          酉
丑  子  亥  戌
```

正月에 未는 喪車가 되고 死氣에 白虎가 乘하고 亥年에 未는 歲虎가 되므로 災厄課가 된다。災厄課가 되면 家門厄會되고 妖孼爲害하며 病疾은 死亡하고 財産은 破壞되고 婚姻은 多凶하며 征戰은 大敗하고 行人은 不歸하고 訪人은 不在한다。羊叉 血支 血忌等을 보면 血光이 있고 刀下身傷하며 日用이 囚死가 되고 凶將이 乘하면 大凶하다。

第五六課　殃咎課(統解之體　內外凌辱之象)

殃咎三傳剋日因
神將剋戰乘墓眞

三傳이 遞剋日干하고 神將이 剋戰하며、干支에 墓神이 乘하거나 干支가 墓神에 坐하면

殃咎課가 된다。例를 들어 己巳日 伏吟課에 三傳이 巳申寅이 되면 初傳은 中傳을 剋하고 中傳은 未傳을 剋하고 未傳은 日干을 剋하는 것과 丙子日 三傳이 子未寅이라면 末傳은 中傳을 剋하고 未傳은 初傳을 剋하고 初傳은 日干을 剋하는 等을 말하는데 官人은 他人의 欺凌과 憚劫을 防備해야 되고 常人은 凶禎之禍나 이웃사람의 雷狀攻訟을 당하기 쉬운데 將克神하여 外戰이 되면 禍患은 쉽게 풀리나 神剋將하여 內戰이 되면 禍患은 難解한다。初曹夾剋(辰이 卯上에 臨하여 六合이 乘하거나 申이 巳上에 臨하여 螣蛇가 乘하는 例)이 되면 每事에 自由롭지 못하다。同類가 되면 自身이 不自由스럽고 財가 되면 費用만 많이 들고 所得이 없으나 官鬼가 夾克되면 오히려 좋다。將逢內戰이 되면 謀事가 비록 達成된다 하더라도 他人의 口舌 攪擾等이 있는데 天罡 內戰이 되면 妻와 不和하거나 多病한데 天將의 動態에 따라 論斷하기 바란다。위와 같이 다같이 不利하여 非殃禍라도 반드시 過失之咎가 있으므로 殃咎課라고 이름한 것이다。例一 辛酉日 寅將 酉時課

```
四課                     天地盤

太          玄                空
未  寅  申  卯            戌 亥 子 丑
寅  酉  卯  辛            酉       寅
                         申       卯
                         未 午 巳 辰
                             貴
```

三傳이 遞剋하니 殃咎課가 된다。例二 壬申日 午將 亥時課

三傳：午 丑 申

四課：
戌 卯 丑 午
卯 申 午 壬

天地盤：
子 丑 寅 卯
亥 　 　 辰
戌 　 　 巳
酉 申 未 午

日干亥는 辰上에 臨하고 日支 申은 丑上에 臨하며 干支가 다같이 自墓上에 있으니 殃咎課이다。例三 丙寅日 申將 卯時課

三傳：子 巳 戌

四課：
子 未 卯 戌
未 寅 戌 丙

天地盤：
戌 亥 子 丑
酉 　 　 寅
申 　 　 卯
未 午 巳 辰

日干上과 日支上에 自墓가 臨하니 殃咎課가 된다。殃咎課가 되면 五行이 剋賊하니 征戰凶禍하고 疾病은 增危되며 論訟은 反屈되며 官曹彈劾되고 人罹罪過하며 營幹不一하고 出行不樂된다。三傳이 下賊上되고 日辰內戰이 되면 家法不正하며 醜聲出外한다。乘墓나 坐墓가 되면 人宅이 其禍를 自招한다。

第五七課　九醜課(統小過之體　上下迍邅之象)

九醜子午與卯酉配合乙戊己辛壬

戊子 戊午 壬子 壬午 乙卯 乙酉 辛卯 辛酉日에　四仲에　臨하여　發用되거나　日支上에 臨하면 九醜課가 된다。子는 冬至로 以陽易陰하고 午는 夏至로 以陰易陽하고 卯는 春分으로 陽盛陰絶되고 酉는 秋分으로 陰盛陽絶되니 위의 四仲은 陰陽의 易絶之辰으로 生殺之道가 行해진다。

乙은 雷始震之日이고 戊己는 北辰下降之日이며 辛은 萬物斷絶之日이고 壬은 刑煞不正之日이 되며 三光이 不炤하게 되고 丑은 歲功既畢하며 諸神의 奏事에 善惡을 不分하고 災禍를 不免할 徵兆인데 九日에 該當되므로 九醜라고 이름한 것이다。

例一 二月 乙卯日 戊將 子時課

```
      丑
       亥
        酉

   寅 子 丑 亥
   乙 寅 卯 丑

   午 巳 辰 卯
   未       寅
   申       丑
   酉 戌 亥 子
```

乙卯日에 丑이 四仲에 加하여 發用하므로 九醜課가 된다。

例二 壬午日 子將 亥時課

```
        丑
          寅
            卯

        申  未  丑  子
        未  午  子  壬

        午  未  申  酉
        巳          戌
        辰          亥
        卯  寅  丑  子
```

壬午日에 丑加 四仲하며 發用하니 九醜課이다。 九醜課가 되면 剛日은 男子에 凶하고 柔日은 女子에 禍가 있는데 重陽은 害父하고 重陰은 害母한다。 婚姻은 有災하고 造葬은 無補되며 諸事謀望이 徒勞身苦할 따름이다。 陽日에 日月辰이 天乙前이면 重陽으로 害父하고 柔日에 日月辰이 天乙後면 重陰으로 害母되는데 萬若 白虎가 乘하면 반드시 死亡한다。 그러므로 이러할 때는 遠行 移徙 嫁聚 造葬 求謀等 萬事의 災禍가 三年이나 三個月을 넘지 않는다。

第五八課　鬼墓課(統困之體　守己待時之象)

鬼墓日辰鬼作墓
鬼剋墓覆禍宅身

日鬼와 日墓가 日辰에 臨하여 發用되거나 支鬼와 支墓가 日辰에 臨하여 發用되면 鬼墓課

가 된다. 例를 들어 壬日에 辰加亥發用되면 辰은 日墓도 되고 日鬼도 되므로 鬼墓課라고 이름한 것이다. 鬼墓課가 되면 一切 모든 것이 凶하다. 鬼란 賊으로 殘傷을 뜻하고 墓는 曖昧로 暗墓를 뜻하기 때문에 不利謀望하고 家門不昌하며 病凶財耗되며 盜賊은 못잡는다 墓神이 覆日하면 精神昏晦하고 運命이 衰弱하다.

例一 壬申日 午將 丑時課

三傳: 辰 酉 寅

四課:

辰	酉	丑	午
壬	辰	申	丑

地盤:

丑	子	亥	戌
寅			酉
卯			申
辰	巳	午	未

辰土는 壬日의 日鬼가 되고 또 墓神이 되므로 鬼墓課가 된다. 日辰의 墓神에 蛇虎가 乘하여 卯酉에 加하고 行年亦是 卯酉가 되면 墓門開格이 되는데 日墓가 卯上에 加하면 外喪이고 酉上에 加하면 內喪이며 支墓가 卯上에 加하면 內喪이고 酉上에 加하면 外喪이다 墓門開格이 되면 연거퍼 喪服을 입게 되는데 喪門 吊客 死氣 死神을 帶하면 더욱 凶하다.

例 壬戌日 子將 巳時課 行年酉

三傳: 午 丑 申

四課:

午	丑	巳	子
壬	午	戌	巳

地盤:

卯	寅	丑	子
辰			亥
巳			戌
午	未	申	酉

日干의 墓神인 辰土가 酉上에 臨하고 行年亦是 酉가 되므로 墓門開格이다.

第五九課　勵德課(統隨之體 反覆不定之象) 勵德日辰看前後 天乙立在二八門

天乙貴人이 卯·酉上에 있으면 勵德課가 된다。卯酉는 陰陽交易位로 貴人이 屬하면 門

戶가 搖動되고 進退가 分別되는데 干支의 陰神은 卑屬하므로 貴人의 前에 있으면 안되고

干支의 陽神은 尊屬되므로 貴人後에 있으면 貴人이 前引하며 君子는 進用하고 知機하며

行人布德한즉 吉하니 이것은 天道의 福喜禍淫을 獎勵하여 有德케 하므로 勵德이라고 이

름한 것이다。勵德課가 되면 反覆不定하고 官位가 遷動되며 君子는 遷官되고 小人은 黜

嘖되며 常人은 身宅이 不安하므로 祈禱드림이 좋다。

例一　戊子日　午將　申時課

四課:

申	戌	丑	卯
戌	子	卯	戊

三傳: 丑　亥　酉

地盤:

卯	辰	巳	午
寅			未
丑			申
子	亥	戌	酉

貴人이 卯上에 臨했으므로 勵德課가 된다。例二 辛丑日 卯將 辰時課

```
三傳: 子 亥 戌

四課: 亥 子 申 酉
      子 丑 酉 辛

天地盤:
  辰 巳 午 未
  卯       申  空
  寅       酉
  丑 子 亥 戌
  (貴: 寅)
```

日辰의 陰神이나 陽神이 다 天乙의 後가 되면 微服格이라 하여 君子는 遷官되고 小人은 退職되며 事體는 稍遲하는데 大事는 可하나 小事는 不可하다。

例三 庚申日 午將 申時課

```
三傳: 午 辰 寅

四課: 辰 午 辰 午
      午 申 午 庚

天地盤:
  卯 辰 巳 午
  寅       未
  丑       申
  子 亥 戌 酉
```

以上과 같이 日辰의 陰陽이 다 貴人의 前이면 蹉跎格이라 하며 小人은 進職하고 君子는 退位되며 事體는 稍違되고 小事는 可하나 大事는 不可하다。

第六〇課　盤珠課(統大壯之體　鳳翔丹山之象)　盤珠歲月與日時傳課俱傳此謂云

盤珠課는 歲月日時가 四課上에 다 있고 三傳이 다 四課中이 되면 盤珠課라 하는데

一名 天心格이라고도 한다。 主事는 遠大非常하여 朝庭에 까지 미치며 可以成就될 수 있

다。 年月日時가 四課之中에 있으므로 盤中走珠함과 같기 때문에 盤珠課라고 이름한 것

이다。 盤珠課가 되면 三傳四課가 偶合異常하니 吉則成福하고 凶則成殃한다。

賊盜는 境內를 못 벗어났고 行人은 還鄉하고 陰私나 解釋事는 反對로 좋지 못하다。萬若

日用이 旺相하고 神將이 吉하면 大利한데 四課가 不備하면 守舊動作함이 亦是 吉하다。

例　庚戌年　丑月　甲子日　子將　丑時課

三傳：　子　亥　戌

戌	亥	子	丑
亥	子	丑	甲
辰	巳	午	未
卯			申
寅			酉

四課中에 年月日時가 들어 있고 三傳이 其中에서 發用하니 盤珠課가 된다。

第六一課　全局課(統大畜之體　同類懽會之象)　全局三合之課是 水火木金土中存

三傳이 三合되는 것을 全局課라고 하는데 申子辰 水局은 潤下格이라 하고 寅午戌 火局은 炎上格이라 하며 亥卯未 木局은 曲直格이라 하고 巳酉丑 金局은 從革格이라 하며 辰戌丑未를 稼穡格이라고 한다. 全局課가 되면 三方이 會合하며 得成秀氣하니 吉事는 必成하고 凶事는 難解하게 된다. 尊長은 恩榮이 있고 常人은 財利의 기쁨이 있으며 婚姻은 成合되고 謀望은 大利하며 求財에 三傳中에 財星이 있으면 財物을 쉽게 얻을 수 있고 官이 있으면 官位를 쉽게 얻을 수 있다. 日用이 旺相하고 相生되며 神將이 吉할 때는 萬事 亨通되나 萬若 日用이 休衰될 때는 每事 遲逆되고 火(巳午)가 災鬼를 倂하면 火災 金이 血支 血忌를 倂하면 殘傷 木이 木鬼를 倂하면 木壓等이 있다. 戊己日에 丑未를 用하면 田宅事인데 丑戌未에 白虎가 乘하면 病死 訟獄等이 일어난다.

潤 下 格

水는 生於申하고 旺於子하며 墓於辰이 되는데 水性은 本來 潤澤就下하므로 潤下라고

하는 것이다。 潤下格이 되면 悠悠長長하고 事不急迫하며 遲留屈伏되나 靜滯하지는 못한

다。 木日은 生氣가 되고 金日은 盜氣가 되는데 主事는 大槪 舟楫 溝渠 罔罟 魚鰵等이며

就下之性이 있어 吉凶은 下賤人에게 많이 該當한다。 訴訟은 亦是 下人과 牽連되어 있고

天氣는 雨氣이며 胎孕은 女兒이고 疾病은 凶한데 왜냐하면 天罡이 墓가 되기 때문이다。

占宅은 不凶 不替하고 文書는 朱雀을 剋하니 不利하다。 大體로 潤下格은 每事에 浮游不

安하고 后合이 乘하면 반드시 淫亂하고 玄武가 乘하면 반드시 盜賊이다。 그러나 오직 智

者는 樂水하고 다시 潤澤之象이 있으니 모든 사람들에게 恩惠를 베풀어야 마땅하다。

炎 上 格

火는 生於寅하고 旺於午하며 墓於戌이 되는데 火性은 本來 炎蒸上行하니 炎上이라고 한

것이다。 炎上格이 되면 大槪 文書와 關係가 있고 金을 倂하면 爐冶事이다。 土日은 生氣

가 되고 木日은 盜氣가 된다。 火는 日象으로 임금의 뜻이 있으니 마땅히 奏對해야 되고

驛馬貞位가 되면 天子가 權任을 잡고 있는 象이다。 驛馬貞位란 天罡을 月建에 加하여 보

아 馬上位의 神이 貞神이 된다。 年命에 보면 더욱 吉한데 常人은 口舌과 家宅의 不安함

이 있다。 火鬼를 倂하면 火災가 있고 朱雀을 倂하면 官訟이 있고 天空이 倂하면 家屋의 崩壞가

있다。病者는 多熱하고 心臟에 異常이 있다。后合을 보면 婦人은 血病이고 天氣는 大晴하고 占人은 性急하고 行人은 來到하는데 火性은 動하기 때문이다。每事 急速히 서둘러야지 그렇지 않으면 不成한다。虛多實少하고 朋黨이나 會合은 미쳐 날뛰듯이 해야 이루어지는데 先喜後嘆하고 先合後散한다。왜냐하면 火氣는 燄々하나 不久之性이 있기 때문이다。

曲　直　格

木은 生於亥하고 旺於卯하며 墓於未가 된다。木性은 本來 曲折又直하므로 曲直格이라고 한 것이다。曲直格은 進退가 未決되나 動한즉 如意하고 不動즉 不寧하다。그것은 木은 震으로 雷動의 뜻이 있기 때문이다。火日은 生氣가 되고 水日은 盜氣가 된다。舟車 修營 栽木 植木 等에 吉하다。卯加亥가 되면 先曲後直하고 卯加未하면 先直後曲하게 된다。即 三傳이 未加亥가 되면 先曲後直이 되니 每事終易하고 三傳이 亥卯未가 되면 先直後曲이 되니 有始無終이 된다。三合이 되어 神將이 內戰하고 凶將이 乘하면 每事不成하다。萬若 三合神이 年命을 剋할 때는 아주 좋지 않다。

從　革　格

金은 生於巳하고 旺於酉하며 墓於丑이 되는데 이미 煆煉相從하며 또 故舊可革할 수 있

으므로 從革이라고 한 것이다。 從革이 되면 主로 變動이 있고 革故鼎新의 뜻이 있다。 水

日은 生氣가 되고 土日은 盜氣가 되고 丙丁日은 財가 되나 萬若 丑이 發用하면 降氣가

되어 父母에 災殃이 있기 쉽다。 그리고 恃勢之力에 힘입어 强制伸暢치 못하는 사람이다。

每事先阻後通하며 萬若 日辰이 旺相하고 吉將이 乘할 때는 革이 變해서 富貴가 된다。

그렇지 않고 歲破 月破와 蛇虎를 보면 死傷兵革等이 있다。 日干이 囚衰하면 西行之兆가

있다。 巳酉丑으로 順序되어 有氣하면 革而進하고 無氣하면 革이 退한다。 酉加巳가 되면

愁課라고 하는데 酉는 秋令으로 肅殺萬物하여 愁苦가 있기 때문이다。 巳가 酉가 되면 仕

人은 差追改易하고 常人은 道路門戶等의 改革이 있고 不寧하거나 陰人과의 離別之象이며

婚姻에는 大忌하나 遠行이나 隱避함에는 第一 좋고 求財는 珍寶를 얻을 수 있다。

稼　穡　格

土는 四季에 旺하고 또 農事 萬物의 成育等을 맡은 것이기 때문에 稼穡이라고 하는 것

인데 格을 이룰려면 三傳에 丁馬가 없어야 한다。 萬若 丁馬가 있을 때는 遊子課가 된다。

稼穡格이 되면 每事에 主로 沈滯가 되고 戊己日은 더욱 더하다。 오직 壬癸日은 脫難煞이

라고 하여 物極則變하는 理致로 危險은 反對로 解散된다。 常人占은 鯨鯢歸潤이라고 하여

凡事에 逼迫을 당하고 自由롭지 못하나 雷神의 救助가 있으면 漸次 吉해 진다。 雷神이란

太冲과　六合을　말한다。

大概耕農　築室이나　宅事로　因한　일이　많은데　萬若　日辰이나　年命에　死氣死神이　있으면

墳墓事가　있고　不安하다。巳午가　日辰이나　年命에　加하면　審竈事이고　寅卯가　加하면　耕

農이고　申酉가　加하면　修城築室이고　亥子가　加하면　溝河等의　일인데　青龍　六合이　乗하

면　田宅　交易等이　있는데　大體로　遲滯되고　病者는　脾胃의　病이다。

第六二課　玄胎課(統家人之體　開花結實之象)玄胎三傳皆四孟　玄中有胎名義深

孟神이　發用하고　中　未傳도　역시　孟神일　때를　玄胎課라가　한다。四孟은　寅申巳亥　四生

之局으로　또　五行受氣之位로　玄中에　胎生의　뜻이　있으므로　玄胎課라고　이름한　것이다。

玄胎課가　되면　百事에　다　新意가　있고　또　嬰兒隱伏之象이　있다。出産　求官　求財　求婚等

에는　제일　좋으나　病訟은　淹滯되고　行人은　不來하며　捕賊은　不獲한다。

寅加巳　巳加申　申加亥　亥加寅이　되면　進步長生이　되어　主事는　速하고　上中下하며　五行

의　病處에서　懐胎하니　病玄胎라고　한다。寅加亥　亥加申　申加巳　巳加寅이　되면　下生上하며

身臨長生하니　生玄胎라고　한다。生玄胎가　되고　發用이　財가　되어　天后가　乗하면　生氣胎神

이 되니 반드시 其妻에 孕胎의 기쁨이 있다.

喜神이나 吉將을 보면 遠行이나 經理 求名에 하나도 不利함이 없이 大吉하나 疾病만은 大凶하다. 왜냐하면 玄胎는 結絕의 뜻이 없기 때문이다.

凶將 惡煞이 乘하면 반드시 憂疑 驚恐이 있고 父母나 尊長에 災禍가 있다. 萬若 日月이 休衰되고 天后가 落空이 되면 玄胎不育이라 하며 子息을 낳지 못하거나 키우지 못하며 妾의 子孫이 家系를 繼承하게 된다.

三傳

申
亥
寅

四課

巳甲　申巳　卯子　午卯

地盤

```
申 酉 戌 亥
未       子
午       丑
巳 辰 卯 寅
```

三傳이다 四孟神이 되므로 玄胎課인데 下生上하니 生玄胎가 된다.

第六三課　連珠課(統復之體　山外靑山之象)

連珠連茹彙進退　間傳順逆此中論

三傳이 一方을 이루게 되는 것을 連珠課라고 한다. 一方을 이룬다는 것은 寅卯辰. 巳

午未。申酉戌。亥子丑 等을 말한다。成方이 되면 孟仲季神이 相連實珠함과 같기 때문에 連珠課라고 하고 茹菜가 拔茅聯茹함과 같아 連茹課라고도 한다。

連珠課가 되면 吉事는 喜慶이 重重하고 凶事는 災禍가 疊疊된다。天氣도 晴明할 때는 오래도록 晴明하고 陰雨일 때는 계속해서 陰雨가 된다。萬若 進茹課(申酉戌・亥子丑等)가 될때는 前進함이 좋고 貴人이 順行하면 每事順調롭고 速成된다。그러나 空亡이 될때에는 後退함이 마땅하여 可以 全身遠害할 수 있다。위와는 反對로 退茹課(戌酉申・丑子亥等)가 될 때에는 後退함이 마땅하고 貴人이 逆治되면 每事遲滯된다。空亡이 될 때에는 前進해야만이 마땅하며 可以 消災避禍할 수 있다。

例一 丁酉日 申將 未時課

三傳： 亥　子　丑

四課：
亥　戌　酉　申
戌　酉　申　丁

地盤：
午　未　申　酉
巳　　　　　戌
辰　　　　　亥

例二 己亥日 戌將 亥時課

三傳이 亥子丑 成方되고 順傳하니 進茹課이다。

三傳이 成方되나 逆傳하므로 退茹課가 된다。

```
        戌
        酉
        申

午  巳  戌  酉
己  午  亥  戌
```

```
辰  巳  午  未
卯          申
寅          酉
丑  子  亥  戌
```

第六四課　間傳課(統巽之體　陰陽升降之象)

間傳課란 三合하는 五行中 一支를 間隔하고 三傳이 되는 것을 말한다。間傳課에는 順間傳十二格과 逆間傳 十二格이 있는데 一位를 間隔하여 三傳이 되므로 間傳課라고 이름한 것이다。間傳課는 間位가 相傳하니 每事에 間阻됨이 많다。萬若 日用이 旺相하고 吉將이 乘하면 凡事에 大吉하나 日用이 休囚되고 神將이 凶하면 每事不利하고 막히는 일이 많으며 出行은 天時나 道路關係로 障碍가 많으며 行人은 오지 않고 어떤 일이고 遲滯된다。

順間傳 十二格은 다음과 같다。

午申戌＝出三天　　戌子寅＝入三淵　　寅辰午＝出陽格　　卯巳未＝盈陽格

未酉亥＝人宴格

子寅辰＝向陽格

逆間傳 十二格은 다음과 같다。

亥丑卯＝溟濛格

丑卯巳＝出戶格

辰年申＝登三天

巳未酉＝變盈格

申戌子＝涉三淵

酉亥丑＝陰疑格

寅子戌＝冥陰格

酉未巳＝勵明格

辰寅子＝涉疑格

戌申午＝悖戾格

巳卯丑＝轉悖格

亥酉未＝時遁格

午辰寅＝顧相格

子戌申＝偃蹇格

未巳卯＝回陽格

丑亥酉＝極陰格

申辰午＝凝陽格

卯丑亥＝斷澗格

以上과 같이 二十四格으로 나누어져 各格의 吉凶이 있으나 實際上 的中이 않되고 假想的 理論에 不過하므로 各格의 吉凶은 略한다。

例를 들어 辰午申은 登三天이 되어 龍登天하니 雲行雨施하야 官登天位 云云했으나 萬若 春多節이면 三傳이 囚死하고 天罡星이 登用하니 每事에 凶多吉小되는 象이므로 各格의 吉凶은 理論에 合當치 않는다고 본다。

第六五課　六純課(統革之體　天淵懸隔之象) 六純十雜兼物類 三課之說最紛云

四課 三傳이 전부 陽이 되든가 陰이 되면 六純課라고 한다。純陽이 될 때는 六陽格이라

하고 純陰이 될 때는 六陰格이라고 한다。 六陽格이 되면 公事는 利롭지만 私事는 不利하다。

또 君子에 利하고 小人이 不利하다。 事體는 重大하여 大衆의 뜻이 있고 萬若 私心을

가지면 必敗한다。 六陰格이 되면 私事에 利롭고 公事에 不利하다。 君子는 不利하고 卑下

에 利롭고 淫謀姦邪가 있으며 病者는 死亡한다。

以上과 같이 純陰純陽으로 課體가 이루어 지므로 六純課라고 한 것이다。

例一 庚子日 戌將 申時課

四課:

戌	子	寅	辰
庚	戌	子	寅

三傳: 辰 午 申

地盤:

戌	酉	申	未
亥			午
子			巳
丑	寅	卯	辰

四課와 三傳이 전부 陽으로서 이루어지니 六陽格이다。

例二 己卯日 巳將 卯時課

四課:

酉	亥	巳	未
己	酉	卯	巳

三傳: 亥 丑 卯

地盤:

戌	酉	申	未
亥			午
子			巳
丑	寅	卯	辰

四課와 三傳이 全陰으로 이루어 졌으므로 六陰格이 된다.

以上으로 未吸하나마 課經을 大概 빠짐없이 說明했다。 十雜 物類 親疎格等은 第一篇에

서 說明한 것이 많아 重複되고 또한 複雜繁華하기만 하지 實際 鑑定上 必要없는 것이 많

으므로 省略했다。 六壬의 精髓는 課經에 있으므로 完全히 記憶할 수 있을 程度로 多讀해

야 한다는 것을 銘心하기 바란다。

第三篇 壬學精蘊

第一節 天文門

子 華蓋星으로 구름(雲)이 된다

丑 牽牛星으로 雨師가 된다

寅 三台星으로 龍神이 된다

卯 天車星으로 雷神이 된다

辰 哭星으로 水庫가 된다

巳 風門으로 電神이 되는데 冬至後는 눈(雪)

午 天馬星으로 안개(霞)나 電神으로 본다

未 酒星으로 風伯이 된다

申 錢星으로 水母가 된다

酉 文星으로 무지개(虹) 연못(兌澤)

戌 斗魁星으로 天河가 된다

亥 天柱星으로 雨 霹靂 水神이 된다

天時占에 비를 물을 때는 水神(亥子)으로서 爲主하고 靑龍 玄武 太陰 天后를 兼看한다.

問晴에는 火神(巳午)으로 爲主하는데 蛇·雀을 兼看하고 句陳도 參考하여 본다. 萬若 入

傳하거나 日辰에 臨하여 玄武를 制하면 반드시 快晴한다.

課體가 炎上일 때는 晴明하고 潤下일 때는 陰雨하며 曲直은 바람 稼穡은 흐리고 從革

은 旺하면 비 衰하면 흐린 것으로 본다. 萬若 空亡이 될 때는 反對로 論하면 된다. 三傳

이 戌午寅이 되면 晴하고 寅午戌이 되면 不晴한다. 三傳이 子辰申으로 되면 비가 되고

子申辰이 되면 비가 안온다. 三傳이 上火 下水가 되면 晴하고 上水 下火가 되면 비가 온

다. 三傳이 火土로 되어 있으면 大晴하고 金水로 되어 있으면 大雨이다. 巳亥는 天門地

戶로 陰陽의 氣가 相通하므로 水神이 空亡이 되면 晴하고 火神이 空亡이 되면 비가 온다

日干이 三傳을 克하면 晴하고 三傳이 日干을 克하면 비가 온다. 巳午에 蛇雀이 乘하면

晴하고 亥子에 玄·陰이 乘하면 비가 온다. 純陽은 晴하고 純陰은 비가 된다. 亥子가 巳午

未申上에 坐하면 水運乎上이라 하여 비가 오나 亥子丑寅上에 있으면 비가 오지 않는다. 水

神이 日干을 克하면 비가 오고 日干이 水神을 克하면 비가 안온다. 地盤 巳午上에 臨한 支

神을 보아 어느날에 맑게 개이는 가를 알 수 있고 地盤亥子上에 臨한 支神을 보아 어느

날에 비가 내리는 가를 알 수 있다. 靑龍이 金上에 乘하면 雲霧가 되고 句陳이 水上에 加

하면 반드시 비가 오고 겨울에는 大雪이 내리며 여름에는 大雷가 울린다. 螣蛇가 金水上

에 乘하면 閃電(번개)이 있고 亥子에 乘하면 化龍된다. 朱雀이 巳午에 乘하면 歸巢가 되

어 旱風이 분다. 玄武가 亥子에 乘하면 居穴이 되어 장마(霖雨)가 내린다. 白虎가 寅卯

上에 加하면 出林이 되어 바람이 분다.

別法으로 天罡의 所指하는 것을 보아 陽이 되면 晴이고 陰이 되면 雨라고 보는 例가 있

다。 晴雨占에 支干上神과 三傳中에 水神이 有氣하면 비가 오고 火神이 旺相하면 晴하

木神은 風 土神은 陰晦 金神은 微雨（가랑비）나 흐림으로 보는데 有氣하면 久雨로 본다。 課中에 靑

또 陽不備課는 비로 보고 陰不備課는 晴으로 보며 昴星은 霜雪 風雹로 본다。

龍이 升天하면 大雨가 되는데 一說에는 旺相하면 大雨가 되고 休囚하면 小雨로 보는 수

도 있다。

月上에 臨하면 月中에 비가 오고 月將을 月朔에 加하며 子下가 되면 大雨가 되고 卯下

가 되면 小雨가 되며 旬中의 癸下神이 亥에 臨하는 것이 雨日이다。 久晴占雨에는 白虎를

보아 亥子上에 加하면 비가 있고 龍剋干해도 비가 있다。 壬癸二日에 土龍을 보면 반드시

비가 오고 寅亥相合해도 비가 오고 白虎가 亥子에 臨하면 大風雨가 있다。 또 干支上에

靑龍 白虎 六合의 所衰之神을 보아 有氣하면 大風雨가 있고 龍虎와 雷神을 倂해도 亦是

大風雨가 있다。 또 月將을 구름이 일어나는 時間에 加하며 水神을 보면 大風雨가 있고

火神이 되면 多陰霧하며 土神이 되면 亦是 大雨로 본다。

바람이 일어나는 것으로 吉凶을 알수 있는데 暴風이 벼란간 일어나면 月將加時하여 干

上에 貴가 되면 長吏에 罪가 있거나 或 貴人이 出外한다。 句陳이 되면 兵起한다。 天空이

되면 人民에 疾疫이 있다。 玄武가 되면 盜賊이 興起한다。 騰蛇가 되면 憂驚이 있다。 朱

雀이 되면 口舌이나 火災가 있다。 白虎가 되면 死喪이 있다。 靑龍과 六合이 되면 宴會가

있다。太常이 되면 衣帛 酒食이 있다。太陰이 되면 奸私가 있다。天后가 되면 婦女의 疾

病이 있는데 風來之方도 亦是 그러하며 바람이 끝나는 時間이 應期이다。

회오리 바람이 집으로 들어 오면 月將加時하여 干上에 貴人을 보면 官位에 喜慶이 있다

句陳과 白虎가 되면 兵革이 있다。螣蛇나 朱雀이 되면 火災 驚恐이 있거나 官災口舌이있

다。天空과 天后가 乘하면 疾病이 있다。太陰 玄武가 되면 奸私나 盜賊이 있다。青龍과

六合이 되면 喜慶과 禮儀가 있다。太常이 되면 僧醫 婦女와의 關係가 있는데 生合하면

吉하고 冲剋하면 凶하다。雷初發하는 正時에 鳴方上에 龍 合 貴人을 보면 歲中大吉하며

盜賊은 消息되고 百姓은 平安하다。螣蛇나 玄武를 보면 盜賊의 驚恐이 있는데 吉將과 生

合이 되면 吉하고 凶將 剋戰이 되면 凶하다。또 鳴方上에 寅卯를 보면 豊年이 들고 巳午

가 되면 아주 가물고(亢旱) 亥가 되면 洪水가 지고 申酉가 되면 兵戈가 있고 辰戌未丑이

되면 疾疫이 있는데 鳴方이 災變之期요 鳴方上神이 罹災之地이다。

年中에 百物의 景氣가 今年엔 어느 것이 貴賤한 가를 알려면 方面을 보아 木이 되면

木竹 般車 火는 羅帛 絹絲 水土는 魚 監 菜 油 金銀 五穀等으로 求함이 좋은데 大吉과

小吉方에서 求하는 物件에 利得이 있고 大吉을 正月 初一日에 加하며 貴人 太乙 從魁方

의 것은 貴賤 어느 것이던 一倍 以上의 利得이 있다。

田禾는 日을 農으로 보고 支를 田으로 보아 支上神將으로서 吉凶을 알 수 있다。財가

旺하면 豊年이 들고 子孫이 空亡되면 損耗가 있고 父母가 發用하면 徒勞가 있고 兄弟가 發用하면 收薄하다. 水鬼가 旺相하면 淹腐되고 火鬼가 長生에 臨하면 焦枯되고 土鬼克類하면 水旱不調된다. 金鬼가 傷類하면 蝗蟲이 交集하고 木鬼가 되면 風雨로 열매가 잘 맺지 못한다. 日辰이 上下相生 比和하면 大豊이다. 日干이 辰上神을 傷하면 사람의 힘이 들지 않은 것이고 支上神이 日干을 傷하면 天災로 耗失된 것이다. 三傳의 財神이 旺相하면 高底가 다 좋다. 日上二課에서 發用이 되면 早種이 좋고 辰上二課에서 發用이 되면 晚種이 좋다. 또 課傳과 日辰을 보아 何田이 今年에 所宜한가를 알려면 伏吟은 가까운 밭이 좋고 返吟은 먼 밭이 좋다. 辰上神이 卯辰巳午未申이 되면 高田이 좋고 酉戌亥子丑寅이 되면 低田이 좋다.

木은 稻禾가 되고 金은 麥과 紅豆가 되며 火는 丑未를 보면 麻 水는 大小間의 蔬菜를 말한다. 또 寅은 早禾 卯는 晚禾인데 類神이 入傳함을 要하고 入傳하지 않으면 반드시 旺相해야 된다. 吉將이 乘하고 日辰과 相生比和하면 吉하고 空亡이나 刑剋이 되면 아주 凶하다.

第二節　地理門

子·江湖 家宅으로는 房이 된다。丑·山田 墳墓 宮殿 橋梁 庭院 壁 寅·山林 過路 寺

觀 卯·林野 門 울타리 辰·岡領 衙 庭院 井泉 墳墓 墻垣 積壞 巳·窑治所 부엌 午·市

大路堂 茶房 酒店 未·平田 井園 申·運動場 道路 神祠 鬼屋 酉·城戶 戌·營寨 沐浴

湯州城 牢獄 亥·水邊 水溝 厠

丑加亥는 橋·未加亥는 井·亥加寅은 樓臺·申加寅은 怪石·未加申酉는 井泉·寅卯相

加는 山林이 되는데 旺相하면 林中에 반드시 果實이 있고 金剋을 당하면 破伐林材됐고 四

死가 되면 枯木 朽株가 되는데 天空이 乘하면 林下에 糞穢가 있다。

亥子相加하면 溪가 되는데 旺相하면 流水가 되고 土剋을 보면 물이 적다。卯는 門이 되

는데 有氣하면 大門이고 無氣하면 小門이며 刑沖破害되면 破門이 된다。寅午戌은 三峯 巇

石 穴寶中이 된다。亥卯未는 園林 田野 또는 東岡이 된다。申子辰은 三溪 三塘이 되고 巳

酉丑은 三坑 三峯 三隴이 된다。

占地動에 西에서 東으로 震動하면 爲緩災淺하고 東에서 西로 震動하면 災禍深大하다。

月將加時하여 干上神과 來方上神에 太歲나 貴人이 乘하는 것을 大忌한다。靑龍이나 六合

을 보면 州郡의 刺史가 바뀐다。玄武 句陳 白虎가 金神을 倂하면 兵禍가 일어난다。또干

上에 乘하는 十二支를 같이 參酌하기 바란다。山沙汰는 支上神이 山이므로 萬若 吉將이

乘하면 災禍는 輕하고 日干과 相生하면 大害를 입지 않으나 萬若 凶將이 日干을 剋害하

면 大忌하고 日支는 次忌한다。

井泉이 벼란간 湧溢하면 正時와 干上神을 보아 吉將이 乘했으면 加官進祿하고 孕生貴

子되며 常人도 亦是 貴榮된다。

또 井宿은 未가 되므로 干上神과 支上神이 相生 相合하고 吉將이 乘하면 반드시 非常

한 喜慶이 있으나 剋害가 되고 凶將이 乘하면 災咎가 있다。모든 怪異事에는 月將加正時

하여 干支上神이나 家長의 年命上神에 吉將이 乘하면 아무런 禍患이 없으나 凶神이 剋害

하면 大凶하다。

第三節　人事門

子·婦女　陰邪小人　媒人　盜賊　漁夫　屠殺者　丑·將軍　賢人　僧尼　寅·公吏　道士　婿　小男　鬚髮人　卯·術士　沙門　長子　辰·惡人　獄人　二千石　巳·朋友　長女　吊客　孕婦　窒治匠　午·善人　亭長　下人　婦人　織工婦　未·媒姿　師　巫　寡婦　酒人　野人　申·商人　僧　醫砲兵　行路人　獵尸　巫　鐵工匠　酉·婢妾　酒人　子婦　少女　戌·奴僕　軍人　賤人　獄人　長者統轄人　亥·乞丐　盜賊　醉人　夫人　幼人。

一　歲中吉凶(一年身數)

歲中吉凶을 알려면 太歲를 本命에 加하여 寅申에 行年이 臨하게 되면 得官 益祿하고 반드시 財物을 얻고 辰戌을 보면 반드시 官災口舌이 아니면 疾病이 있다。 또 寅을 行年上에 加하며 本命上에 巳亥를 보면 口舌 牢獄이 있고 未酉를 보면 刀兵 血傷이 있고 辰戌을 보면 死喪이나 疾病이 있고 子를 보면 婚姻이나 疾病이 있고 寅을 보면 徵召가 있고

卯를 보면 官訟 破傷이 있고 午를 보면 遠行하며 申을 보면 往來之事가 있다。一說에는

男子는 功曹 女子는 傳送으로 加하라는 法도 있다。

二　圖　謀(干爲我 支爲人)

圖謀之事에 該當하는 類神이 入傳하며 旺相 有氣하고 空亡이 안되면서 上下 相生이 되고 다시 干支가 合이 되면 圖謀는 必成한다。萬若 入傳한 것이 日鬼가 되거나 冲剋 空亡이 되면 모든 것이 이루어 지기 힘들다。成神이 入傳하고 吉格을 이루면 반드시 이루어진다。成神은 寅午戌月巳 亥卯未月申 申子辰月亥 巳酉丑月寅이 된다。萬若 解散코저 하는 일에는 반드시 脫氣 退神 空亡 日月歲破等을 보아야 오히려 좋다。

三　謀　望(所願)

謀望에는 오로지 類神을 爲主로 본다。例를 들어 求財에는 青龍이 課傳에 들어 있어야 하는 것과 같은 것이다。萬若 類神을 干上이나 課傳에서 보고 干支上神이 比和되며 吉將이 乘하고 發用의 所乘神과 日辰이 相合하고 空亡이 되지 않을 때나 進茹格이 空亡이 안되거나 年命上神과 所望之類神이 相合하고 刑冲이 안되고 空亡도 안되며 貴登天門罡塞鬼戶(甲戊庚日에 丑加亥 辰加寅할 때)가 될때나 貴人이 覆日하고 三傳이 다 吉할 때 等은

謀望은 반드시 이루어 진다。

萬若 類神을 不見하고 課傳이 日上神과 支上神과 刑 冲 破 害가 되고 相合이 안되거나

發用과 日干이 刑 冲 破 害가 되고 神將이 凶하거나 日上神이 다 空亡이 될때

干支가 坐墓되거나 乘墓가 될 때 墓神이 發用 됐는데 刑 冲이 되지 않거나 日辰 年命에

凶神이 乘하고 發用이 다시 凶할때는 謀望은 이루어 지지 않는다。類神이 旺相하면 速하

고 休囚하면 遲延된다。劫煞이 發用하면 速하고 驛馬가 發用하면 늦어 진다。類神이 卯酉

에 臨하면 速하고 辰戌에 臨하면 늦어진다。六陽格은 마땅히 公事라야 되고 六陰格은 마

땅히 私事래야 된다。

丁馬를 並見하면 動함이 마땅하고 干支에 建祿이나 帝旺이 乘하면 靜함이 마땅하다。

三傳과 貴人이 順行하면 事順하고 逆行하면 事逆이 된다。去辱은 空亡을 기뻐하고 求榮

에는 實이 기쁘다。

四 委 託(남에게 付託한 일의 成否)

日을 나로 보고 辰을 相對 또는 委託之人으로 본다。 그 다음에 類神을 보는데 例를 들

어 文科는 靑龍을 보고 武科는 太常을 보고 奴는 河魁를 보고 婢는 從魁를 본다。辰上神

이 日干을 生하거나 日干과 比和하며 發用이 日德 合이 되고 또 吉神이 乘하거나 干支가

비록 凶하드라도 三傳이 吉하거나 辰上神과 類神이 空亡이나 刑冲破害가 안되거나 太

歲 月將이 貴人이 되어 發用하거나 年命上神이 日貴나 福德이 되어 發用과 比和되거나

發用이 靑龍이나 六合이 되어 日干을 剋하지 않을 때는 委託한 일이 잘 이루어 질 수 있

다. 그러나 萬若 發用이 關格이 되고 다시 惡神이 乘하거나 干支는 合이 되나 三傳이 獨

凶할 때 辰上神이 剋日하거나 空亡아니면 刑冲破害가 될때 歲破 月破가 三傳에 있고 類

神 역시 歲破나 月破가 될 때 惡將이 類神에 該當되어 發用해서 日干을 剋할 때 三傳에

初傳이 未傳을 剋할 때 以上과 같은 경우에는 반드시 委託之事는 이루어 지지 않고 詐欺

당하기 쉽다.

先刑後合하면 先難後易하고 先合後刑하면 先易後難하게 된다. 三傳이 遞生干하면 大事

라도 必成하고 三傳이 遞克干하면 小事라도 必敗한다. 太歲 月將이 發用하면 大事에 마땅

하다 類神이 旺하면 現在 圖謀함이 可하고 相하면 將來에 圖謀함이 可하고 休하면 過去

를 보거나 機會를 놓친 것이다. 天罡이 孟上에 있으면 尊長之事가 難圖하고 仲上에 있으

면 等輩之事가 難圖하고 季上에 있으면 卑幼之事가 難圖된다.

五　受金의　可否

干이 財가 되고 支가 債主가 되며 時下가 負債人이 된다. 時가 吉하면 빚을 받고 萬若

休死나 受制되면 얻지 못한다。時가 干支를 剋하면 負債人이 誠意가 없어 받기 힘들고 干

吉 支傷하면 얻지 못하고 干支가 俱吉하나 時가 剋하면 美言妙辭로 誠意가 있는 듯 하나

終乃 못 받는다。

六 求 財

求財는 課傳에서 祿을 보면 大利하다。또 年命의 干支에 暗財를 보면 最吉하다。(甲乙

이 戊己를 보면 暗財) 日干이 剋하는 것이 財星인데 靑龍과 六合도 財神으로 본다。三傳

이 전부 財星이 되면 財多 反無財라 하여 財化鬼가 되므로 좋지 않다。三傳에 財가 없드

라도 子孫이 成局하면 子孫은 財를 生하니 財數가 있다。

支來生日하면 財物을 쉽게 얻으나 剋하면 어렵다。財가 發用이 되면 쉬우나 末傳이 되

면 어렵다。財가 日干에 臨하면 쉬우나 日支에 臨하면 어렵다。日支上神이 比和하고 吉

神이 있으면 쉬우나 日支上神이 서로 背馳할 때는 어렵다。初傳이 日干을 來剋하나 中末

에서 求하면 先難後易하고 初傳은 財가 되나 中末傳은 官鬼가 되면 先易後難하게 되므로

求財急取하지 않으면 不可하다。

財物을 求하는 方向을 알려면 靑龍이 乘한 方位를 보면 된다。財神이 年命에 있으면

求財되고 財가 財庫에 있으면 其財는 없어지지 않는다。空手로 求財코저하면 반드시 官

鬼가 入傳해야 되고 또 驛馬와 財가 旺하면 吉하다. 靑龍이 寅에 乘하면 入廟가 되어 伏

而不動하고 未에 乘하면 入墓가 되어 다같이 求財에 利하다.

七 賣 買(팔고 사는 것)

日이 自己이고 辰이 他人이며 發用이 物件이고 子孫이 財源이다. 日辰이 다 吉하면 物件은 貴한 것이고 사도 마땅하다. 日辰이 다 傷하면 賤한 物件이며 팔아 버리는 것이 좋다. 日辰이 旺하고 三傳이 死墓가 되면 빨리 사는 것이 좋다. 發用이 無氣하나 中末이 相生하면 돈으로 그냥 두는 것이 좋다. 求財에는 반드시 財星과 靑龍 六合이 入傳함을 要하는데 或 日辰에 臨하고 旺相해도 반드시 얻어지고 이와 反對일 때는 不如意하다. 財物의 多少는 旺相 落空이 안되면 多하고 囚死 空亡이 되거나 兄弟를 보면 少로 본다. 그러나 三傳이 전부 財이고 旺相하면 傳財太旺反財虧라 하며 絕對로 不得한다.

財星이 二馬를 帶하면 遠方之財이다. 財星이 太歲나 月建이 되면 몇년이 걸렸거나 몇달이 지나서 얻은 財物이다. 三傳과 日干이 相比하면 衆人의 財物이다. 刑煞 冲破를 帶하면 爭鬪之財이다. 發用이 日支前이면 쉽게 求하고 發用이 日支後가 되면 內財外鬼라 하여 破財하고 他人이 求得한다. 遠動求財는 支上神이 干上을 剋하면 반드시 利得이 있고 干上이 剋支上하면 반드시 損財 傷神한다. 出外 買賣는 行人의 行年을 보아 所往之方

다。

과 日干과 다같이 相生 比合하고 다시 吉將이 乘하면 大利하고 이와 반대일 때는 不利하

八　買物得否(物件을 잘 팔 수 있을가)

日干이 人이 되고 日支가 物이 되므로 物之類神을 보아 干上神이 類神을 制하거나 日支를 制하고 日支가 日干을 生하거나 支上神과 類神이 다같이 日干을 生하면 반드시 買得할 수 있다。 그러나 日干을 克하거나 干上神을 克하면 買得하지 못한다。 또 類神이 入傳하여 日干을 克하거나 空亡이 되면 뜻대로 안된다。 무엇보다、 干支가 旺相해야 되고 休囚되면 不成한다。

九　賣物售否(物件을 사고 파는 것)

物件을 사는 것은 干이 人이고 支가 物이 되므로 支上神을 克하면 쉽게 살 수 있고 吉將이 乘하면 有利하다。 干上神이 支上神을 克하면 사기 힘들고 凶將이 乘하면 利得이 없고 또 類神이 入傳하여 日干과 生合하면 難賣하고 이와 反對면 쉽게 살 수 있다。 個人의 商家에서는 販買 匿物 納稅等에 虜都煞을 아주 꺼린다。 虜都煞이 何方에 있는가를 보아 절대로 避하기 바란다。 虜都煞은 遊都煞의 冲虜로 甲己日未 乙庚日午 丙辛日申 丁壬

日亥 戊癸日寅이 되며 絶對로 脫稅하면 不利하게 된다。

一〇 請人來否(招請한 사람이 올까 안올까)

天罡이 日辰의 前이 되면 遠近間에 반드시 오고 天罡이 日支의 後가 되면 壁隔의 사이라도 오지 않는다。 또 月將을 日支에 加한後 正時上에 辰戌과 子午를 보면 應來하고 寅申丑未는 조금 있으면 오고 酉가 되면 오는 중이고 卯가 되면 반쯤오다가 돌아갔고 巳亥가 되면 不來한다。 또 一法으로 月將加時하여 天罡이 孟神에 加하면 不來하고 仲神에 加하면 늦게오고 季神에 加하면 即至한다。

一一 喚人來否(부른 사람의 來否)

日干이 我이고 日支가 相對가 된다。 月將을 日支에 加하여 相生 相合이 되면 반드시오고 相刑 相剋이 될 때는 오지 안는다。 日干이 日支를 克하면 相對에 疑恐이 있고 日支가 日干을 剋하면 相對는 나를 괴롭히기 쉽다。 干上에 天空이나 空亡이 되면 내가 가서 부르지 않는 것이고 支上에 空亡이나 天空이 되면 相對는 말로만 온다고 한다。 또 男子는 傳送 女子는 太乙이 孟上에 加하면 必來하고 仲神上에 있으면 道中에 있으며 季神上에 있으면 即至한다。

또 天罡이 日辰上에 있으면 기다리면 온다.

一二　期人過遇(기다리는 사람의 見否)

天罡이 干支에 臨한즉 만나고 日前에 있으면 이미 와서 있고 日後에 있으면 아직 오지 않았다. 또 孟上에 있으면 아직 오지 않았고 仲神에 있으면 이미 왔으며 季上에 있으면 반드시 만나게 된다.

一三　訪人見否(사람을 訪問해서 만날 수 있는가)

干我支彼가 되므로 支上神이 旺相하고 日干을 生하거나 日干과 三合 六合이 되면 相對方이 나가고 없다 하드라도 亦是 나에게 利得이 있으나 萬若 日과 刑冲破害가 되면 訪問하며 비록 만난다 하드라도 亦是 나에게 利得이 없다. 干上神이 日支를 克하면 外出하지 않아 만날 수 있고 之上神이 用神을 剋해도 만날 수 있으나 用神이 干上神을 克하거나 空亡이 되면 못만난다.

課格이 伏吟 昴星 杜傳이 되면 만나지 못하고(一說에 陽日伏吟은 相見) 返吟이나 遊子格이 되면 相對는 遠出했다. 또 斗罡이 孟上에 있으면 必見하고 仲上에 있으면 近出하여 한참 기다리면 만나게 되고 季上에 있으면 遠出했다고 본다.

一四 聞人呼召(他人이 나를 부를 때의 往否)

干我 支他人이 되니 干上神을 보아 旺相하고 相生 相合이 되면 가도 관계 없고 休囚하고 蛇虎 魁罡을 보면 가지 않는 것이 좋다. 또 日辰上에 靑龍 六合 小吉을 보면 酒食이 있고 天空 白虎 朱雀 太陰等이 되면 空召이다. 또 巳는 口舌之神이므로 日辰에 加하면 가지 않는 것이 좋다.

一五 遺人行否(남아 있는 사람의 有無)

行·不行은 陰陽을 살펴 알 수 있다. 日辰이 天乙前이면 陽으로 必行했고 日辰이 天乙後면 陰으로 不行했다. 三傳이 陽이 되면 必行했고 陰이 되면 不行했다. 干支上神에 申辰이나 二馬를 보면 반드시 行했고 巳·子를 보면 不行했다고 본다.

一六 行人失伴(同伴者를 잃었을 경우)

勝光을 보아 勝光이 天乙의 前에 있으면 同伴者는 앞에 있고 天乙의 後에 있으면 同伴者는 後에 있다.

一七　人來寄物(他人이 주는 物件의 納否)

日支가 日干을 克하면 받아 드리지 말아야 하고 時가 日干을 剋해도 받지 말아야 하며

또 日支의 陰神이 干支를 遙克해도 危險하다。또 支神臨處의 地盤神이 日干을 傷해도 받

는 것이 좋지 않는데 事因을 알려면 天官으로서 決定하면 된다。

一八　客來寄宿(他人이 와서 寄宿할 때)

時가 日辰을 剋하거나 或 日支의 陰神과 所臨神이 干支를 賊하면 客은 主人을 害친다。

또 客이 豹尾上에서 왔으면 받아들이지 말아야 한다。六畜이나 奴婢도 이와 같이 定斷하

기 바란다。豹尾는 寅午戌月辰 亥卯未月巳 巳酉丑月未 申子辰月戌이 된다。

一九　人謀害己(他人이 나를 謀害할 때)

干上神이 己身이 되고 支上神이 他人이 된다。萬若 支上神이 干上神을 制하면 他人이

와서 나를 害하고 干上神이 支上神을 制하면 恨은 있드라도 害롭게 못한다。萬若 日上神

에 蛇虎 魁罡을 보면 반드시 傷害를 당한다。支上神이 空亡이나 天空이 되면 惡意 품었

어도 傷害하지 못한다。干上神과 支上神이 比和하면서로 恕恨이 있드라도 풀어지고 和解

되며 다시 吉將이 되면 노여움은 풀려 기쁨으로 변한다.

二○ 遙望人來不測吉凶(相對方에서 오는 사람의 善惡)

神后가 孟上에 加하면 善良한 사람이고 仲上에 加하면 장삿군이고 季上에 加해 있으면 惡人이다. 萬若 칼이나 捧을 들고 오는 사람이 누군가를 알려면 亥子巳卯가 日辰에 臨하면 盜賊이고 辰戌寅申이 臨하면 官吏고 酉午가 臨하면 逃亡人이며 丑未면 送葬人이고 子加卯가 되면 寃仇人이다. 船上에서는 天罡으로 보아 加孟하면 官吏고 加仲하면 常人이며 加季하면 惡人이다.

二一 訟 詞

一家끼리는 尊卑로 보고 他人과는 主客으로 따지는데 干은 尊과 客이 되고 支는 卑와 主가 된다. 또 干은 原告가 되고 支는 被告가 된다. 干上이 空이 되면 내가 告訴를 하지 않고 支上이 空亡이 되면 相對가 告訴를 하고저 않는다. 干支가 다같이 空亡이 되면 和解된다.

日干이 支上神을 剋하면 客勝하고 原告나 尊長이 勝利한다. 日支가 日干上神을 克하면

主勝하고 被告나 卑幼에 利得이 있다. 發用이나 三傳이 日干을 克하면 主에 이롭고 日支

를 克하면 客에 이롭고 比和되면 和解된다. 干上에 鬼가 있으면 내가 受責당하고 支上에

鬼가 있으면 相對가 受責당한다.

其外에 干支로서 나누어 아는데 官을 보면 責問하고 子孫을 보면 強證하며 財를 보면

돈을 쓰는데 官鬼가 旺해지는 날에 審判하고 休衰되는 날이 休期며 絕日이 了期이다. 貴

人이 夜地에 있으면 閉眼暗行이라 하여 꺼리고 曲直格이 되면 分別이 안되고 貴人과 天

后가 같이 入傳하면 受囑당한다. 發用과 貴人이 서로 傷害하면 大凶하다.

二三 有　罪(懲罰의 輕重)

죄를 겨서 裁判을 받는데 句陳 白虎 朱雀 太歲 月建等의 五事가 다 日辰과 年命을 刑

剋하면 死刑당한다. 四重도 역시 死刑되고 三重하면 刑이 重하고 二重하면 輕하며 一重

하면 杖笞나 罰金으로 代한다. 巳酉相加하면 流配되고 曲直作鬼나 六合作鬼가 되면 枷鎖

된다. 重刑에 句陳과 諸煞이 相併하면 死亡한다. 萬若 句陳 朱雀이 生日하여 吉로 바뀌

면 救濟되고 年月上에 太歲가 天后가 되어 生干하면 반드시 恩赦가 있다. 太歲와 天乙이

皇書(春寅 夏巳 秋申 冬亥) 天喜(春戌 夏丑 秋辰 冬未)를 併하여 發用하면 救恩이 있으

나 太歲가 日干을 剋하면 大凶하고 日干이 太歲를 剋해도 大凶하다. 墓神 關神 天牢 地

獄等이 干支 年命에 臨하면 入獄된다.

關神은 春丑 夏辰 秋未 冬戌이고 地獄은 春辰 夏午 秋戌 冬子이며 天牢은 正月起丑 順行十二支가 된다.

二三 逃 避(安全하게 숨는 方法)

干은 我나 他人으로 보고 支는 避하고저 하는 場所이다. 干支上神과 日干이 相生 比和하고 다시 吉將이 되면 避해서 좋다. 또 三傳을 보아 傳進하면 앞으로 逃避하고 傳退하면 뒤로 逃避하는게 좋다. 前에 鬼가 있으면 前進하지 말고 後에 鬼가 있으면 後退하지 말아야 한다. 發用이 生旺하면 멀리 숨는게 좋고 休囚하면 가까이 숨는게 좋다. 發用이 辰戌이 되면 急行함이 좋고 丑未가 되면 緩行하는게 좋다. 干上에 鬼를 보면 반드시 鬼方으로 避하고 萬若 制鬼方으로 避해도 吉하다. 日干이나 用神에 二馬가 있으며 有氣하면 멀리 隱遁할 수 있다. 절대로 直符 飛廉 天目 六辛所在之方으로 行하지 말아야지 行했다가는 반드시 잡힌다. 時間的 餘裕는 없고 急去하고저 좋은 時間을 擇할 때는 神后를 日支에 加하여 小吉이 何處에 있는 가를 보아 그 方向으로 藏匿하면 된다.

二四 占逃亡(逃亡간 사람을 잡는 法)

逃亡者를 잡을려면 오로지 玄武의 所立之地를 보아 方向을 알 수 있다. 萬若 貴人이 順治하면 男女를 莫論하고 玄武方으로 가서 捕促한다. 萬若貴人이 逆治될 때는 女子는 玄武의 所立之方에서 잡고 男子는 玄武의 陰神方位에서 잡는다. 句陳이 玄武를 克하면 반드시 官吏가 잡고 朱雀이 玄武를 剋하면 他人이 住居를 알려서 잡게 된다.

萬若 干支 三傳 行年上에서 玄武乘神을 剋하게 되면 逃亡갈 길이 없다. 萬若 玄武의 陰神이 玄武를 剋하면 自首한다. 또 武가 入傳하거나 干支를 生하면 戀生이 되어 반드시 스스로 돌아 온다. 그러나 三傳 行年 干支나 陰神에서 玄武를 生하면 잡지 못한다.

課格이 斬關 遊子 二馬를 보면 遠遁해서 잡기 어렵다. 萬若 玄武가 四死 空亡하고 凶將 死神 死氣가 倂乘했으면 盜賊은 外地에서 必死했다. 遠近을 알려면 玄武의 立處의 干支 數로 上下相乘하여 旺相休囚로 나누면 되고 玄武를 剋하는 날에 잡을 수 있다. 또 壯夫는 丑의 下를 보고 小兒는 未의 下를 보고 女子는 子의 下를 보아 잡는 方法도 있다. 또 一法으로는 六甲日에 限해서는 前篇 閉口課에서 說明한 바와같이 男子는 玄武의 逆四辰으로 가서 잡고 女子는 그대로 玄武立處에서 잡는 方法이 있다.

二五 尋人追尋(사람을 찾는 法)

君子는 德方에서 찾는다. 德은 陽인데 君子는 正陽之象이 되기 때문이다. 例를 들어 甲己日에는 德在寅하니 寅이 亥上에 居했으면 西北方에 있게 된다. 其外에는 類神을 보아 찾는데 例를 들어 尊長이라면 太常을 보고 父親이라면 月德을 보고 母親이라면 天后를 보고 兄弟 朋友는 六合 妻妾이나 女子는 神后 子孫은 登明 姉妹는 太陰 傭工은 朱雀 奴는 天魁 婢는 從魁로 보아 所立之方을 追尋하면 찾을 수 있다. 또 小人은 刑方에서 찾는다. 刑은 陰氣로 小人은 陰凶하기 때문에 刑氣를 보는 것이다. 萬若 도둑질을 했으면 玄武 方位로 追尋하고 그렇지 않을 때는 刑方으로 본다. 例를 들어 子日占이라면 刑이 되는 卯 太冲의 所立之方位로 가서 찾는다. 例를 들어 卯加申이 되면 西南方으로 가서 찾으면 된다.

第四節 官祿門

所宜吉神……天德 月德 德合 天馬 驛馬 皇恩 皇書 天詔 天印 喜神 天喜 成神 玉宇 金

堂 聖心 天願 福德。

所忌凶神……死神 死煞 三煞 天吏 大時 往亡 歸忌 病符 喪門 吊客 天牢 天獄 地獄 致死

官祿占에 所用되는 天官은 天乙貴人 青龍 太常 朱雀 白虎 等이다。 天乙은 貴人之首요、

文科는 青龍을 보고 武科는 太常을 본다。 朱雀은 文書고 白虎加官하면 催官使者가 된다。

그러므로 權威가 있고 刑吏에 많다。 所用되는 神煞은 太歲 月將 月德 天馬 驛馬 天吏 天

賊等이다。 太歲는 至尊之神이고 月將은 福德之神이며 寅은 天吏가 되고 申은 天賊이 된

다。 所用되는 十二辰은 官祿(甲日은 酉)과 印綬 軒車(戌卯)等이다。 꺼리는 것은 空亡 沖

墓等이고 所主는 本命과 行年이다。

以上으로서 吉凶을 나누어 보고 日上神과 發用 或 日德 日祿 日干上에 吉神이 乘하고

中末에 空陷이 되지 않았는가를 보면 된다。 萬若 日上神이 發用하고 神將이 凶하거나 아

니면 吉이라 하드라도 沖墓空亡이 될 때는 凶하다。

干支上에 天羅 地網이 있어 羅網이 發用하고 喪吊가 乘했으면 凶하다。 干上에서 發用

하는 印綬면 父가 되고 支上에서 發用하는 印綬는 母가 되는데 日上과 發用과 墓가 되거

나 或 白虎가 乘하거나 祿作閉口가 되거나 神將이 不吉하고 三傳이 折腰格이 되어 空陷

이 될때 年命上神이 病符等 諸凶煞이 臨할 때는 疾病이나 不測之凶이 있다。 輕하면 疾病

으로 보고 重한즉 凶禍를 본다。 三傳이 自下克上하며 遞克日干하거나 自上克下하며 遞克

日干하는데　日德　解救之神이　없고　朱雀에　閉口가　乘하면　憚劫之凶이　있다。

德祿　官　三者가　空亡이　되고　年命上神이　다시　凶하고　또　空亡이　되면　職位를　뺏긴다。

日干之祿이　支上에　加하여　官德의　救解之神이　없을　때는　屈服　不正交涉等이　있다。陞

遷之期의　遲速을　알려면　文觀靑龍하고　武視太常하며　龍常의　所乘神下가　今日의　日辰이　될

때는　吉하며　即時　佳音이　있으나　萬若　그렇지　않을　때는　其神(龍常)과　日干이　何位를　隔

해　있는가로서　年을　定하고　日支와의　隔位로　月을　定하고　天盤上神의　長生之支로서　日을

定하고　其地盤神으로서　時를　定한다。龍常의　所乘神이　日干을　生하면　內部이고　日이　龍

常의　所乘神을　生하면　外部이다。郡邑의　分別은　靑龍과　祿神의　下로서　定한다。聞報의

虛實은　傳課가　佳하며　課式內에　있는　太歲가　日之前에　있고　또　日上에　天乙이나　朱雀等

이　乘했으면　實이다。日上에　簾幙貴人이　乘했어도　實이다。課傳이　不佳하고　太歲가　日後

에　居하고　日上에　玄武가　乘하거나　喜神과　朱雀이　乘하며　空亡이　되면　虛이다。

其外에　太歲月將이　日干에　臨하거나　發用하면　官印이　顯赫하고　祿馬가　扶하고　貴騰天

門　罡塞鬼戶　六神藏　四殺沒하고　三傳　天官　神將이　年命을　生하고　協吉하면　大吉하다。甲

子日　伏吟　庚寅日　伏吟은　官祿占에　좋다。

實例를　들어　三月　亥將　甲戌日　酉時課에　文官占에　何日　陞遷할까를　알려면

合　辰
龍　午
白　甲

七　后　龍　合
寅　子　午　辰
子　戌　辰　甲

```
           白    太
    空  未  申    酉  戌  玄
    龍  午            亥  阻
    句  巳            子  后
    合  辰  卯    寅  丑  貴
           朱    七
```

文科이므로 靑龍을 보는데 靑龍이 午上에 加해있다. 日干의 建祿은 寅이므로 寅(地盤)과 午의 사이는 三位가 間隔되어 있으므로 三年이 되고 日支와 靑龍午사이는 七位가 隔해 있으므로 七月이 되고 靑龍이 午上에 있고 午의 長生은 寅이 되므로 寅上에는 辰이 되는데 辰戌은 戊가 되므로 戊寅日이 되고 靑龍의 下神이 辰이 되므로 辰時가 된다. 그러므로 三年後 七月 戊寅日 辰時가 된다. 武官이면 太常으로서 위와 같이 따지면 된다.

第五節 婚姻門

干을 夫로 하고 支를 婦로 한다. 干支上神이 生合한즉 이루어 지고 刑克하면 不成된다

또 靑龍이 夫고 天后를 婦로 보는데 靑龍의 陰神이 貴人이 되면 男便에 官祿이 있고 天

后의 陰神이 貴人이 되면 妻에 貴位가 있다. 天后가 魁罡으로 化하면 悍惡하고 不良하다

(化란 陰神을 말한다) 天后의 乘神이 日干을 克하면 夫에 不利하고 日本을 克하면 翁姑

에 不利하며 六合의 乘神을 克하면 子息을 낳기 힘들거나 자식을 낳아도 剋하고 六合乘神

이 天后를 剋하면 産厄이 있다.

靑龍이 天后를 克하면 傷夫하고 天后가 剋하는 十二支에 따라 六畜이 損傷된다. (午를

剋하면 말 丑을 剋하면 소 未를 剋하면 염소등) 三傳이 日干을 生하면 夫에 이롭고 日干

이 三傳을 生하면 退敗不利하다. 支上이 空亡되면 女家가 貧乏하고 天空이나 空亡이 支

上에 臨하며 發用하면 반드시 丈人 丈母가 없다.

太陰이 未 卯 酉 亥에 乘하여 發用이 되면 淫佚婦人으로 再嫁한다. 未가 婦命에 加하

면 疾病이 많다. 午가 婦命에 加하면 男子가 많고 子가 加하여 女子가 많다. 寅申이 臨

하면 子孫이 적다. 또 甲乙이 相逢하면 二夫가 있다.

靑龍이 男이 되고 天后가 女가 되며 日干이 男이고 支가 女가 되는데 靑龍이 旺相하면

佳男이고 天后가 旺相하면 佳女이다. 靑龍의 所乘神이 天后를 生하거나 比和가 되면 男

子가 女子를 利롭게 하고 天后의 所乘神이 靑龍을 生合하면 女子가 男子를 利롭게 한다.

日이 生旺하면 男子에 吉하고 辰이 生旺하면 女子에 吉하다. 日上에 天乙이 乘하는 男

子는 貴人이고 辰上에 六常이 乘하면 女子가 貴女이다。萬若 靑龍과 天后의 所乘神이 刑

冲破害 空亡이 되고孤寡를 帶하여 惡將이 乘하면 다 不吉하다。靑龍이 天后를 剋하고

日干이 日支를 克하면 女子便이 아주 不利하고 이와 반대로 되면 男子便이 아주 不利하

므로 婚姻은 婚合되지 않는게 좋다。問卜者가 男子라면 天后를 重點으로 보고 女子라면

靑龍과 干을 重點으로 본다。또 男占에는 財가 空亡하면 않되고 女占엔 官이 空亡하면

않된다。

中媒者는 六合이 되므로 所乘神과 靑龍 天后가 刑冲破害되지 말고 比和되어야 한다。

女子의 性情을 알려면 命上神을 보아 吉하면 智慧가 있고 凶하면 輕桃浮薄하고 詭詐가 있

다。木火土金도 이와 같이 推算하기 바란다。萬若 女子의 年命을 모를 때는 天后의 所

臨支로 斷定한다 魁罡이 臨했으면 醜貌이다。日上에 天后가 乘하고 支上에 六合이 乘했

으면 未聚先通했다。

課傳이 循環三合이 되면 親戚으로 因해서 結合된 것이다。日臨辰하면 데릴사위가 되기

섭다。干支의 上下가 相生 相合하고 다시 吉將이 倂하면 夫婦和睦하고 剋制하거나 凶將

이 乘하면 反目된다。神將內戰이 되면 煎熬不寧하다。天后가 旺相 相生하면 新婦는 美貌

이고 凶死하면 弱하거나 美貌가 아니고 下克하고 受制를 받으면 身體가 完全치 못하다。

命上에 魁罡이 乘했으면 邪眼이 아니면 입이 바르지 못하다。以外에 五行上의 類神으

로서 定하기 바란다。 天后에 金이 乘하면 金白淨光瑩이 되어 性情은 剛直하고 旺相하면

淨而果決하나 休囚하면 더럽고 질기다。 木에 乘하면 淸秀修長하여 心性이 溫柔하고 旺相

하면 豊滿和好하며 休하면 色靑하고 體質이 瘦弱하다。 水에 乘하면 色은 검으나 性順하

고 旺相하면 美麗而不正하고 休囚하면 體弱하고 淫汚하다。

火에 乘하면 毛髮이 적고 얼굴은 좀 붉은 편이며 心性이 躁暴하다。 旺相하면 色은 紅

이며 예쁘고 休囚하면 性急하고 陋하다。 土에 乘하면 黃而鈍하고 旺相하면 端壯而豊肥하

고 休囚하면 黃而魁拙하다。 邪正을 알려면 女子의 本命에 酉를 加하여 生月에 子를 보면

孝順하고 辰戌을 보면 不正하다。 또 女子의 命上에 申을 加하여 生月 日上에 心星을 보

면 貞潔하고 寅을 보아도 마찬가지이며 奎婁星을 보면 淫邪가 있다。 또 天盤神과 地盤申

이 合하고 申子가 婦女의 行年에 加하면 奸邪하다。 또 申加卯가 되어 日辰에 臨하면 妻

妾에 二心이 있다。

또 傳送 大吉이 日辰에 加하면 家中에 婦女의 慾奔이 있다。 長幼을 알려면 神后의 所

臨之地로 아는데 孟上에 加하면 長。 仲에 加하면 小가 된다。 二三處에서 婚談이 나와 何

處之女를 擇할까 모를 적에는 其鄕과 天后가 合되는 곳이 吉하다。 또 日干이나 靑龍과

生合되는 方向이면 다 좋다。 또 天官이 最吉한 方向을 上으로 본다。

例를 들어 庚子日 亥將 辰時課인데 一女는 正西고 一女는 正南이고 一女는 正北이라면

```
三傳        四課
合 戌      后 空 合 陰
太 巳      寅 未 戌 卯
七 子      未 子 卯 庚

天地盤
          貴   后
七 子   丑   寅   卯   陰
朱 亥                辰   玄
合 戌                巳   太
句 酉   申   未   午   白
          青   空
```

正西上에는 天罡 玄武가 乘했고 正南에는 丑土貴人이 乘했고 正北에는 未土 天空이 乘했는데 靑龍과 日干을 三處가 다같이 生하므로 다 좋은데 天將이 吉한 正午方 大吉之女를 聚하고 天空의 陰神은 寅으로 今日之財가 되므로 正北女도 吉하다고 본다.

第六節 家宅門

子…房 丑…厨、庭、院、壁 寅…過道、梁棟 卯…門、店舖 辰…庭衛、墻垣 巳…竈(부두막) 午…堂 未…井、園 申…過道 酉…戶門、倉陳 戌…廁 亥…廁、園、廐

干을 사람으로 보고 支를 住宅으로 본다。宅上에 吉神이 乘한즉 興旺하고 凶神이 乘한즉 衰殘하다。

또 干上神이 支를 剋하면 人克宅이 되어 관계없으나 支上神이 日干을 剋하면 宅克人

이 되어 安居할 수가 없다。 人克宅이 되면 卑幼에 對한 걱정 六畜 田蠶의 損失 主客 長

上의 病訟 虛耗가 있다。 天罡이 日干에 加하면 他客이 寄居하고 勝光이 支上에 加하면

自身이 他家에 寄居하는 것이다。 魁罡이 日辰에 加해지면 急히 移徙해야지 居處하면 크

게 不利하다。

日支 前后兩支가 兩隣이 되고 對冲이 앞집이 된다。 神將이 吉하고 旺相하면 其隣은 富足

하고 凶將 凶神이 乘하면 其隣은 暴惡하다。 青龍 太常 貴人을 보면 貴하고 白虎가 乘하

면 屠殺者 玄武가 乘하면 盜賊之類로 본다。 住宅의 美惡은 支辰의 衰旺으로서 알 수가 있

다。 日上神이 舊宅이고 辰上神이 新宅이다。 日上神이 旺相하면 舊宅이 좋고 辰上神이 旺

相하면 新宅이 좋은데 日上神이 日干을 克하면 自己가 住居하려고 하지를 않고 辰上神이

剋辰하면 長久하게 住居하지를 못한다。

辰上神이 囚死 空亡이 되면 아주 不利한데 比肩이 空亡이 되면 兄弟가 不利하고 財星

이 空亡이 되면 妻妾이 不利하며 食傷이 空亡이 되면 子孫이 不利하고 官星이 空亡이 되

면 職位가 不利하고 印綬가 空亡이 되면 父母가 不利한데 父母가 없는 사람은 他人에 도

움을 받지 못한다。 類神(子는 房、 丑은 부엌 화단등)과 家長의 本命上神과 配合해서 相

生하는 것과 相剋하는 것을 보아 吉凶을 알 수 있다.

日辰 年命等의 四處가 大綱으로 生氣 旺相氣가 되면 自然昌盛하고 비록 凶神이 있드라

도 無妨하며 다시 吉神이 相助하며 말 할 수 없이 좋다. 旬丁亦是 잘 살펴야 하는데 天

乙이 乘하면 貴人이 오고 螣蛇가 乘하면 家人의 逃失이 있고 朱雀이 乘하면 奴婢

六合이 乘하면 子孫의 外出이 있고 靑龍이 乘하면 千里遠遊가 있고 天空이 乘하면 遠信이 오고

의 逃亡이 있고 白虎가 乘하면 孝服을 입기 쉽고 太常이 乘하면 父母에 災厄이 생기고

玄武가 乘하면 盗失이 있고 太陰이 乘하면 陰私가 있고 天后가 乘하면 婦女의 不謹함이

있다.

火鬼(春午 夏酉 秋子 冬卯)나 火怪(正月起戌 順行四季)가 萬若 支에 臨하여 朱雀이 乘

해 가지고 日干을 克하면 반드시 火災를 豫防해야 된다.

日上神에 丁馬가 臨하면 人口가 不安하고 支上에 丁馬가 臨하면 住宅이 不安하다. 宅

中에 우물(井)이 있나 없나는 課傳에 水神이 있거나 子·未 靑龍 太常等이 干支에 加하

면 반드시 우물이 있으나 萬若 그렇지 못할 때는 없다고 본다. 또 水神이 落空亡이 되면

井泉이 없고 있다하드라도 먹을 수 없는 것이다. 水神이 旺相하면 물이 豊足하고 休囚하

면 不足하다.

家內에 鬼崇이나 怪異事가 있어 뒤숭숭한가를 알려면 課傳에 官鬼가 있으면 鬼崇이 있

고 官鬼가 없거나 空亡이 되면 없다. 어디가 鬼崇이 되는 가를 알려면 神將으로서 決定한다. 官鬼가 木上에 臨했으면 自縊鬼나 修造上 잘못된 所致이고 金에 臨했으면 傷亡鬼이고 火에 臨했으면 竈神이 되고 水에 臨했으면 溺死鬼나 河消水神이고 土上에 臨했으면 宅神 土神이라고 보는데 現代에 鬼神云云 한다는 것은 우수운일이고 住宅 構造上의 잘못으로 보면 될 것으로 알며 모든 活用은 讀者들의 才量에 맡긴다.

訃告나 他人의 死聞의 虛實을 알려면 日干上神이 有氣하면 虛音이고 囚死나 白虎나 乘했으면 實音인데 神后를 太歲에 加하여 男子는 天罡 女子는 河魁下神이 死期이다. 또는 日加月建하거나 時加日支해서 보는 法도 있다.

墳 墓

日이 生人이고 辰이 亡人과 陰地이다. 日支가 日干을 生하고 日辰上神이 日干을 生하면 大吉하다. 日支가 日干을 克하고 日辰上神이 日干을 克하면 大凶하다. 干支나 干支上神이 서로 比和가 되면 廕德은 비록 없다 하드라도 生人에 災殃은 미치지 않는다.

三傳이 日干을 生하면 좋아도 日干이 三傳을 生하는 것은 凶하다. 墓神이 日支에 加하면 墳墓는 安定하다. 干支가 다같이 旺相하면 반드시 子孫에 큰 發達이 있으나 休囚死絕이 되고 支破 螣蛇 白虎가 臨하면 子孫에 消耗가 甚하고 後孫이 없다.

總括해서 干을 人으로 보고 支을 穴로 보고 靑龍을 龍으로 보고 白虎를 虎로 보고 朱雀을 案으로 보고 天后를 水로 보고 玄武를 主山으로 보는데 生旺 有氣하면 高로 보고 克受克 無氣하면 低로 본다。靑龍이 臨한 地盤에서 靑龍을 生하면 靑龍이 좋다고 보고 克이 되면 靑龍이 좋지 않다고 본다。他神도 以上과 같이 推理하면 된다。吉神 生氣가 되면 主體의 勢가 專長秀麗하고 凶神 惡煞을 帶하면 主體의 勢가 巉巖하고 形局이 凶猛하며 空亡이 되면 間斷 空缺되고 刑破가 되면 破碎崎形이다。

初傳은 初代의 吉凶을 보고 中傳은 中代의 吉凶을 보고 末傳은 末代의 吉凶을 본다。

丁馬가 所値되는 곳은 動搖가 있고 不安하다。또 初傳이 來龍으로 보고 中傳은 穴로 보고 末傳은 案으로 본다。假令 三傳이 巳 申 亥가 된다면 巳龍 全局으로 丁庚之氣는 在丑하니 出水 丑癸할 것이고 中傳이 申이니 陽日이면 庚申發脉이고 陰日이면 坤申 落脉이 될 것이다。末傳이 亥이므로 旺한즉 亥巳가 回龍顧祖가 될 것이고 衰한즉 陽日은 壬丙 陰日은 乾巽相對로 보면 된다。

空亡이 된즉 結穴이 되지를 않았고 墳墓의 吉凶은 干이 人이고 支가 墓가 되므로 支陰神이 墓神이 되어 墓上神이 旺相하고 吉將이 生하면 地蔭이 있어 生人에 大吉하고 이와 反對일 때는 凶으로 본다。또 神將 神煞의 動態를 各別하여 凶을 細分하기 바란다。또初傳의 五行으로서 決定하는데 木이 되어 旺하고 吉將이 乘하여 相生하면 其 子孫이 寡厚

하고 文秀하며 顯達한다。 그러나 囚死가 되면 土木之業에 從事한다고 본다。 火가 되어 旺하면 子孫이 文章明華하고 顯達하나 囚死하면 詭倭 浮游하고 爐治之業에 從事한다。 金이 되어 旺하면 子孫에 將軍이 나오고 囚死하면 門戶는 損傷되고 屠殺之業에 많이 從事한다。 土가 되어 旺하면 子孫이 忠良하며 富厚하고 囚死가 되면 農作 土工之業이다。 水가 되어 旺하면 智慧스런 子孫이 나오고 囚死가 되면 水工 漁夫 水厄 婦女淫洗事等이 있다。

또 所得한 天將으로서 決定하는데 空亡이 되면 僧道가 많다。

第七節　産　育　門

胎神(甲은 酉 丙은 子)이 有氣하고 生旺之地에 있으면 安和하고 無氣하고 刑冲破害空亡이 되면 保胎할 수 없다。 天罡이 孕婦의 年命에 加하면 多災하고 血忌를 併하면 落胎된다。

辰上에 蛇가 乘하여 天后를 遙剋해도 亦是 그러하다。 蛇虎가 辰戌이 되어 日干을 傷하고 正時에 太陰 玄武 螣蛇 白虎가 되어 干支를 克傷하면 難産이다。 巳亥日 反吟도 損胎

하고 白虎가 死氣가 되어 子孫이 되도 落胎된다. 破碎 月厭이 日支에 加하면 怪異함이 많고 傷胎된다.

寅과 未가 日鬼가 되고 다시 天鬼 天空 太陰이 臨한 地盤이 寅이 될 때는 鬼胎가 된다

產孕은 日이 子孫이고 支가 產母가 되는데 三傳에서 日干을 克하면 키우기 어렵고 日支를 克하면 產母가 損傷된다. 生期는 今日의 胎神이나 子息의 長生之日이나 五行養處나 白虎所臨之日이 生期이다. 諸占에 白虎는 凶神이 되나 오직 產占에 만은 白虎가 血神이 되므로 出現되거나 發用되면 產期는 速하다.

辰上이 日上을 生하면 順易하나 日上이 辰上을 生하면 逆而難產한다. 傳順하고 貴順하면 쉽게 解散하고 傳逆 貴逆하면 難產한다. 伏吟에 丁馬가 없고 神將이 다 凶惡하면 產厄이 있다. 產婦의 行年上神이 受孕之月이다. 日上神이 陽이면 男兒이고 陰이면 女兒이다. 子孫爻가 陽이면 男子이고 陰이면 女兒이다. 三傳이 陰包陽이면 男子이고 陽包陰이 되면 女子이다. 陰陽의 不備課나 昴星虎視가 되면 반드시 日月이 不足하다.

孕胎占에는 生氣를 要하고 出產占에는 空亡이나 脫氣를 要하며 三合 六合이나 四生之類가 있으면 所謂 子變母腹이 되어 患이 있다. 萬若 三傳이 旺相하고 脫氣를 만나면 어렵지 않게 出產하고 母子가 다같이 安全하다. 天后는 產母가 되고 六合이 子孫이 되므로 위의 二神은 凶處에 臨함이 不可하다. 正時가 本命을 傷할 때는 子母가 다 凶하다.

胎神이 絕地에 臨하고 克을 받으면 當日에 生한다。純陰課는 占産에 不吉하다。産期는

命上神이 産月이 되는데 空亡이나 脫氣 傳退等을 要한다。青龍 六合 天喜가 入傳하고 蛇

虎가 日支를 生하고 血支 血忌 血神이 三刑이나 六冲이 되고 用神이 絕地에 臨하면 産期

는 가깝다。

그래서 經에 말하기를 先實後空近將生이요、冲破胎支時定産이라 해서 木胎면 申酉上에

居하고 冲破 空陷됨을 기뻐하는데 그것은 解結之事에 屬하기 때문이다。三合 六合이나

生玄胎等이 되면 子變母腹이 되어 難産한다。天后가 魁罡에 乘하며 母行年에 臨하면 아

주 凶하며 空亡이 되도 亦是 凶하다。壬癸丙丁寅卯 四日에 課格이 柔日昴星이나 玄胎 伏

吟等이 되면 過月하여 出生된다。그러나 血支 血忌等의 血神을 보면 即生한다。不備課나

伏吟에 玄武가 干上에 加하면 形體가 不全하다。天罡加處가 生期인데 또 天上의 子午의

所臨之下를 生期로도 본다。日上神이 空亡이 될때는 낳지 못한다。

難易를 알려면 支上神이 日上神을 生하면 順生하고 干上神이 支上神을 生하면 不順하

며 難生한다。上神과 用神이 日干을 克하면 傷子하고 日支를 克하면 傷母한다。日辰을

다 克하면 大凶하다。戌加亥가 되면 쌍둥이가 되기 쉽고 退茹格이 되면 倒生한다。三傳

이 次定되면 子母가 俱凶하다。母年命이 透出 干支 以外되면 母는 凶을 免한다。閉口課

에 首尾六合이 되면 氣塞于中하며 母子가 다같이 凶하다。正時가 鬼가 되어 發用하면 子

死하고 螣蛇가 支에 加하면 母子가 다 죽는다。男女는 剛日에 比用이 되면 男子이고 不

備가 되면 女子이다。柔日에 比用이 되면 女子이고 不比가 되면 男子이다。또 一法으로

는 天罡이 臨한 支가 日干과 同類일 때는 生男하고 日支와 同類일 때는 生女이다。萬若

不同할 때는 難産한다。

例를 들어 甲子日에 天罡이 寅卯에 加하면 日干과 同一하므로 陽比가 되니 生男하고

亥子에 臨하면 生女한다。申酉上에 있으면 難産하고 損子한다。四季上에 있으면 難産하

고 損母한다。金克木 土克水가 되기 때문이다。巳午上에 있으면 비록 難産이라 하드라도

無妨하다。

또 發用이 第一課나 第三課에서 되고 天乙前이 되고 上克下가 될 때는 生男하고 第二

課나 第四課에서 發用이 되고 天乙의 後가 되며 下賊上이 되면 生女한다。伏吟課에 玄武

가 干支에 加하면 生子는 聾啞이거나 形體가 不全하다。贅婿課는 六指가 되기 쉽다。庚

子日에 虎乘遁鬼가 되거나 丙子日에 卯加卯가 되어 天空이 乘하면 언챙이가 되기 쉽다。

干支에 月建과 月將이 重出되면 雙生이다。또 産母의 行年上에 天后를 보고 本命上에 神

后를 보면 亦是 雙生이다。巳午가 靑龍이 되어 四仲에 臨하면 雙生이다。巳亥가 發用해도

雙生이다。또 甲乙日에 蛇臨巳 戊己日 虎臨申 庚辛日 玄臨亥 壬癸日 龍臨寅 己巳日 昂星

等은 대개 雙生이다。

戊申日 巳加申 辛卯日 戌加卯가 되고 貴人이 四孟上에 臨하면 雙生이다.

第八節 疾病門

疾病之占엔 四大要素가 있으니 一曰 生死 二曰 病症 三曰 醫藥 四曰 鬼祟으로 分別하여 본다.

生 死

疾病에도 日을 人으로 보고 辰을 病으로 본다. 日干神이 日支를 克하면 吉하고 辰上神이 日干을 克하면 凶하다. 細分하면 四課와 日辰이 俱墓가 되고 三傳과 發用이 다시 日墓가 되고 刑冲이 없을 때. 白虎가 死氣 死神에 乘하며 日干을 克하나 解救가 되지 않을 때. 白虎가 日干에 臨하여 克하거나 辰上에 臨하여 日干을 克할 때에 다시 年命에 墓神과 死氣가 있을때. 月厭大煞 飛魂 喪車 哭神等이 死氣 死神이 되어 課傳에 滿塡하고 日干을 克할 때. 靑龍에 驛馬가 加하고 玄武에 浴盆煞이 加하여 年命에 臨할때. 日德 日祿이 發用되고 年命이 다 空亡될 때. 魁罡이 日上에 加하고 靑龍 六合 太陰이 入傳할 때. 占病人의

類神이 空亡될 때。(父占이나 尊長은 日과 天乙이 空亡되고 母占에 太陰이 空 伯叔엔 太常

空 兄弟나 朋友는 靑龍空 妻妾은 天后空 子息은 六合空 奴婢는 天空이나 酉戌空이 되는

例) 四下賊上이나 四上克下가 되고 三傳에 俱財가 되면 父母에 憂患이 있고 俱印이 되면

子孫에 憂患이 있다. 以上과 같은 때에는 다 死亡하게 된다.

死期는 日干의 絕神으로 定한다. 例를 들어 甲乙日은 申이 絕神이므로 申이 何辰에 臨

했나를 보아 太歲上에 臨했으면 不出一歲하고 月建에 臨했으면 不出一月하고 日辰에 臨

했으면 不出一日한다. 또 一法으로 男子는 功曹 女子는 傳送을 行年에 加하며 魁罡下辰

이 死期가 된다.

年命이 入墓하나 四課中에 生氣가 있을 때。課는 俱凶하나 類神이 生旺之鄕에 있을 때。

課傳에 비록 惡煞이 있으나 日干을 傷하지 않을 때。白虎 乘神이 日干을 傷하나 干上神이

白虎를 克할 때。白虎 乘神이 日支를 克하나 日支上神이 白虎를 克할 때。白虎 乘神이 日

干을 生하거나 日干이 白虎 乘神을 生하거나 白虎가 今日의 德神이 될때。白虎가 入墓하

나 地盤午上에 臨할 때。白虎가 日干을 克하나 白虎의 陰神에서 다시 白虎를 克할 때。日

德이나 日祿이 發用하고 空亡이 되지 않을 때。等은 절대로 死亡하지 않고 治愈된다。快

愈之期는 日干의 子孫爻로서 定하는데 甲日占病이라면 丙丁日로 본다。食傷은 官魁를 制

克하기 때문이다。

病 症

日이 人이고 辰이 受病之症이다。 辰上神이 神后가 되면 傷風 賢竭이다。 또 天后가 乘하면 男子는 精絕이고 女子는 血絕된다고 본다。 登明은 顛和濕風이요、 玄武는 眼目流淚이다。 天罡은 腹痛泄瀉 脾泄等이다。 天空은 步行困難 喘息 咳嗽 勞傷等이다。 太陰은 發肺 傷脾가 된다。 傳送은 唇破 女子는 孕胎의 危險이 있다。 白虎는 瘡腫 骨痛이다。 小吉은 傷食 翻胃 嘔吐 太常은 氣噎 勞瘦이다。 勝光은 心痛 目昏이다。 朱雀은 傷風 下痢요、 太乙은 齒痛 嘔血이다。 螣蛇는 頭面疼腫이요、 天光은 遺漏 風癱이다。 句陳은 咽喉腫塞이다。 六合은 骨肉疼痛이다。 功曹는 目疼 腹痛이다。 靑龍은 肝膽 胃疾이요、 大吉은 氣促傷殘이다。 天乙이 乘한즉 腰腿 痿脾等이다。

十二辰의 五臟 所屬은 亥子屬腎 巳午屬心 寅卯屬肝 申酉屬肺 辰戌丑未屬脾等이 된다。 十二辰所屬을 變通하면 亥子는 膀胱이고 巳亥는 頭面이고 寅申은 手足이고 辰戌은 肛門이고 丑未는 肩背 耳等이 되고 卯는 小腸이고 午는 榮衛가 되고 酉는 肺와 肝膽이 된다。

神煞의 相加로 區別하면 白虎加天罡은 霍亂 吐瀉이다。 玄武加神后는 腎衰剋고 辰戌에 天后나 朱雀이 乘하면 痞癉等의 症勢이다。 句陳이 河魁에 乘하면 咽塞된다。 太陰이 申上에 乘하면 腰腫이다。 白虎가 卯酉上에 乘하면 吐血勞怯이다。 天乙이 辰戌上에 乘하면 虛

腫이다。白虎가 丑上에 乘하면 腹疾이다。巳亥相加하면 心腹에 癖이 있다。神后가 血支가 되면 疾疽 血痢이다。太陰이 羊刃血支에 乘하면 腎腹에 血疾이 있다。丑加亥하여 白虎가 乘하고 九醜나 曲直이 되면 女子는 月經不通이다。句紋煞이 螣蛇나 白虎나 되어 入傳하면 小兒夜啼이다。反吟에 白虎를 帶하면 翻胃이고 伏吟이 日鬼가 되면 水蠱이다。螣蛇가 得病하게 된 原因을 究推하면 日上에 天乙이 乘하면 思想 勞苦로 얻은 病이다。螣蛇가 乘하면 驚恐 憂疑로서 얻은 病이다。朱雀이 乘한즉 苦心 訟呪等으로 얻은 病이다。六合이 乘한즉 喜慶 姻親等으로 얻은 病이다。句陳이 乘한즉 情緒牽厭으로 얻은 病이다。青龍이 乘한즉 經營이나 財物로 因한 病이다。天空이 乘한 즉欺妄隱忍으로 얻은 病이다。白虎가 乘한 즉 喪吊 問病으로 因하여 얻은 病이다。太常이 乘하면 醉酒 飽風으로 얻은 病이다。玄武가 乘하면 祭祀나 盜賊으로 因해 얻은 病이다。太陰이 乘한즉 奸私 暗昧로 因해 얻은 病이다。天后가 乘하면 閨閤酒色으로 因해 얻은 病이다。白虎가 巳에서부터 戌上에 있으면 病在表하고 亥에서부터 辰까지 있으면 病在裡한다。

醫　藥

男子는 天罡을 行年에 加하며 功曹의 下神이 醫神이고 女子는 傳送의 下神이 醫神이 된다。醫神이 日支나 白虎를 克하면 좋고 그렇지 않으면 今日의 課傳二位下를 (甲日은 辰

乙日은 午等) 取하여 白虎의 乘神을 克하면 吉하다。그렇지 않을 때는 天乙의 對沖神의 地盤으로 醫神을 삼는다。醫神이 日支와 白虎를 克하는 것을 爲先으로 한다。萬若 醫神이 木土가 되면 丸이나 散이 좋고 水가 되면 蕩藥이 좋고 火가 되면 뜸이 좋고 金이 되면 針이 좋다。

鬼 祟

鬼祟은 日鬼에 乘하는 天官을 가지고 알 수 있다。貴人이 乘하면 廟祠의 動土로 본다。螣蛇가 乘한즉 淫祠이다。朱雀이 乘한즉 부뚜막이나 咀呪怨心이 있다。六合이 乘한즉 家堂 神祠 或은 眠牀等을 마땅히 바꿔야 한다。句陳이 乘한즉 古貌神師이다。白虎가 乘한즉 橫死凶神이다 太常이 乘한즉 新化先靈이다。玄武가 乘한즉 斗聖不安이다。太陰이 乘하면 女姑 陰降이고 부엌을 고치는 것이 좋다。天后가 乘한즉 水亡老婦이다。白虎가 太冲에 乘하면 街路에 있다。白虎나 六合이 四季에 乘하면 喪家神煞이다。螣蛇가 寅卯에 乘하면 自縊傷亡이다。句陳이 四季에 乘하면 土神의 作殃이다。또 死氣의 所乘之神을 亦是 參看해야 된다。六合이 乘하면 家內에 尸柩가 있다。螣蛇가 乘하면 沉癈久病으로 死亡한 者가 있다。句陳이 乘하면 句惡攝神이 있다。

天乙이 乘하면 香火가 있다。白虎가 乘하면 疾病으로 死亡한 者가 解脫을 하지 못했거나 伏尸가 있다。太陰이 乘하면 婦人의 陰靈之類이다。鬼崇의 理論을 그대로 받아 들일 必要는 없고 六壬을 研究하는데 또는 現代醫學으로서 不治될때 때 不可思意한 民俗의 샤마니즘은 無知한 精神的 所有者들의 실루엣이겠지만 讀者들의 不可避한 事情이 있을 때는 參酌하라는 意味에서 鬼崇論을 그대로 記載한다。

第九節 出行 門

日干이 行人이 되는데 年命上神을 보아 關神 墓神이 있으면 冲破가 되어야 可動할 수 있고 二馬가 年命上이나 日干上에 臨하면 出行하여 반드시 吉함이 있다。萬若 生氣 天喜 德祿等이 入傳하거나 日干에 臨하면 喜事로서 動하지 않드라도 반드시 기쁨이 있다。그러나 萬若 關墓가 日干에 加하거나 伏吟 空亡 天官入墓等은 다 不利하여 動할 수 없고 干支가 三合 六合이 되면 비록 動하드라도 遲滯된다。萬若 魁罡이 干支나 年命上에 加하면 不得己하여 動하게 되는데 제일 꺼리는 것은 直符 往亡 天車 飛廉 天坑 天地轉煞 遊都 劫煞 日鬼等의 凶煞이다。

申加戌・亥・辰・巳之上이 되면 道路上의 障碍가 있고 涉三淵 登三天이 되면 出行에 艱

難이 있다。

六乙之下는 天眼이 開하니 萬惡이 不能猜忌하므로 出行에 좋다。 出行도 日로서 出行人으로 보고 辰으로서 所行之地로 본다。日上神이 辰上神을 克하면 一路順坦하고 辰上神이 日上神을 克하면 行함이 不可하다。日上神이 辰上神을 生하면 必行하나 辰上神이 日上神을 生하면 不行한다。

干吉하면 陸路가 마땅하고 支吉하면 水路가 마땅하다。卯上에 蛇虎가 臨하면 憂驚이 있다。遊都 天將이 日干을 傷하면 반드시 盜賊이 있다。遊都煞의 位置가 盜賊의 所在位置이므로 未然防止하라。日臨支가 되거나 日上에 墓가 되드라도 冲이 될 때。魁罡이 日支에 臨할때。年命에 天驛二馬가 臨할때。丁神이 臨日하여 發用이 될 때。日上이 旺相하고 斗罡이 巳亥나 卯酉에 加하여 發用될 때。伏吟에 丁馬를 볼 때。等은 반드시 出行함이 있다。

墓神이 日辰上에 臨할 때。墓神과 日馬가 三合 六合이 될 때。二馬가 空亡이 될 때。驛馬가 長生에 臨하고 日上이 休囚될 때。斗罡이 孟上에 加하고 日辰上下가 相剋될 때。貴人이 發用하나 入墓할 때。伏吟課에 丁馬가 없을 때 等은 出行하지 못한다。

驛馬가 靑龍을 帶하면 一路安逸하다。途中에 風雨가 있는 가는 三傳이 純陽이면 晴하고 純陰면 雨氣로 보며 木多하면 바람 水多하면 비 土多하면 흐림 火多하면 맑음으로 본다。日鬼가 臨身하면 出行不可하고 往亡煞이 克日 克支해도 出行에 不可하다。反吟은 行人이 갔다가 다시 돌아 온다。日上에 子孫이 되면 費用이 많이 든다。白虎는 道路之神이

다。投宿은 日이 客이고 辰이 主인데 辰이 凶하면 投宿하지 않는게 좋다。天罡이 子卯上

에 있으면 天關이 되어 天時로 阻滯되고 午酉上에 가하면 地關이 되어 地理所關으로 阻

滯된다。

行 人

日干이 行客이요 日支가 住宅인데 比和하면 돌아오고 刑沖破害가 되면 不歸한다。暫時

出行하여 언제 돌아 올지 모를 때는 出門時를 今日支上에 加하여 天罡下神이 歸期가 된

다。例를 들어 天罡이 巳上에 加하면 巳日이나 巳時 亥上에 加하면 亥日이나 亥時로 본

다。出行한지가 오래되어 언제 돌아 올지 모를 때는 月將加時하여 天罡이 孟上에 加하면

오지 않고 仲上에 加하면 半路에 季上에 加하면 即至한다。天罡이 日馬에 乘하면 至期는

더욱 速하다。

나간지가 오래되어 돌아오지 않을 때는 四陳를 보아 墓神이 覆干하거나 覆支하고 二馬

가 支上에 臨하거나 類神이 支上에 乘하거나 日辰上에 天罡을 보거나 或 初傳이 日干의

絶神이 되거나 日干의 官鬼가 되거나 初傳은 日干이 되고 末傳은 日支가 될 때나 末傳이

日之墓神이 되거나 天罡 二馬之墓가 되거나 類神이 墓上에 臨하거나 絶上에 臨하거나 白

虎가 二馬에 乘할때 等은 다 돌아 온다。

歸期는 類神之下로서 決定한다。萬若 類神이 子일 때에 子加寅이 되면 正月이나 寅日

이 돌아오는 날이다。行人의 消息이 끊어져 궁금할 때는 行人의 行年을 보아 今日干의 天

盤上日과 地盤上日을 보아 門上之神(卯酉上神)이 日干을 剋하지 않

으며 地盤 日上神이 日干을 克하지 않고 行年도 克하지 않을 때는 其人은 必歸한다。萬

若 日干이 初傳을 克하거나 日支가 初傳을 克하거나 初傳이나 類神 二馬等이 空亡이 되

거나 驛馬가 長生에 臨하거나 入墓가 되면 不歸한다고 判斷한다。

行人占에 貴人은 天乙을 보고 父母는 太常을 보며 子孫은 六合。朋友나 夫婿 錢財는 靑

龍。婦人은 天后。兄弟는 太陰。軍卒은 句陳。奴僕은 天空。喪柩는 白虎。奸盜는 玄武。

官吏나 文書는 朱雀。婢妾은 從魁等類로 본다。行人은 玄武 乘神을 보아 萬若 辰戌丑未에

加하여 入傳하면 行人은 即至한다。用神合處가 至日이다。萬若 玄武가 辰戌丑未에 加하

긴 했으나 入傳하지 않을 때는 地支加虎가 到日이다。

또 干支가 相會하고 末傳이 干上에 歸하면 遠近을 不論하고 即散한다。例를 들어 戊申

日 申加巳하여 末傳이 巳가 되는 것을 말한다。遠近으로 歸期를 區別하는데 三千里 밖에

있는 사람은 大將軍下神이 至期가 된다。千里밖에 있는 사람은 太歲下神이 至期가 된다。

大將軍은 冬酉 春子 夏卯 秋午이다。五百里 밖에 있는 사람은 月建下神이 至期이다。百

里밖에 있는 사람은 日干下神이 至期이다。五十里 밖에 있는 사람은 正時下神이 至期이

다。

또 未傳을 보아 上剋下하면 겨우 動했고 下克上하면 將次오고 相生하면 動하지 않았

다。

또 將軍法이라 하여 孟月은 午加太歲하고 仲月은 未加太歲하고 季月은 申加太歲하여 天罡臨處가 至期이다。近出之人이 何時에 來到할까를 알려면 正時를 日支에 加하여 天罡所臨之處가 至日至時이다。萬若 天乙이 天罡에 臨하여 日辰에 加하면 即至하고 罡加季上해도 亦至하는데 伏吟課를 兼하면 速來한다。

行人의 方向을 알지 못할 때는 行人의 行年이 何方에 臨했나를 보아 寅卯辰上이면 東方 巳午未上이면 南方 申酉戌上이면 西方 亥子丑上이면 北方으로 본다。至期는 卯酉를 限界로 하여 東南二方일 때는 子上神이 歸期이고 西北二方일 때는 午上神이 歸期이다。

天上方神이 寅卯인데 寅卯를 지났으면 出發했고 지나지 않았으면 出發하지 않았다。그리고 子午上을 보아 木이면 甲乙日 火가 되면 丙丁日 土가 되면 戊己日 金이 되면 庚辛日 水가 되면 壬癸日로 본다。

音信이나 片紙는 日干이 占者요 用神이 行人인데 萬若 用神과 日干이 比合이 되면 書信이 있고 日干을 克해도 書信이 오나 日干이 用神을 克하면 書信 音信이 않온다。朱雀이나 午가 日干에 臨하고 信神이 入傳하거나 日干에 臨하면 書信이나 音神이 온다。用神

에 二馬가 乘하면 遠信이 온다. 萬若 信神이 二空(天亡 空亡)이 되어 日干에 臨하거나

落空亡이 地支에 있으면 消息이 없다. 信神은 正申 二戌 三寅 四丑 五亥 六辰 七巳 八未

九巳 十未 十一申 十二戌이다.

나간지가 오래되어 吉凶과 生死를 모를 때는 行人의 行年上神의 所加之處가 所在之方

인데 旺相하고 相生되며 다시 吉將이 있을 때는 出行人은 安然하고 事業의 立成에 餘念이

없어 집으로 돌아올 생각을 하지 않는 것이다. 또 行年上이 方神과 生合할 때는 貪戀하

여 돌아갈 생각을 않는 것이다. 行年下神이 克制하여 財가 될 때도 變色으로 不肯回家한

다. 方神이 行年을 剋制하면 반드시 災患이 있어 못온다.

行年이 囚死되고 凶將을 兼하면 必死한다. 死囚은 天官으로 分別하라 萬若 年命을 모

를 때에는 類神으로 推知하고 空亡이 되지 않고 다시 干支와 生合한즉 地盤所

臨處가 歸日이 된다. 行人이 家內를 占할 때는 干이 占者이고 支가 本家가 된다. 그러므

로 支上神이 吉하면 吉하다고 보고 凶하면 凶하다고 본다. 白虎가 되면 疾病이 있다고

본다. 死氣 死神과 合이되면 喪死가 있다고 본다. 句陳은 鬪訟이라고 본다. 朱雀은 口舌

인데 火神과 合하면 火災가 있다고 본다. 天空은 疾病 欺詐가 있다고 본다. 螣蛇는 驚恐

이나 怪異가 있다고 본다. 玄武는 盜賊이 있다고 본다. 外에 課格과 三傳의 生克을 보아

輕重을 알고 何人과 關係되는가를 類神으로 짐작할 수 있다.

渡河나 涉水는 辰과 卯의 二神을 보는데 二神中 一神이라도 干支에 加하면 風濤가 있

어 危險하다。萬若 支上神이 日支를 克하면 沈溺之危가 있다。子加太歲가 되면 乘處라고

하여 沈溺될 염려가 있다。反吟은 覆舟하고 伏吟은 沈水한다。天罡이 未亥에 臨하거나

太陰이 寅酉에 臨하거나 太常이 子申에 臨하거나 靑龍이 酉上에 臨하면 제일 大吉하다。

丙子 癸未 癸丑 三日은 觸水龍이라 하여 覆溺의 虞慮가 있다。卯가 車船이 되므로 旺

相하면 完固하고 休囚하면 破損된다。또 天罡이 孟에 加하면 앞을 補修해야 되고 仲上에

있으면 가운데를 補修해야 되며 季上에 있으면 뒤를 補修해야 된다。

길을 잃었을 때는 天罡下로는 百步를 行하면 正路가 나오고 小吉下로는 八十步를 向하

면 正路가 나온다。申未下로 가도 正路가 나온다。處所를 定하지 못하거나 何處에 處所

를 定할가 망설일 때는 課式을 돌려 天盤의 丙壬之下에 宿處를 定하는 것이 좋다。

第一〇節 盜賊門

玄武의 陰神이 盜神이다。그러니까 玄武가 子上에 乘했다면 地盤 子上神이 盜神이 된

다。盜神의 克處가 賊來之方인데 萬若 盜神이 二馬와 合이 되면 담이나 집을 넘어 들어

오고 二馬가 없을 때는 담밑이나 구멍을 뚫고 들어 온다。戌亥에 乘하면 虛空을 따라 樓
閣上으로 들어온다。누가 盜人인가는 干이 失主가 되고 玄武가 盜賊인데 陽神에 乘했으
면 男子이고 陰地에 乘했으면 女子이다。有氣하면 少壯이고 無氣하면 老人이다。旺相하
면 豪家이고 休囚하면 貧寒한 집이다。

寅은 公吏이다。卯는 犯人이다。辰은 凶惡人이나 軍卒이다。巳는 手藝人이나 爐冶人이
다。丑午는 旅人이다。未는 서로 아는 사람이다。申은 徒犯人이다。酉는 金銀匠이나 賭
博꾼 酒作人이다。戌은 匪賊이나 奴僕이다。亥子는 小族이나 近水人 또는 乞丐이다。

太歲나 月建을 併하면 人多하다고 보고 孟上에 加하면 키가 크며 仲上에 加하면 中形
이며 季上에 可하면 短小하다。一家에 同居하는 사람이 十人인데 一人이 失物하며 九人
을 불러 누가 도둑인지 모를 적에 十人中 行年에 玄武가 乘한 사람이 도둑인 것은 의심할
바가 없다。

盜賊의 數目을 알려면 例를 들어 亥上에 玄武가 乘했는데 亥如辰이 되면 亥에서 辰은
六位가 되니 六人이라고 본다。그리고 先天數로도 보는 수가 있다。先天數란 大定數로 甲
己子午九 乙庚丑未八 丙申寅申七 丁壬卯酉六 戊癸辰戌五 巳亥屬之四 가 되는 것을 말한다。

何人家에 隱匿했는 가는 玄武의 陰神의 天官으로서 決定하면 된다。天乙이 되어 旺相
하면 顯宦之家이고 上下相克하고 休囚하면 士子(선비)之家에 있다。他의 天官도 以上과

같이 推知하기 바라는데 大體로 旺相하고 相生하면 잡기 어렵고 休囚하고 相克되면 반드

시 쉽게 잡을 수 있다.

藏物은 盜神生處가 匿藏之處이다. 盜神이 金이라면 近水之所이고 盜神이 水라면 林木

之所에 감추었다고 보는데 旺相하면 存在해서 있고 休囚 空亡이라면 없어졌다고 본다.

盜賊이 어느 場所에 있는 가는 玄武의 乘神으로 안다. 寅上에 乘했으면 東北方 大樹나

林木之傍이라고 본다. 卯에 乘했으면 正東의 林下나 草叢中이다. 辰上에 乘했으면 東南

方水傍이나 癈井 山岡 祠廟 溝中이라고 본다. 巳上에 乘했으면 東南方 窰治所나 東쪽에

있는 樹木인데 여름에 매미울음 소리가 들릴것이고 겨울 엔 말 울음 소리가 들리는데 女

人이 主事하는 집이다.

午上에 乘했으면 南方 爐冶 鐵匠이 되고 옆에는 牛馬之物이 있고 그집이 馬驢나 巫家

이다. 未上에 乘하면 南西間 土塚에 隱伏해 있고 안으로는 東쪽으로 四步정도에 우물이

나 밭이 있고 노래부르는 사람이 있고 소를 기르거나 賣買之處가 있다. 申上에 乘하면

西南方으로 都市가 가까운즉 牆城에 있고 먼즉 村野衝要之地 大路入口나 郵亭 馬舍 옆집

인데 其家에 削礪之工이나 金石之匠이 있다. 酉上에 乘하면 正西로 地名이 金字가 들어

있거나 酒店 娼女之家 혹은 膠漆工匠之家이다. 戌上에 乘하면 西北의 州郡의 營寨나 聚

衆之場所나 村居는 흙언덕이나 猪犬이 있고 奴僕이나 兵卒之家이다. 亥上에 乘했으면 西

北乾方으로 물가나 地名이 水邊이 들어가거나 그 집은 樓台나 閣亭이 있는데 門前에는 小兒가 하나 있고 돼지가 일어나 있는데 그 小兒에게 물어보면 알 수 있다。 子上에 乘하면 北方으로 水澤 江湖之所로 東으로는 다리나 墓舍가 있고 西쪽으로는 水畔 樓台가 있고 門前에는 神廟가 있거나 其家엔 女人의 悲啼가 있다。 丑上에 乘하면 東北方으로 坑廁之旁이나 廟擅이 있고 倉庫等이 있다。 曠野에는 橋梁이나 平田 墳墓等이 있다。

失物은 잃어버린 物件의 類神을 보아 課傳에 玄武가 乘하지 않고 類神이 空亡이 안될 때는 類神의 所臨之地에서 찾으면 된다。 金銀이라면 類神이 酉가 되므로 酉加子면 房內를 찾고 子加卯가되면 東方을 찾는다。 萬若 類神에 玄武가 乘하면 도둑맞은 物件이다。 萬若 辰上神이 天空이나 空亡이 되고 玄武를 보지 않을 때는 家中人이 隱藏한 것이다。 日上에 太陰이 乘하면 隱藏해 놓지 않은 것이므로 찾을 수 있다。 隱藏해 놓았드라도 隱藏者가 말을 하여 찾을 수 있다。

類神上에 日貴가 乘하면 잃어버린 物件이라도 도루 찾을 수 있고 長生이나 入墓가 되드라도 마찬가지로 찾을 수 있다。 類神이 日辰에 있으면 本家에 있어 잃어버리지 않았다 貴人이 順行하면 玄武를 보지 않드라도 遺失된다。 萬若 家人中에 누가 盜人인지 모를 때에는 行年上에 玄武가 乘한 사람이 盜人인데 日上神이 玄武를 制하면 遺失된 物件을 다시 찾을 수 있다。

類神의 大略은 다음과 같다. 靑龍은 財物이다. 太常은 衣類이다(食品도 됨) 朱雀은 文書이다. 卯는 船車이다. 酉는 金銀 寶石이다. 巳는 弓弩나 磁器類이다. 功曹는 木器 棹子이다. 傳送은 刀槍이다. 登明은 雨傘 圖書 文墨 書畵等이다. 小吉은 藥物이나 酒食이다. 河魁는 印綬이다. 天罡은 魚殼이다. 六畜은 其 類神(소는 丑 말은 午)을 보아 子 寅 巳 酉나 血支 死氣之類를 만나면 屠殺됐다. 그러나 加臨한 支와 相生되면 加한 日辰에 스스로 돌아온다.

捕 獲

日干이 失主고 玄武가 盜賊이며 玄武의 陰神이 盜神이다. 盜賊을 잡을 수 있을까 없을까는 萬若 辰戌이 日辰上에 加하면 斬關課가 되어 찾지 못한다.

三傳에 日鬼를 보고 靑龍 六合 太陰 丁馬가 發用하거나 玄武가 三傳과 比和하고 相生하거나 盜神上에 吉神 吉將이 乘하거나 盜神에 旬丁이 乘하여 天地盤이 比和하거나 玄武가 日干의 羊刃이나 또는 卯酉上에 臨하여 日干을 克하는 等은 다 잡지 못한다. 隱匿之處는 盜神이 子면 正北 酉면 正西 丑이면 東北方으로 본다. 數目은(同伴人) 盜神과 玄武의 隔位로서 알 수 있다.

例를 들어 辰上에 玄武가 乘했는데 辰加酉가 되면 盜神은 亥가 되므로 亥에서 辰까지

는 六位이므로 六名이 되고 旺相하면 六十名 또는 二十名으로 본다。 왜냐하면 辰數는 五

이고 亥數는 四이므로 四乘五는 二十이 되기 때문이다。

또 賊盜의 狀貌를 알려면 玄武乘神을 보고 알 수 있다。 子上에 乘하면 눈은 적고 머리는 적으며 얼굴은 여자 같고 검은 옷을 입었으며 아래는 淡黃色에 靑色을 兼한 옷을 입었다。

丑上에 乘하면 배와 입이 크고 모양은 醜하고 毛髮이 많으며 身體는 雄壯하고 上衣는 검은 색에 下衣는 누른색을 입었다。 寅上에 乘하면 短矮하나 美髮을 가졌으며 손에는 얼룩 고양이를 가지고 있고 말을 잘하며 靑衣를 입었다。 卯에 乘하면 말라서 뼈가 나왔으며 잘 뛰고 黑靑色을 입었으며 醫師나 術士의 行勢를 한다。 辰上에 乘했으면 大目에 粗眉하고 毛髮이 凶相이며 黃衣를 입었고 漁獵을 좋아한다。 巳上에 乘하면 파리하나 키는 크고 노래와 말을 잘 하고 赤衣를 입었다。 午上에 乘하면 사팔뜨기나 身體는 方長하고 한필의 赤馬가 있고 또 靑衣를 입었고 머리에는 紫色 띠를 둘렀다。

申上에 乘하면 키는 크고 얼굴은 희며 각기병이 있고 毛髮은 적으며 던지기를 잘하고 黃色이나 淡白衣를 입고 있다。 酉上에 乘하면 身體는 粗長하고 面上에 班點이 있으며 소리는 울음 소리가 나고 白衣를 입었다。 戌上에 乘하면 얼굴은 惡하고 毛髮이 많고 黑色이며 목소리는 작고 半白色을 입었다。 亥上에 乘하면 肥滿하고 貌樣은 醜하고 靑黑色을 입었다.

以上은 盜賊이 많드라도 首領의 모양을 말하는 것이다.

盜賊을 잡기위하여 사람을 使用할 때 잡을수 있나 아니면 否當한가를 알려면 句陳의 所乘之神이 玄武를 克하면 可用할 수 있으나 句陳의 所乘之神이 玄武를 生하거나 比和하면 受賂하여 私通했기 때문에 잡지 못한다. 三傳中 末傳이 中傳을 剋하면 잡을 수 있으나 相生比和하면 잡을 수 없다. 玄武가 在寅하면 申月 申日에 敗하고 在卯하면 酉月이나 酉日에 敗한다. 以上과 같이 五行의 旺衰로서 敗期를 알 수 있다.

日干이 日支를 克하거나 句陳이나 朱雀이 日支를 克하면 쉽게 잡을 수 있으나 日干을 克하거나 서로 相生하면 잡기 힘들다. 日支가 句陳이나 朱雀을 克하면 잡지 말아야 하고 日支가 句陳이나 朱雀을 生하거나 朱雀이 日支를 生하면 捕人은 盜賊과 私通한다. 干上神이나 句陳 朱雀이 空亡을 만나면 捕人의 힘을 얻지 못하고 支上神이 空亡이나 墓가 되면 끝끝내 잡지 못한다. 句陳과 盜神도 以上과 같이 보아 單用하는 例도 있다.

盜神立處의 上下가 相剋하고 內戰이 되며 盜神이 魁罡이 되어 朱雀 白虎 句陳이 乘하면 盜賊은 自敗한다.

그러나 上下相生하고 萬若 太陰 六合이 乘하면 반드시 잡기 어렵고 玄武가 太歲에 乘하면 盜賊은 京都로 逃亡했고 月建이나 祿馬에 乘하면 道 郡 邑等으로 逃避했다.

盜賊을 防禦하는 데는 月爲我고 辰이 敵이 되므로 我가 他를 生克旺衰를 보아 彼此勝負를 알 수 있다。句陳이 我將이 되고 地盤이 他將이 되는데 我가 他를 制剋하면 좋아도 他가 我를 克制하면 좋지 않다。我가 또한 日辰과 刑害되어도 좋지가 않다。또 句陳이 主將이고 玄武가 客將인데 旺相者가 勝하고 休囚者가 敗한다。句陳이 玄武를 克하면 主勝하고 玄武가 句陳을 克하면 客勝한다。子孫은 能히 官鬼를 剋制하므로 干上에 子孫이 있으면 主勝한다。賊之所在를 알려면 오로지 天目煞이 臨한 方位를 보면 된다。天目煞은 春辰 夏未 秋戌 冬丑이 되므로 例를 들어 春占에 辰加亥가 되면 盜賊이 있는 곳은 西北方이다。

賊의 來方은 初傳으로서 定한다。初傳이 午라면 南方에서 왔다。賊의 來否를 알려면 遊都煞을 보아 遊都가 孟上에 臨한즉 虛信이고 仲上에 臨한즉 半途에 있으며 季上에 있으면 速來한다。

日辰에 加하면 今日에 當到하고 前一에 加하면 明日에 當到한다。遊都煞이 加한 干支가 旺相하고 日干을 克하면 賊勢는 大端하고 休地에 居하면 오지 않고 囚死가 되고 또克制가 없으면 賊은 自遁한다。句陳이 遊都煞을 剋制하면 賊은 必敗한다。

元首는 忠孝하고 聞事는 다 實際며 先動이 利롭고 後動은 不利하며 客에 利롭고 主에 不利하다。重審은 主事가 不順하고 後에 利롭고 先動은 不利하며 主에 利롭고 客에 不利하다。

比用은 占人은 不出邑里했고 占賊은 이웃에 있으며 이러할 때는 進退에 疑惑이 있으므

로 和允함이 좋다。 涉害는 機會를 살피고 微動을 살펴서 動해야지 그렇지 않은즉 致傷을

不免한다。 彈射는 諸事가 다 輕하고 비록 凶하드라도 두려울 바는 없다。 蒿矢는 主에 利

롭고 彈射는 客에 이롭다。 昂星은 虎視가 되니 用兵에 利하나 다리를 건느는 것

이나 망서림은 좋지 않다。 柔日은 多蛇掩目이나 伏臟함에 利롭고 敵은 潛伏하여 볼 수없

다。 伏吟은 欲行 中止되고 柔日은 伏臟不起한다。 이럴때는 行兵에 關梁이 杜塞되고 賊은

境界를 넘지 못했다。

反吟은 禍從外起하고 子逆臣奸之象으로 行兵에 反覆이 많아 깊이 살펴 行動해야 된다。

八專은 主客이 不分明하고 行兵은 반드시 敵을 만나 싸우게 된다。 別責은 借徑而行하고

出兵은 반드시 外助가 있어야 한다。 墓神下에 臟兵시키고 玄武之下에서 劫掠하고 包圍가

됐을 때는 天罡下神의 方向으로 脫出해야 된다。 例를 들어 午上에 加했으면 南方으로 간

다。

奴婢가 逃亡했을 때 酉戌二神이 臨干하면 스스로 돌아오고 臨支했을 때는 밖에서 잡아

온다。 日支의 陰神에 臨했을 때는 親人之家에 숨었고 日干의 陰神에 臨했을 때는 이웃洞

里에 숨었다。 萬若 二神이 日辰이나 四課에 不在하면 멀리갔고 三傳에도 없으면 잡지 못

한다。 物件을 갖고 逃走했을 때는 玄武로서 詳察한다。

第二節 求財詳論

求財는 經營 貸借 他에서 求하는 金融을 統稱한 말이다。 먼저 日干의 財를 찾은 다음

四課三傳에서 類神이 있나를 본다。 日干에서 他爻를 克하면 財爻가 되는데 靑龍과 旬遁

干之財를 보면 財는 暗財이며 財의 類神이 된다。

四課 三傳을 造式한 다음 六處(日辰 三傳 年命)中에서 財神이 나타나면 財物을 求할수

있다。 日干이나 支上神 年命上神等에 財神을 帶하드라도 刑冲破害가 되면 財物을 求

할 수 없다。 財神이 三、四課에 있으면 外財가 入內한다고 하고 이에 反해서 日支에서

보아 一·二課에 財爻가 있으면 外出之財를 求한다。

財星이 旺地에 있고 日辰年命과 相生하면 求財의 目的은 達成할 수 있다。 財星이 鬼地

에 臨하면 求財는 取消해야 되고 空亡이 될때는 求財는 못한다。 萬若 求得하드라도 小財

에 不過하다。

三傳中에 財의 類神을 보고 刑 冲 空亡이 안될 때는 求財는 쉽게 된다。

初傳에 財神이 있고 中 末傳에서 生助하거나 中傳에 財神이 있고 未傳에서 生助하면

求財의 目的은 達成할 수 있다。財의 類神이 많고 日干上神이나 三傳中에 一位가 官鬼爻

가 되거나 官鬼爻와 三合이 되면 財는 鬼化되어 설사 得財를 했다고 하드라도 나중에 苦

心이나 災殃이 뒤따르게 된다。初傳이 空亡이나 刑害가 되드라도 末傳의 財爻가 吉하면

나중에 得財할 수 있다。

反對로 初傳이 비록 財爻가 되드라도 中末傳이 刑冲하여 不良하면 求財는 不能하다。

三傳에 財爻가 있으나 모두 凶將이 乘하면 目的이 半減된다。求財에 있어서 財의 類神이

없는데 日干이 旺相하면 求財를 하지 않아도 될 사람이다。

日干이 初傳을 克하고 初傳은 末傳을 剋하거나 日干上神이 初傳이나 末傳을 克하여 遞

克해도 求財大獲格이 되어 大財를 得할 수 있다。그러나 不遠內에 消耗되고 뒤끝에 口舌

이 따르는 財物이기 쉽다。

日辰上神과 年命에서 財爻를 보면 三財라고 하여 求財는 틀림 없다。

日祿을 三傳中에 볼때에는 干財에 勝한다 하며 가장 吉兆로 본다。또 日辰 年命上에 暗

財即 遁干財를 보는 것은 吉하다。모든 財의 類神은 生旺한 것이 좋고 空亡이나 劫煞

破碎煞等을 꺼린다。그리고 得財의 應期는 財神이 旺해지는 月日이나 靑龍이 臨한 地盤

과 同一할 月日 또는 末傳과 六合되는 날에 求得할 수 있다。

求財의 難易

日支上神에서 日干을 生할 때는 쉽고 支上神에서 日干을 克하면 어렵다。初傳이 財爻가 될때는 쉽다。財가 末傳에 있을 때는 勞苦後에 얻는다。日干上神에 財星이 乘하면 쉽다。初傳에 日德 日祿을 보아도 쉽다。日辰上神이 和合 相生할 때는 容易하게 된나 刑冲破害가 될때는 困難하다。初傳은 官鬼가 되고 中末傳은 財星이 되면 先難後易하다。初傳이 財爻가 되고 中末傳이 官鬼가 되면 求財는 速히 해야지 늦어지면 勞而無効하게 된다

求財의 多寡

財神이 旺相하면 많고 休囚하면 적다。初傳의 財는 많고 中末傳의 財는 적다。太歲에 類神을 보고 傷害가 않되면 많고 類神이 없으면 적다。太歲上神에 財神과 靑龍이 乘하면 많고 占時上이나 日干上神에 大耗나 小耗가 乘하고 財의 類神을 보지 않을 때는 求財는 不可하다。萬若 所得한다 하드라도 小財이다。財를 누구한데 얻을 수 있느냐는 天官으로서 決定하면 된다。

金融之財

日干은 債務者이고 支上神은 債權者이다。占時가 吉할 때는 債務를 얻을 수 있고 死囚

剋制가 될 때는 借財를 하지 못한다. 干支가 모두 吉하다해도 占時와 冲 剋할 때는 말뿐

이고 金錢은 債務되지 않는다.

賣買上의 利得

干上이나 三傳에 財神 祿神을 보면 利潤이 많다. 年命이나 干支上神에 暗財 即 遁干財

를 보면 가장 吉하고 三傳 六所에 모두 財神이 乘하면 財多하여 도리어 無財라 해서 財

物의 利得은 全혀 없다. 三傳에 財의 類神이 없는데 子孫爻가 될 때는 子孫은 能히 財를

生한다 하여 努力을 하면 財物을 얻을 수 있다.

財가 絕이 되드라도 子孫爻에서 財를 生할 때는 財가 絕處逢生됐다 하여 나중에 利益

이 있다. 財神이 年命上에 臨할 때는 반드시 利得이 있다. 財神과 驛馬가 三傳中에 있을

때는 外交的 活動에 依하여 利益을 얻는다. 賣買는 日干을 自己로하고 支上神을 他人(去

來相對者)으로 하고 初傳은 物件으로 본다. 子孫爻는 財源이 되고 日辰과 같이 吉할 때

는 物價가 높기 때문에 買却해서 利益이 있고 日辰과 같이 傷할 때는 값이 헐하기 때문

에 賣入하기는 쉽다.

初傳이 氣勢가 없으나 中末傳이 相生할 때는 賣買에 有利하다.

外財를 求하는 法

日干에서 보아 財爻가 三·四課에 있으면 外財가 들어 온다. 日干上神과 二課上神 또는 占時나 年命上神에 財神을 볼 때는 三財라 하여 外財가 入門하는 기쁨이 있다. 그러나 萬若 三傳이 모두 財星이 될때는 財多反缺이라하여 오히려 利財는 적거나 얻지 못한다.

求財秘傳集

一, 發用이나 日干上神이나 占時가 財神에 該當될 때는 求財之象이다. 三傳中 白虎 句陳 玄武 天后에 謾語(正月起午 順行干二支) 飛禍(春申 夏寅 秋巳 冬亥)가 加하고 刑剋이 될때는 家內에 男女의 凌辱之事가 일어난다.

二, 干支가 相害되고 發用이 財가 될때는 내가 가서 求財하나 他人과 不睦된다. 三傳中에 金神(四孟月酉 四仲月巳 四季月丑) 劫煞이 暗動作鬼하여 日干을 傷할 때는 반드시 他人에게 冤讐를 진다. 傳中 辰戌이 空亡이 돼도 마찬가지다.

三, 發用이 財가 되어 閉口課가 될 때는 말을 삼가해야 禍를 免한다. 萬一 朱雀 謾語 天機 大殺이 加할 때는 말이 많고 三傳中에 克害나 鬼殺을 帶할 때는 반드시 災禍가 있다.

四、發用財가 되어 剋賊 涉害課가 되고 遊子 斬關 丁馬를 兼할 때는 求財之事라고 보는데 遠近을 不顧한다。 또 亡神 劫財 剋脫 刑害를 帶할 때는 二重의 害가 있으니 財物을 貪함은 不利하다。 萬一成神 生氣 吉神을 帶할 때는 害中에 利가 있으나 其利를 버리지 못하여 貪할 때는 財物로 因하여 生命을 버리게 되니 安分守己하여 身邊에 安全을 圖謀함이 좋다。

五、發用이 酉 亥가 되면 술(酒)과 關係가 있다。 發用이 日干을 克하고 三傳에 劫煞 飛廉 大禍를 加할 때는 남이 와서 나의 財物을 求하는 故로 財物을 주게 된다。 그렇지 않고 拒絶할 때는 반드시 禍가 있다。 日干上神이 亥酉이고 支神에서 이를 克하여 發用이 되고 三傳에 凶神이 있을 때도 害가 된다。

六、仲神이 發用하고 太常이 乘하여 生氣가 되거나 旺相할 때는 酒席에 앉게 된다。

七、發用이 日干의 財가 되고 靑龍 天喜 二馬 또는 閉口格이 되어 空亡이나 刑害가 되지 않으면 求財는 반드시 얻을 수 있다。

八、寅 亥相加하면 下에서 上을 生하게 되는데 다시 成神 天喜 靑龍 天后를 帶할 때는 女人의 財物을 얻는다。

九、末傳이 財星이고 旺相하여 三合 六合이 되면 財政 金融 交易等에 기쁨이 있다。 或은 亥卯末三合하여 財가 되어도 마찬가지 인데 天喜 德祿을 帶하면 家運은 繁榮하고 財

産 또한 興隆할 徵兆가 있다.

十、 三合水局하여 財가 되어 天喜 成神이 있어 日干을 生할 때는 賣買 交易에서 財物을 얻을 수 있다. 또 巳酉丑 金局이 財가 되어 旺相하고 德祿 天喜를 帶할 때는 資材가 豊足하게 된다.

十一、 無祿課는 財物을 얻을 수 없다. 설사 얻는다 하여도 財物은 極히 적고 多望未達하게 된다. 三傳中에서 日干을 生할 때는 方針을 고쳐 他人과 새로운 일로 財物을 얻을 수 있다. 三傳의 財는 小財이나 남에 依存하지 않는 것이 좋다.

十二、 發用이 財가 되어 丁馬가 病符를 帶할 때는 得財는 하나 病을 얻을 수가 있다. 萬一 中末傳에 刑害를 帶하고 日干을 生하는 神이 없을 때는 依支할 곳이 없어 悲觀한 다.

十三、 發用이 財가 되고 丁馬를 帶할 때는 財物을 求하는 象이다. 三傳中에 太陰이 乘하고 閉口格이 되어 劫煞 飛廉 天禍 二都를 帶할 때는 不測의 災禍가 생기고 家中에서 盜賊을 기르는 것과 같이 대단히 危險하다. 萬一 日干이 旺相하지 못하고 傳中에 救神이 없을 때는 반드시 凶兆가 있다. 萬一 三傳中에 飛廉 大禍 六害가 있어 日干을 克할 때는 禍를 안에서 기른다고 본다. 그러므로 進退에 愼重을 期하여 禍를 免하도록 해야 된다. 輕擧할 때는 반드시 鬼殺이 生旺하여 禍患이 發生할 憂慮가 있다.

十四、 發用이 日干의 財가 되고 成神과 干合할때도 求財의 象이다。三傳中에 刑冲破害가 되지 않고 空亡도 되지 않을 때는 求財는 順調롭게 된다。

十五、 財神이 空亡하고 貴人이 辰戌의 地에 臨하든지 休囚의 地에 있을 때는 求財가 不能하다。

十六、 八專課는 獨行의 象이므로 休囚支가 될때는 單獨으로 行하고 萬一 天喜 德祿이 旺相할 때는 獨占하여 得財할 수 있다。

十七、 發用 酉는 酒食이나 財寶이다。萬一 貴人이 乘하여 生氣를 帶할 때는 酒食의 喜事가 있고 日干과 相生될 때는 財寶의 利得이 있다。

十八、 財神이 衰한데 盜死 奸殺 等을 帶할 때는 色情으로 亡身한다。또 財가 鬼로 化하고 黨을 이루나 合이 않되고 凶課가 되는데 年命에서 救助가 되지 않을 때는 他人과 謀事中에 死亡한다。

十九、 支의 財가 日干에 加할 때는 他處에 나가서 求財心得한다。또 財神이 三合 六合이 旺相한 즉 求財는 반드시 得利한다。財星이 休敗 空亡이 될 때는 求財는 不成한다。財神에 破神 耗神이 모일때는 求財는 不利하다。財神이 盜神을 帶하고 日干을 克하면 盜賊의 被害가 있다。

二〇、 財神이 病符를 帶하고 日干을 克하면 因財 發病한다。또 財神이 牢殺을 帶하고 日

干을 克하면 財訟이 原因이 되어 死亡하고 財神이 火鬼를 帶하고 日干을 克할 때는 火災가 있고 財神이 木索을 帶하고 日干을 克할 때는 財物로 因하여 縊死하고 財神이 井索을 帶하고 井索에서 日干을 克할 때는 因財 溺死한다。

二、發用이 財가 되고 涉害課 斬關課 遊子課 丁神 驛馬를 帶할 때는 遠方之財를 求하고 財에 驛馬가 臨할 때는 橫財하나 刑冲剋戰이 될 때는 暴力的으로 受財하는 것이다。

天將의 財占

一、財에 天乙이 乘하여 日干을 生하든지 또는 貴人이 旺相할 때는 手上이나 官廳이나 公事의 財를 얻는다。

二、財星에 騰蛇가 乘하여 牽連되어 空亡이나 刑冲克害가 없으면 쉽게 財物을 얻을 수 있다。또 財에 騰蛇가 乘하여 牽連하여 生으로 化하면 大財를 얻는다。또 財에 騰蛇가 乘했는데 凶殺이 加하면 危險한 財物을 얻는다。

三、財에 朱雀이 乘하여 黃恩 天詔를 帶하면 文書에 依하여 財利를 얻는다。또 財에 朱雀이 乘하여 六合이 加할 때는 敎化事業으로 財利를 得한다。또 財에 朱雀이 乘하고 天巫 願神을 帶할 때는 神佛 祈禱等으로 財利가 있다。또 財星에 朱雀이 乘하고 訟

神을 帶하면 訟事에 依하여 財物을 얻는다。 또 財에 朱雀이 乘하고 生氣가 있을 때는 禽鳥에 依하여 財利를 얻는다。 또 財星에 朱雀이 乘하여 殺로 化하고 日干을 克할 때는 財物로 因하여 口舌과 災難이 生긴다。

四、 財星과 六合이 乘하여 和合하면 賣買 交易에 有利하고 또 財星에 六合이 乘하여 日干에 合하면 福이 생기고 妻로 因하여 財利가 있게 된다。 또 財星에 六合이 乘하여 水勢가 洋洋할 때는 물이나 배(船)로 因하여 財物을 얻는다。 또 水神에 六合이 乘하여 財가 될 때는 他人의 권유로 謀事하여 財利를 얻는다。

五、 財星에 句陳이 乘하고 謾語를 帶할 때는 남을 끌어드려 財物의 利得을 보게 된다。 또 財星에 句陳이 乘했는데 官星이 나타나고 官星이 旺相할 때는 爭訟으로 財를 얻는다。 또 財에 句陳이 乘하여 六合을 帶할 때는 田産 또는 墓地에 關하여 財利가 있게 된다。

六、 財에 靑龍이 乘하여 天喜를 帶하면 나를 도우는 有益한 財를 얻는다。

七、 財星에 天空이 乘하고 讀語가 加할 때는 財物을 얻으나 波瀾이 있다。 또 財星에 天空이 乘하여 天喜 六合이 있을 때는 使用人으로 因하여 財物을 얻는다。 또 財星에 天空이 乘하여 吊客 喪門을 帶할 때는 僧道 또는 死人에 依한 財物을 얻는다。

八、 財星에 白虎 劫煞이 乘할 때는 盜賊에 關한 財로서 놀라는 일이 있다。 또 財星에 白

九、 虎 德合 劫煞을 帶할 때는 軍務關係로 財物을 얻는다。

財星에 太常이 乘하여 傷克 冲害가 안되면 親한 사람에게 飲食의 待接을 받고 또 財物도 얻는다。

十、 財에 玄武 또는 太陰을 帶할 때는 陰謀로 財物을 얻는데 發說하면 敗한다。 또 財星에 玄武나 盜神이 乘할 때는 盜賊의 財物이다。

十一、 財에 太陰이 乘할 때는 暗謀로 利益이 있든지 女子에게서 財物을 얻는다。

十二、 財에 天后가 乘하면 女子에게 有情의 財를 받는다。 또는 婚姻 또는 裝飾品等으로 財利가 있다。

畢法上의 財占

一、 六壬大全 畢法部 第六番은 **六陰相繼盡昏迷**가 되는데 六陰格이란 四課 三傳 모두가 陰支뿐일 때를 말한다。 求財는 勿論 計劃 謀望等이 모두 昏迷不明하다。 陰謀 奸邪 私慾等은 利하나 公事 公明은 不利하다。

二、 **旺祿臨身徒妄作** 日干上神에 日祿이나 帝旺이 될때는 佳良하다。 萬一 空亡이 되면 이를 버리고 三傳에 따라 吉凶을 求한다。 辛巳日 酉加戌이 되면 酉는 日祿이 되어 좋으나 酉는 旬空이 되는데 旺祿空亡은 消費를 保償하지 못하니 干上의 祿을 버리고

三、三傳의 寅卯의 財에 따라 吉凶을 말한다。

三、**傳財太旺反財虧** 三傳이 全部日干의 財가 되고 天官五行 또한 日干의 財神이 되면
財는 月令의 旺氣에 該當하니 財事를 正斷하면 財가 太旺하여 求財는 도리어 어렵다。
例로 戊申日 辰加子하여 三傳이 辰申子 全水局이 되어 月令의 旺相氣를 띠면 절때로
得財는 不可하고 오히려 損財하게 된다。

四、**空上遇空事莫追** 財神이 空亡하면 消耗만 있지 外資는 들어오지 않는다。空上遇空
이란 日干上에 空亡이 되는데 다시 天空이 乘할 때를 말한다。救財는 勿論 百事에
되는 일이 없다。

五、**上下相合兩心濟** 四課 日辰上神이 서로 相合하고 또 干支가 交車六合이 되어 財神
을 볼 때는 協力融和의 財物을 얻는다。例를 들어 乙酉日 辛卯日 伏吟等을 말한다。

六、**水日逢丁財動之** 初傳 年命 日辰中에 旬內의 丁神을 보면 반드시 財物이 動來하고
遠方이나 他處에서 書信으로 財物이 온다。또 未婚者는 結婚을 하게 되고 旣婚者는
離別의 徵兆가 있다。

七、**傳財化鬼財休覓** 例를 들어 丙日 三傳 申子辰과 같이 申金財가 鬼로 三合하여 官
鬼로 化하면 絕對로 財物을 貪해서는 안된다。설사 求財가 된다해도 後에 災殃이 일
어난다。

八、**費有餘而得不足** 長生은 生氣가 되기 때문에 대단히 좋아 求財는 좋으나 空亡이 될 때는 費用만 쓰지 得財하지 못한다。假令 丙午日 干上에 寅이 되면 日干의 長生이 되나 空亡이 되는 例이다。

九、**用破心身無所歸** 用神이 破克되면 每事不成한다。그러나 그 用神이 鬼가 될때는 오히려 空亡이 되는 것이 吉하다。戊申日에 三傳이 子 寅 辰이 되면 中傳 寅木이 日鬼가 되나 空亡이 되므로 오히려 좋다고 본다。

十、**空空如也事休追** 三傳이 전부 空亡이 되거나 二傳이 되고 남어지 一傳이 空亡이 될 때나 四課가 전부 空亡이 될때는 每事를 推進함이 不當하다。

十一、**賓主不投刑在上** 四課上神이 辰 午 酉 亥等의 自刑이 되면 求財는 勿論 每事 交涉에도 異心이 있고 違約한다。相對는 나의 뜻에 反心을 품고 나의 뜻을 받아 들이지 않을 뿐만 아니라 猜忌하는 마음이 있다。

十二、**萬事喜忻三六合** 三傳이 三合會局되고 干上 또는 支上에 三合中의 一神과 支合할 때는 萬事에 喜慶이 넘친다。例를 들어 乙酉日 丑加酉하여 三傳이 申子辰 合이 되면 日支 上神 丑과 三合中의 子와 六合하고 三傳의 天官이 貴句常이 되어 乙日의 財가 되니 必得한다。

十三、十惡大敗日은 求財는 꺼린다。(旬內空亡遂類推) 十惡大敗日이란 壬申 庚辰 辛巳 丁

亥 巳丑 丙申 戊戌 甲辰 乙巳 癸亥等의 十日인데　即　日祿이　空亡되는　것을　말한다。

以上의　日辰에는　求財를　꺼린다。

原書中의　實例

다음은　大壬探原書中　六財章의　實例이다。　庚寅日　子將　亥時課　行年　巳亥　丙命의　求財

占이다。

```
三傳          四課
辰 合      阻 玄 句 合
巳 朱      酉 戌 卯 辰
午 七 ○   庚 酉 寅 卯

              ○貴 ○后
  ○ 七 午   未   申   酉 阻
     朱 巳            戌 玄
     合 辰            亥 太
     句 卯   寅   丑   子 白
             龍   空
```

위의　課는　重審課　進茹格이다。　末傳이　空亡이　되므로　退茹格과　같은　作用을　한다。

第三課에　卯財가　있으므로　類神이　나타나　있는데　地盤도　木이　되어　旺勢가　되어　類神

은　強하다。　그러나　日干上神　酉는　卯와　相冲하고　卯는　酉에　剋制되므로　借財에는　不應하

지　않는다。

또 第二課 戌과 卯는 地合하고 第二課의 陰神 亥水와 合이 되므로 內部的으로는 感情이 融和된다。陰神은 土가 되어 庚金을 生하므로 信任을 얻어 相當한 借財를 할 수 있다는 象이다。그런데 陽神과 陰神인 辰戌은 相冲이 되어 內部的으로 暗鬪의 뜻이 있어 先易後難하게 된다。또 年命 上神에는 天空이 乘하고 行年亥上에는 白虎가 乘하여 借主는 失敗의 傷處가 있고 傳午는 空亡이 되고 四課는 卯酉 辰戌 相冲하므로 借財는 되나 後에 든을 갚는데 違約하므로 마침내 다툼이 있는 좋지 않는 課이다。

例二 乙未日 酉將 卯時課

三傳

○	朱	戌	才
○	太	辰	才
○	朱	戌	才

四課

朱	太	龍	后
戌	辰	丑	未
乙	戌	未	丑

天地盤

	合	句	龍	空	
○	亥	子	丑	寅	白
朱 ○	戌			卯	
七	酉			辰	太 ○
	申	未	午	巳	

客人이 와서 占斷을 請하면서 말하기를 나는 先生님한테 무엇을 正斷하겠읍니까 묻기에 右와 같은 課傳을 얻어 내가 말하기를 課傳이 모두 純土이고 또 日干에서 보아 財星

이 되므로 求財하는 것이라고 말했더니 客이 그렇다고 對答했다。 그러나 課體는 反吟 無依格으로 三傳이 전부 空亡이 되어 得財는 可望없다고 했더니 客은 짐작한바가 있다고 하며 돌아 갔다。

이와 같이 求財에 三傳이 전부 空亡이 될 때는 有名無實하게 된다。

例三 丁巳日 申將 丑時課 年命辛丑 行年 壬寅 南京으로가서 借款의 成否 如何

三傳
貴 酉
白 辰
朱 亥

四課
陰　　合　　貴　　龍
未　　子○　酉　　寅
子○　巳　　寅　　丁

天地盤
合子　句丑　龍寅　空卯
朱亥　　　　　　　白辰
七戌　　　　　　　太巳
貴酉　后申　陰未　玄午

上課는 涉害課 上度厄格이다。 初傳歳는 貴人이며 日干의 財가 되고 日干上神은 印綬며 靑龍이 乘하며 財神이 加하고 貴人은 行年上에 臨하여 本年丑과 合하고 末傳亥는 驛馬가 되어 入墓하고 日支上神 六合이 空亡이 되므로 虛行했으나 其后 六千圓을 郵送해 왔다。 酉財는 六數가 가되기 때문이다。 萬若 年命上神이 卯일때는 酉와 相沖하므로 不可하게 된다。

例四 己亥日 巳將 子時課 典當舖 開業 將來如否 占

三傳

```
○  玄  巳
○  朱  戌
   白  卯
```

四課

```
○            ○
七   太   玄   句
酉   辰   巳   子
辰   亥   子   己
```

天地盤

```
朱   合   句   龍
戌   亥   子   丑
七                 空
酉        …        寅
貴                 白
申                 卯
     后   陰   玄   太
     未   午   巳   辰
```

上課는 重客課 鑄印格이다。

日干上神이 財가 되고 日支上神이 財庫가 되므로 典當業의 類神이 있어 吉하다。그러나 初傳 中傳이 모두 空亡이 되는 故로 九個月이나 八年內로 他人에게 恐奪을 당하기 쉽다고 正斷했더니 果然後에 九個月만에 他人으로 因해 그만 두게 되었다。왜냐하면 鑄印格이 空亡이 되어 損耗가 되기 때문이다。子數는 大定數로 九가 되기 때문이다。

第二節 射覆門

射覆이란 보이지 않는 物件이나 他人이 생각하는 萬物을 알 수 있는 方法이다。그러므로 來情 法과 별로 다른 點은 없으나 좀 次元이 높다고 볼 수 있는 方法으로 世上萬事에 該當되지 않는게 없다。 射覆法은 六爻나 奇門 影算數等에도 있으나 第一 現實的이면서 的 中率이 높은 六壬法에는 不及한다。 射覆法은 陽日과 陰日을 分別해서 본다。 陽日은 日上神을 보고 陰日은 支上神을 보고 發用은 參考로 본다。 發用을 物로 하고 中末傳은 一切使用치 않는다。

一、有用 無用　發用이 旺相하고 또 旺地에 臨할 때는 貴重한 것으로 가히 使用할 수 있는 物件이다。 萬若 發用이 休囚및 死絕地에 臨하게 되면 賤한 物件으로 有效하게 使用할 수 없는 物件이다。

二、新舊　旺相하면 新으로 하고 壯으로 본다。 休囚는 舊古로 보고 老로 본다。 不備課는 모두 不完全한 物件이다。

三、時期　干上神이나 支上神이 發用하면 當時의 物件이다。 寅月에 初傳 地支가 丑이나 子일대는 이미 때가 지나간 物件이다。 그러나 寅이 되면 現在의 物件이나 卯는 將來物件이다。

四、五格　1) 潤下格은 물과 關係있는 것으로 구부러진 物件이다。 2) 曲直格은 草木類로 斜角진 物件이나 斜長形의 物體이다。 3) 炎上格은 火에 屬하는 것으로 尖小하고 輕한 物件이다。 4) 稼穡格은 土에 關한 物件으로 圓厚한 物體이다。 5) 從革格은

金屬類 또는 壓强한 物體이다。

五、**五行物類** 發用이 木神이면 木類 火神이면 火類 土神이면 土類 金神이면 金石類 水神은 水에 屬하는 物件이다。

六、**有無** 用神 또는 日辰上에 空亡 或은 天空이 乘할 때는 아무것도 없다。

七、**多少** 日辰이나 發用이 旺相할 때는 多하고 休囚할 때는 中이며 囚死할 때는 少로 본다。

八、**左右** 發用이 陽神이 되면 左이고 陰神이 發用할 때는 右이다。

九、**金錢의 左右를 안다** 天罡이 孟上에 加하면 右便에 있고 仲季에 있으면 左便에 있다。

十、**遠近** 伏吟은 가까이 있는 物件이고 返吟은 멀리 있는 物件이거나 走動의 物件이다。其他는 發用과 日辰을 參酌해서 旺相하면 멀고 休囚하면 가깝다고 본다。

十一、**色** 色을 보는데도 陽日은 日干上神으로 보고 陰日은 支上神으로 보아 旺하면 本色이고 相하면 子孫의 色 死는 財星에 該當한 色 囚는 鬼色 休는 母色으로 본다。

十二、**形狀** 用神이 孟神이 되면 圓形 仲神은 方形 季神이 되면 粉碎된 物形이 아니면 尖端한 것이다。旺하면 둥글며 輕하고 새것이다。相하면 方形으로 길며 새것이다。死하면 硬直 또는 剛物이다。囚는 잘게 粉粹된 것이다。休는 輕하며 形體는 不定 또는

平均되지 않는 것이다。

十三、 **食喫의 如否**　日辰과 發用이 相生하고 吉將이 乘하면 먹을 수 있는 物件이고 相
剋하고 凶將이 乘하면 먹을 수 없는 物件이다。 不備나 昂星 八專格은 먹을 수 없는
物件이다。

十四、 **味**　發用이 孟上에 加하면 시고 仲上에 加하면 짜며 季上에 加하면 달다 大體로
五行上으로는 木酸 火苦 土甘 金辛 水酸으로 본다。

十五、 **雜類**　涉害 昂星 八專 以上의 課는 둘셋 쉬여진 것이다。 連茹가 日辰이 相比하
지 않고 季神發用하거나 日辰이 相剋할 때는 어느 것이나 雜類 또는 雜物이다。

十六、 **死活**　初傳이 生氣및 上下相生 또는 月厭이 되면 活物이나 新品이다。 相剋되거
나 死囚가 될때는 반드시 死物이나 古物이다。

十七、 **表裏**　發用으로서 表裏를 알 수 있으며 上下에 依해서 表裏의 色을 알 수 있다。
假令 寅 午 戌이 三傳이 되었다면 寅이 表요、 午가 裏가 되므로 色도 外靑 內赤으로
본다。

十八、 **日辰上神과 天將**　日辰上神에 神后나 勝光이 加해 질때는 其物은 갈라졌거나 구
멍이 있고 卯酉가 支干上에 있을 때는 가운데가 비어 있는 空類이다。 魁罡이 加해지
면 物은 殺氣를 띠었고 丑未는 眉目이 있고 寅申은 手足이 있으며 巳亥는 死物로 靑

黑의 形이다。 天官이 日辰上에 天乙이 되면 珍貴한 것으로서 먹을 수도 있는 物件이며 身圓黃白으로 光澤이 있다。

螣蛇가 되면 異物로서 文華를 帶했고 或은 細長 赤色이다。 朱雀이 되면 光彩가 있고 異物로 羽毛 或은 文書物 또는 火烟 或은 飛物이다。 六合이 되면 其物에 光彩가 있고 食味는 雜이고 竹木 金石系의 소리이다。 句陳이 되면 破損된 物이고 靑黑色이며 文章이나 草木의 열매이다。 靑龍이 되면 걸어둘 물건 또는 錢財 黃白의 色 或은 草木類이다。

天空이 되면 塵穢의 物件이나 또는 金石 變異 虛空 或은 醜狀의 것이다。 白虎가 되면 刀傷의 物件 또는 鑛物 或은 玉石等의 物件이다。 太常을 보면 먹을 수 있는 물건 色은 黃色으로 形體는 圓實하며 아름다운것 或은 珠玉 또는 衣料品이다。 玄武를 보면 文章 鮮甲 또는 虛空의 物件 或은 연달은 物品이다。 太陰을 보면 金銀 刀劍 錢類 또는 野物 或은 색다른 飛物이다。 天后를 보면 女人의 손을 거친 物件이나 白色이고 銀과 같고 水穀類이다。

實例一 庚子日 亥將 申時課

三傳:

白	午
句	酉
七	子

四課:

白	陰	后	朱
午	卯	寅	亥
卯	子	亥	庚

天地盤:

龍申	句酉	合戌	朱亥
空未			七子
白午			貴丑
太巳	玄辰	陰卯	后寅

初傳이 火가 되므로 輕한 物件이다. 初傳과 干上神이 水火相克하므로 먹을 수는 없다. 또 初傳은 相氣이고 干上은 休가 되므로 數量은 적다. 第四課에서 發用되었으므로 右便에 있다. 天罡이 季上에 加해 있으므로 金錢같으면 左手에 있다. 陽日이므로 干上神을 보는데 干上이 水이므로 黑色이다. 初傳이 仲神이 되므로 [illegible]形이다. 初傳이 白虎이므로 金屬이나 刀傷物이다.

例二 丁卯日 申將 酉時課

四課

太	白	句	合
丑	寅	巳	午
寅	卯	午	丁

三傳

太	玄	陰
丑	子	亥

天地盤

龍辰	句巳	合午	朱未
空卯			七申
白寅			貴酉
太丑	玄子	陰亥	后戌

陰日이므로 支上神을 主로 본다. 初傳이 相하나 支上神은 休氣가 되므로 有效 有用의 物件이 아니고 時期에 벗어난 雜類이다. 初傳이 木과 土이므로 數量은 적고 四課上에서 發用했으니 右에 있다. 三課寅은 休氣가되서 母色으로 봄으로 黑色이며 初傳이 季神이되므로 粉碎된 物件이다. 支上神이 白虎이므로 刀傷된 物件이다.

第一三節 來占人物

一、太歲 月建 月將에 天乙이나 青龍이 乘하며 發用하고 合祿이 모이고 日辰에 官祿이 반
쳐 있으면 國王이다.

二、天后나 太陰에 皇恩 天詔 月德이 兼하고 旺相하며 太歲와 相合하면 國母나 皇后이다
但 休囚가 될 때에는 단지 貴婦人으로 알면 된다.

三、青龍 또는 貴人이 東方의 支에 臨하고 皇恩 天詔를 帶하면 皇太子이다. 또 太歲上神
에 卯가 加하며 發用해 가지고 前後引從하며 日干을 扶助하여도 皇太子나 殿下이다.

四、太陰이나 天后에 皇恩 天詔가 乘하며 刑克冲害가 되지 않고 또 德喜가 旺相하며 太
歲를 扶助할 때는 太子妃이다. 만약 休囚가 될 때는 단지 보통 夫人으로 본다.

五、青龍 太常이 月建에 乘하여 太歲와 合하고 다시 驛馬가 三傳에 있으면 王族이다. 萬
若 中傳에 朱雀 六合 德祿 支合이 되면 文敎部長官이다. 太常이 月建 또는 太歲에
乘하고 支合하며 金神 劫煞을 帶할 때는 國防長官이나 軍部의 高官이다.

六、朱雀이 正官이 되고 月 時로 보아 旺相하며 皇恩 天詔를 帶하면 中央廳의 高官이다.

七、萬若 青龍 月德 德祿과 太歲가 合하면 文敎部의 要職이다。 貴人이 日 또는 時에 있고 正官이 旺相之地에 坐하며 雜神을 制하면 長官이다。 萬若 休囚之地에 있으면 次官이나 局長이다。

八、時 日이 旺相하며 句陳을 帶하고 貴人 靑龍이 初傳 또는 日上神에 坐하며 三傳에 財星을 보면 稅務官이다。

九、靑龍 太常이 日上 또는 占時上에 있어 官星이 되어 三合成神 德神을 帶하면 宗敎職이다。

一〇、太常이 日時에 加하고 日祿 正官이 用神이 되고 劫煞 驛馬 丁神을 帶하면 軍部의 要職이다。

十一、正官이 旺相하고 朱雀이나 句陳을 帶하고 三傳에 丁馬 劫煞 金神을 帶하면 裁判官이다。 吉將 吉神은 高官으로 보고 三刑 囚死가 되면 刑務의 官吏이다。

十二、朱雀이 官星이 되고 驛馬 丁神이 日辰上神을 生할 때는 外交官이다。 萬若 太歲와 天馬가 冲을 帶하여 三傳에 入하면 巡警이다。

十三、月建 또는 日辰上神이 三傳에 入하면 市廳官吏이다。 課는 三傳의 五行으로서 區別한다。 金火는 工學課이고 刑殺을 帶하면 刑事 民事의 官이며 財를 帶하면 經濟 또는 稅務課이다。 水를 帶하면 水道 下水道 橋樑 河川에 關한 課이다。 木을 帶하면 司法

課이고 土를 帶하면 土木課에 屬하는 官吏이다。

十四、寅 또는 申이 初傳이 되어 貴人이 가까이 있으면 公務員이다。旺相하면 將來에 有

望한 사람이고 休囚 病絕이 되면 中途에서 退職한다。아니면 平生下級 官吏이다。

十五、朱雀이나 靑龍이 寅卯에 乘하며 初傳이 될 때는 文人學者이다。또 午가 空亡이 되

면 博學多識한 才士이다。休囚하면 貴하지 못하다。

十六、三傳이 財官이 되고 靑龍 太常 祿馬가 旺할 때는 功名顯達할 수 있는 學者이다。

十七、官星이 旺하고 靑龍 朱雀 太常中의 어느 것이나 初傳이 될 때는 學問을 硏究하는

사람이다。아니면 先生이나 敎育者로서 때가 오면 後日에 功名顯達할 수 있다。

十八、**富者**　四課가 吉하고 三傳이나 占時가 다같이 財가 되고 旺相하며 靑龍 太常 六

合等이 三傳中에 乘하고 日干을 生하며 또 吉神이 加하게 되면 富厚한 사람이다。丁

馬를 帶하면 富裕한 客人이다。萬若 休囚하면 父祖의 힘으로 現業을 이룬 사람이다。

萬若 初傳이 靑龍 太常이 되지 않고 財祿을 帶하며 吉神이 加할 때는 中等의 富者이

다。

十九、**外交商人**　丁馬와 財星이 같이 있으면 往來하며 外交를 하는 商人이다。申巳가

財가 되면 顧客이고 亥子에 丁馬가 乘할 때는 他國에서 關係되는 商人이다。

二十、**行商人**　初傳에 丁馬 遊戲의 神을 帶하거나 申巳나 白虎가 乘하여 財星이 될 때

는 行商人이다。旺相하면 有力한 商人이고 休囚하면 下賤한 行商人이다。

二一、**善人**　丑 寅 午가 初傳이 되어 貴人 靑龍 太常을 帶하여 三合이나 支合中 어느 것이나 되면 性情이 順良한 善人이다。丑은 賢良한 長者이고 寅은 官吏나 또는 숨은 有名人이며 午는 精神的으로 平穩한 境地에 있는 사람이다。刑害가 없을 때는 物을 貪하는 사람이 아니며 天時 地利를 얻을 때는 大善人이요。天時 地利를 얻지못하면 奴人으로서 心性이 善良하나 平生에 一事不成한다。

二二、**農夫**　丑未는 田畓이고 卯는 作物이다。句陳 丁神 申酉가 三傳에 있으면서 生氣가 加하면 豊足한 農場을 가진 사람이다。

二三、**遊閑人**　三傳에 丁馬가 있는데 空亡이 되고 財富를 帶하지 않았으며 休囚死絕이 되면 遊湯한 사람이다。遊殺 遊神과 함께 丁馬가 있고 財星이 子午나 寅申에 있을 때는 來人은 반드시 遊閑人이다。旺相하면 豊饒한 사람이요 囚死하면 貧賤한 사람이다。

二四、**醫・卜・巫・術士**　初傳에 天空이 旺相하며 丁神을 帶하거나 酉巳午에 朱雀이 乘하면 九流之客이다。朱雀이 干上 또는 初傳에 있어 卯戌合이 되고 丁神이 巳午에 있으면 運命學者이다。未申辰은 醫工의 神이다。天地醫가 와서 課傳에 乘하고 太常과 靑龍이 그 위에 乘하면 名醫이다。

二五、 **畫家**　午巳卯에 朱雀 靑龍 太常이 乘하여 生氣 丁神이 初傳이 되면 그 사람은 畫家이다。

二六、 **僧尼**　卯 辰 申 戌에 天空 朱雀 白虎가 俱存하고 다시 空亡이 되며 刑沖 破害 가 될 때는 僧尼이다。 天空 空亡을 帶하고 德合 吉神이 있어도 僧道이다。 德合에 吉神이 없으면 雲水之僧이다。 萬一에 空亡이 되지 않으면 佛心이 깊은 信者이다。

二七、 **新興宗敎家**　日辰에 寅이 加하고 玄武나 天空을 帶하거나 句陳이 空亡이 되어 雷 殺을 逢하면 新興宗敎家이다。

二八、 **寡婦**　天后가 空亡이 되고 夜貴가 干上 또는 初傳에 乘할 때는 寡婦나 佛敎信者 이다。 官星이 初傳이나 日辰上神에 乘하며 空亡이 되거나 孤寡課가 되면 寡婦이다。

二九、 **宗敎를 兼한 術士**　卯에 朱雀이 乘하고 寅이나 申上에서 空亡이 되면 寺刹의 術 家이다。

三十、 **花柳界**　咸池가 酉를 帶하고 三合이 될 때는 花柳界라고 볼 수 있다。

三一、 **乞丐**　巳亥에 蛇虎가 乘하여 있는데 人品을 正斷한다면 求乞之人이다。 또는 下 級人으로 依賴心이 많은 사람이다。

三二、 **親人의 恩仇**　年命上神은 親族이지만 其 上神에서 日干을 克할 때는 親人 또는 外親과 서로 害를 招來한다。 干支와 三合 支合해서 貴德이 있으면 親한 사람이다。

干上神에 靑龍 白虎를 보면 他人이나 外親이나 遠人이다. 三傳에서 日干을 克하지
않드라도 天將五行으로 부터 日干이 克을 받을 때는 또한 遠疎한 사람이다.

第一四節 雜占門

借物은 干을 借人으로 보고 支를 物主로 본다. 支上神이 干上神을 生하거나 干上神에
서 支上神을 克制하면 반드시 얻을 수 있다. 그러나 日上神이 支上神을 生하거나 支上
神에서 日干을 剋制하면 얻지못한다. 日干이 旺相하고 上下相生하며 다시 吉將이 乘하면
求物은 반드시 많고 그렇지 않을 때는 적다. 또 天罡이 季上에 加하면 반드시 얻을 수 있
고 三傳이 相克하면 얻을 수 없다.

길을 가다가 酒食을 가지고 가는 사람이 酒食을 勸할 때 可食如否도 干支上神을 보아
辰戌子 太陰이 되면 반드시 奸邪한 사람으로 사람을 害하려 하는 것이니 절대로 飮食
을 먹어서는 안된다. 그러나 靑龍 太常 六合이 되면 安全한 것이니 먹어도 된다.

外出하여 金錢이나 食糧이 떨어져 배가 고프기 때문에 酒食을 찾는다면 月將을 正時에
加하며 大吉方에 가서 먹을 것을 찾고 물은 小吉方에 가서 얻으면 된다. 또 人家에 술이

있나 없나는 從魁를 보아 孟上에 臨하면 始釀하고 仲上에 臨하면 이미 익었으며 季上에

臨하면 다 없어 졌다. 또 大吉을 正時에 加하며 干支上에 寅과 辰이 있으면 술은 새로

익었고 未나 子를 보면 있으나 많지가 않다. 또 未가 旺相하면 술이 있고 休囚하

면 술이 없다. 술이 좋고 나쁜 것을 알자면 從魁가 木上에 加하면 淸酸하고 金上에 加하

면 白辛하고 水上에 加하면 黑薄하고 火上에 加하면 赤苦하고 土上에 加하면 黃甘하다.

술을 먹고 醉할가 아니할가는 靑龍과 小吉을 보아 干支에 臨해 있으면 반드시 醉한다.

돌아 오는데 吉凶은 神將을 보아 안다.

心驚이 있을 때는 行年上神을 보아 寅卯가 되면 文書 陰私가 있고 巳午가 되면 驚憂口

舌이 있고 申酉가 되면 兵革 遠行이 있으며 亥子가 되면 哭泣 呼召가 있고 辰戌이 되면

疾病이 있고 丑未가 되면 呪咀가 있다. 萬若 旺相하고 吉將이 相扶하면 可解될 수 있다.

눈에 핏발이 스거나 깜박거려질 때는 行年上을 보아 寅卯巳午가 될 때는 기쁨이 있고

申酉亥子가 되면 근심이 있다. 旺相하면 그대로 상관없으나 休囚하면 반드시 凶하다.

또 辰戌을 보면 疾病이나 官訟이 있고 丑未를 보면 酒食이 있다.

解夢에는 占人의 行年上을 보아 吉神 吉將이 있고 相生하면 吉하고 凶將이 있고 相克

하면 凶하고 魁罡이 蛇虎를 帶하면 大凶하다.

釜鳴이 있을 때는 干支上을 보아 靑龍 貴人이 旺相하고 相生하며 日祿이 加하면 公候

의 職位가 내리고 凶將이 加하여 日干을 克할 때는 집안에 놀라는 일이 있고 사람은 달

아난다。

또 干支上에 天乙을 得하면 官祿이나 珍寶를 얻고 螣蛇는 驚恐 怪異 朱雀은 文書 口舌

이 있으나 日干을 生하면 遠信이 다다른다。 六合이 되면 婚姻이나 和合이 있고 句陳은

爭鬪 訴訟이 있고 靑龍은 官祿 財喜가 있으며 天空은 欺詐나 驚恐이 있지 않으면 奴婢의

逃亡이 있다。

白虎는 疾病이나 死亡이 있고 太常은 官祿이나 衣帛이 있고 玄武는 盜賊이나 遺亡이 있

으며 太陰은 陰私 暗昧가 있고 天后는 婦女의 奸私가 있는데 旺相하고 日干을 生하면 財

帛이 있다。

器物이 動搖하면 干支上神을 보아 旺相하고 相生하면 加官進財하고 相克하고 無氣하면

耗財나 災病이 있다。

까치가 울면 鳴方上에 何神이 臨헀나를 보아 辰戌이 되면 訟事가 일어나고 巳亥가 되

면 官吏가 오고 丑이 되면 故人의 親戚이나 銅鐵이 다다르고 未가 되면 婦人이나 羊이나

술이 들어 오고 寅이 되면 家中에 筵宴이나 賓朋이 온다。 申이 되면 문밖을 나가자 乞丐

를 만난다。

子가 되면 醫師나 巫堂이 오고 午가 되면 口舌이 있고 酉가 되면 大人이 오고 卯가 되

면 陰私의 일이 있다。

솔개나 부엉이 울음소리가 들리면 우는 方所가 亥가 되면 官吏가 오고 子가 되면 의

사나 巫堂이나 覡(남자 무당)이나 女人이 온다。大吉이나 天空이 되면 親戚이나 親舊와

酒食이 있다。

寅이 되면 賀喜事가 있다。卯가 되면 酒食事가 있다。辰이 되면 官符나 文書나 鬪訟事

가 있다。

巳가 되면 官吏가 온다。午가 되면 詔命이 있다。未가 되면 女人과 酒食事가 있다。申

이 되면 빗쟁이가 온다。酉가 되면 女人 奴婢 酒食事가 있고 戌이 되면 官吏가 오거나

或은 論訟事가 있다。

길을 가다가 뱀이 사리고 있을 때 干上에 惡將이 없고 天乙이 臨하면 덤비지 않고 길

가로 피해서 가면 무사하고 오히려 길을 가다 사람을 만나면 기쁜 일이 있다。

路上에서 큰쥐(大鼠)가 往來하여 疑心스러울때는 日辰의 前이 發用하고 玄武가 乘하면

盜賊을 막아야 하고 林中이나 외진 곳이라면 놀라는 일이 있다。

북소리가 들릴 때는 方位를 보아 靑龍 六合 申 未가 되면 宴樂의 소리고 句陳이

면 싸움이고 白虎는 相殺하거나 或 喪孝이다。朱雀은 官吏 口舌이나 失物이고 天空은 主間

이 아니면 虛事이고 太陰은 神廟에 祭祀하는 것이다。다시 生克을 보아 細密히 推知하라。

누가 와서 문을 두드릴때는 主人의 行年上神을 보아 日上神과 相生하면 吉하고 日支上神에서 剋하면 凶하다. 어떤 사람인가는 日上神으로서 決定 推知한다.

子가 되면 奸盜이다. 丑이 되면 貴人의 相召이다. 寅이 되면 官吏가 他客을 찾는 것이다. 卯가 되면 債工이다. 辰이 되면 宮府에서 부르는 것이다. 巳가 되면 乞丐이다. 午가 되면 술마시자는 것이다. 未가 되면 飮食을 求하는 것이다. 申이 되면 行人이 길을 묻거나 僧道의 請이다. 酉가 되면 女子가 빗받으러 온 것이다. 戌이 되면 凶徒나 魔人이다. 亥가 되면 役卒이나 兵卒이다. 以上과 같으나 一定치는 않고 天將과 支上神을 參酌하여 細推하면 的中하게 된다.

第十五節 六壬命運學

壬學은 天時나 人事는 勿論 各人의 吉凶 禍福과 天稟 그리고 運命까지도 正確하게 알아 볼 수 있는 學問이다. 運命論理學은 其 種類가 大端히 많으나 學者들이 研究하고 있는 大部分은 奇門法 太乙法 六爻法 五星法 七四政餘法 月影圖法 大定數法 河洛理數法 紫微斗數法 影算仙機數法 靈算法 玄武發書 四柱命理 鐵板神數 西洋占星術等 外에도 많이 있

으나 其中에서 奇門 七政 河洛 紫微 命理以外는 方書에 不過하다。

勿論 李之涵先生의 玄武發書와 靈算의 深奧算數를 놓으면 華山騎牛客 頭擡一枝花란 文句를 써놓을 程度가 된다고 하지만 現下 書籍求入의 至難함과 너무도먼 荊棘의 길이기 때문에 勸할 수 없는 學問이라고 본다。 太乙數四柱法은 一考할 程度밖에 안되고 六爻法은 大概 盲人들이 많이 보는 法이나 或中 或不中하며 占卜時의 占者와 彼占者間에 얼마 만큼의 誠心 誠意로서 對하며 인스피레이숀에 의한 테라파시를 얼마만큼 信憑해야 되느냐 하는 點에서 正統學者間에는 人事의 當面問題의 占卜으로는 使用을 해도 平生運數를 보는데는 使用을 忌諱한다。 五星法은 七政 四餘論과 同一한 原理에서 비롯된 學問인데 七政은 命理를 兼한 次元이 높은 學問이다。 五星은 天門에 根源을 두어 中國에서 옛부터 五星法이 命學의 主體였으며 元初의 國師 야율초재(肆律楚材)가 天官經이란 五星書를 지어 張果의 果老星宗과 더부러 運命學의 主體를 이루었으나 炁星 孛星의 二星의 度數를 후에 상실하여 많은 誤謬가 있던중 唐 李虛中의 玉井訣에서 日干爲主의 論說을 바탕으로 徐升의 子平淵海란 名箸가 나온 이래 張楠의 命理正宗 萬育吾尚書의 三命通會가 나왔으나 五星과 同等한 位置를 벗지 못하다가 明國師 柳基의 滴天髓註는 五星法보다 많은 연구의 대상이 되게 했다。

그리하여 命理學者들은 五星說을 無條件 反駁하여 假書云云하나 五星論 卽 七政 四餘論은 命理보다 훨씬 次元이 높은 學問이라고 보겠다。 그러나 너무나 어렵고 初學者는 難澁

하여 上士가 아니면 理解를 못하는 學問이며 捨難取易함이 人之常情이라 東洋三國中 中

國의 몇몇 손꼽을 만한 사람 以外는 日本이나 韓國엔 아직 알려진 사람이 없다.

命理學의 原理는 奇門에서 發端한 것인데 四柱의 깊은 論理는 奇門에 있다고 본다. 奇

門四柱는 明國師 柳基 같은 奇門의 大家(奇門祕笈大全도 柳伯溫著)도 命理書를 만들만큼

中國에서는 별로 發達하지 못했고 現在 中國의 透派 十三代이며 經濟學碩士인 張耀文 같

은 斯界의 第一人者도 그의 箸書 奇門 天地二書에서 烟氣論 밖에는 四柱를 說明하지 못

했다. 왜냐 하면 奇門四柱의 主樞는 洪奇에 있는데 洪奇는 우리 나라의 徐花潭 李土停代

에 와서 완성된 學問이기 때문에 奇門命理는 韓國이 第一이라고 볼 수 있다.

紫微斗數 亦是 李朝 仁祖當時의 金緻先生이 深谷祕訣이란 著書를 남겨 中國에 앞섰다.

紫微斗數는 南斗星 北斗星을 나누어 廟旺失陷으로 나누어 보는데 各星의 이름이 堪輿學

과 同一한 點이 많아 地理學者가 많이 使用하고 있으나 좀 舊態依然한 감이 있고 規格

이 판에 박은듯 딱딱 짜여져 나오므로 一面 長點은 있으나 五行學上 發展은 적은 短點도

있다. 그러나 한가지 括目할 점은 鐵板神數의 原理가 紫微斗數와 合致된다는 점이다.

大定數도 奇門數의 異變的인 論理를 易의 卦爻에 의해서 解說되나 命理와 兼用치 않을

때는 크나큰 誤謬를 犯하기 쉽다. 月影圖는 知姓法 六親法等에 卓越한 點이 있으나 이것

역시 玄武發書의 한 一部에 지나지 않고 이방법을 알고 있는 사람이 地方에 한 둘이 있

다고 하나 믿을 만한 根據가 없는 學問이라고 본다.

鐵板神數는 著者는 邵康節이라고 하나 假借한 것 같고 謬論이 많고 假令章이 없어 所

用이 없는 冊이라고들하나 사실은 많은 玄機가 숨어있고 命理學(子平)과 紫微斗數와 邵

子의 皇極經을 詳察하면 攄得할 수 있는 學問이라고 본다. 河洛理數는 調理整然한 學問

으로 河圖와 洛書數에 依한 四時의 旺相으로 吉命十條 凶命十條를 區分하여 元氣와 化工

을 樞要로 說明한 贊揚할 學問이다. 命理는 日干을 我로 하고 月令을 提綱으로 하여 五

行干支의 直接的 生剋 制化로서 中和를 第一로 하는 自然 그대로의 實相을 나타내는 深

淵한 學問이다. 그러므로 命運學者들 中에 第一 많이 研究가 되고 著書 亦是 地理書 다

음 가는 數多한 種類가 있다.

以上은 筆者의 寡聞淺識 理論이나마 몇몇 알고 있는 種類를 또 研究해본 結果를 頭序

없게 羅列했을 다름이나 참으로 깊은 學問을 研究하는 사람에게 조금이라도 바른 길로 들

어가는데 一助가 된다면 多幸이 되겠기에 몇字 적어 본 것이다.

위의 學理를 인스탄트식으로 라도 갖추려 보고 싶으나 紙面關係도 있고 또 다음 機會

도 많을 것 같아서 이만하고 六壬命運學理도 命理나 奇門 七政과 같은 深遠한 論理에는

不及된다 하드라도 其 的中率이 優秀하고 또 奇特한 點도 있으므로 四柱命理學을 알지

못하는 사람을 위하여 다음에 仔細한 說明을 하고저한다.

六壬命學은 原來 大壬尋原이란 原書에 二十四格 十六局으로 나누어 說明됐으나 大運數

와 小運數를 定하는 것이 不分明하고 좀 難解하게 說明되어 있으므로 다음에 仔細히 풀

이하여 본다.

壬學命運法도 人事占과 뚝 같이 四課 三傳을 만들어 課格과 吉神 神將及 旺相休囚로서

吉凶을 判定하는데 다만 其人의 生年月日時로서 課式을 만들면 될 뿐이다. 萬若時 生年

月日時가 不分明하여 四柱를 設定치 못할 때는 問卜하는 當時로서 平生의 運命을 보면된

다. 그런점은 六爻法과 同一한 理法이나 萬一에 年月日은 分明하나 生時를 모를 때에는

其生年月日에다 問卜하는 當時를 時間으로 잡아보면 된다. 이것은 自古로 오랜동안 生時

를 모를적에 取用하는 法으로 第一 많이 使用되어 오는 法이다.

大運數는 大衍數(大定數)로 定하고 小運數는 行年을 가지고 定한다. 다음에 命宮과 身

宮을 根本으로해서 四課三傳과의 生剋制化를 보고 旺相休囚 德合 鬼墓 刑冲 破害 等

을 보아 吉凶을 알고 二四格 十六局을 參酌하여 其人의 成敗 得失 富貴 貧賤 壽夭等을

알아 볼 수 있는 것이다. 三課(支)로서 配遇者를 보고 三課의 陰神으로서 子孫를 보는데

旺相하고 生合되며 德祿比和가 되면 길하고 刑冲破害 休囚 空亡이 되면 좋지 않다.

三傳으로 初年 中年 末年의 大局을 보는데 初傳은 小年時代의 吉凶을 보고 中傳은 壯

年時代의 吉凶을 보면 末傳은 晚年의 榮枯盛衰를 보는 것이다. 後天運勢는 大運과 小限

으로 行年運과 比較하여 吉凶과 成敗를 推知한다.

實例를 들어 上元 戊子年 丙辰月 庚午日 酉將 午時生이라면 다음과 같이 大運이 定해진다.

三傳

天將	天盤	遁干
句	酉	午
七	子	酉
陰	卯	子

四課

第四課	第三課	第二課	第一課
七	句	后	朱
子	酉	寅	亥
酉	午	亥	庚

十二宮 (命宮盤)

巳 疾厄 太	午 妻妾 白	未 奴僕 空	申 男女 龍
辰 遷移 玄			酉 田宅 甲 句
卯 官祿 陰			戌 兄弟 合
寅 福德 后	丑 相貌 貴	子 命宮 七	亥 財帛 朱　(身宮→亥)

命宮은 戊子生이므로 天盤 子位가 命宮이 된다. 命宮에서 부터 十二宮을 上圖와 같이

財帛 兄弟 田宅 男女(子息) 奴僕 妻妾 疾厄 遷移 官祿 福德 相貌 等으로 逆布한다. 身宮

은 日干의 寄宮(地盤)이다. 大定數는 說明한바와 같이 子午는 九　丑未는 八　庚申은 七

卯酉는 六　辰戌은 五　巳亥는 四가 된다.

一、 大運을 定하는 法은 大定數로 定하는데 命宮에서 부터 始作한다。위의 例는 戊子生

이므로 子가 命宮이 되는 同時에 大運의 始作도 된다。子의 數는 九이므로 命宮에

서 九年을 따지고 大運法은 男女를 莫論하고 逆行하므로 十歲에서 十三歲까지는 亥

宮이 되고 十四歲에서 十八歲가지는 戌宮이 되며 十九세에서 二十四세까지는 酉宮이

된다。亥는 四 戌은 五 酉는 六이기 때문에 그대로 合算해 나가면 된다。그러므로

二十五歲부터 三十一歲까지는 申宮이 되고 三十九歲까지는 未宮이

지는 午宮이 된다。이와 같이 計算해 나가면 丑宮에서 七十八歲가

七十八歲가 넘으면 다시 子宮 九數를 合해서 나가면 된다。

二、 初 中 老의 三限數는 三傳을 가지고 定한다。初限은 初傳으로 定하는데 이것도 마찬

가지로 大定數로 定한다。初限은 初傳과 發用된 地盤을 合算하고 다시 地盤數를 再

加한다。그러니까。換言해서 地盤數는 두번 計算한다는 말이다。例를 들어 上例는

初傳 酉가 午上에서 發用되었으므로 酉의 六數와 地盤 午의 九數를 合算하면 十五가

되는데 地盤數 九를 再加하므로 二十四數가 된다。그러므로 初限은 二十四歲까지로

보게 된다。中限과 老限은 같이 天地盤數를 相乘하여 半折하면 된다。例를 들어 中

限은 子가 되는데 酉上에서 있으므로 子數 九와 酉數 六을 相乘하여 얻은 五十四를

半折하면 二十七이 되므로 中限은 二十五에서 五十一歲까지가 된다。老限은 末傳 卯

六과 卯는 子上에 있으므로 子 九를 乘하면 五十四가 되고 中限과 같이 折半하여 二

十七數가 된다。 그러므로 老限은 五十二歲부터 七十八歲까지면 된다。 이와 같이 初

中 老三限으로 나누어 그 該當 되는 나이대로 初傳이 吉하면 初限의 나이에 吉했고

中傳이 吉하면 中限의 나이에 吉했으며 末傳이 吉하면 老限의 나이에 吉했다고 본다

凶도 마찬가지이다。

이와 같이 一生의 吉凶을 三限으로 나누어 大局的 吉凶을 判定하고 大運은 命宮을 爲

始하며 十二宮으로 나누어 三限과 함께 參酌 倂用해 보고 小運은 當年의 行年上神으로

그 當年의 吉凶을 볼 수 있는 것이다。 다음 三傳表와 같다。

限	傳	神	年齡
初限	初傳	酉午	自一歲 至二四歲
中限	中傳	子酉	自二五歲 至五一歲
老限	末傳	卯子	自五二歲 至七八歲

格　局　法

格局이란 二十四格과 十六局을 말하는데 格局에 들면 貴命이나 富命으로 吉하다고 하

나 반드시 그런 것은 아니고 格局에 들지 않드라도 有情 無情을 살펴 生合 相輔하면 吉

하고 相冲 刑害 鬼墓等이 있으면 凶하다。 救神이 있을 때는 오히려 卓越한 精神을 갖고

初年은 困貧하나 中年以後 成功하는 사람이 많다。 그러므로 格局을 보기 以前에 生合有

情한가 刑害無情한가를 보아 吉凶을 判斷하기 바란다。

一、 正跨靑龍格

子年生이 子加寅하고 子上에 靑龍이 乘하고 驛馬 學堂과 生合하고 身宮 宅宮 三傳 四

課에서 剋破가 되지 아니할 때는 極貴臺閣之命이다。 그러나 他處에서 螣蛇나 白虎가 來

冲하면 不美하여 跨龍이 되지 못하여 貴命이 못된다。

二、 倒跨靑龍格

子生이나 寅生이 本命上에 靑龍이 乘하면 龍返來就我하여 我得跨之하니 故名 倒跨라 하

여 課傳에서 吉神과 吉將이 扶助하고 加護하면 大貴 大富之命이 된다。 그러나 冲克하고

空亡이 되며 敗氣가 되면 反對로 좋지 않다。

三、 雙騎龍背格

辰生에 寅加辰이 되던지 辰加寅이 되는 것을 말하는데 他處에서 申戌의 冲을 꺼린다。

萬若 冲이될 때에는 貴命이 못된다.

四、二龍御命格

身命이 子가 되는데 寅이 加하던지 辰加寅이 되면 貴命을 이루는데 無氣하고 冲剋이되는 것을 大忌한다. 他處에서 合하여 一龍을 去하면 二龍御命格이 되지 못하고 다시 凶神과 冲剋을 만나 身命의 二龍을 殺傷하면 반드시 困窮之命이고 賤人이라고 본다.

五、龍化土蛇格

寅生이 寅加巳가 되어 蛇之本家에 臨했는데 다시 螣蛇가 乘하게 되면 賤命이 되나 螣蛇의 乘神을 冲하면 오히려 貴命이 된다. 그렇지 못할 때는 아무리 大志를 가지고 있다하드라도 펴지를 못하며 大旣 이格은 富家出生者가 많다.

六、土蛇化龍格

巳生이 螣蛇를 帶하여 寅上에 臨하고 前後에서 吉神과 良將이 拱護하고 또 太冲과 六合이 有力한 地에 居하는 것을 말한다. 그러나 靑龍이 空亡이 되거나 冲을 만나면 化而不化하여 反對로 賤命이 되는데 이 格은 大槪 貧賤之家의 出生者가 많다.

七、乘虎登天格

午生이 白虎를 帶하여 亥上에 加하거나 申生이 亥上에 加하면 虎登天門格이 되는데 凶將이든 凶神이든 關係없고 刑冲도 무섭지 않으나 오직 旺相함을 바랄 뿐이다. 이格이 旺相하면 威鎭邊夷하고 公候之命이 되나 無氣할 때는 無禮惡徒가 되기 쉽다.

八、如履虎尾格

本命이 未上에 臨하는 것을 말한다. 吉神 吉將이 乘하면 福이 있는데 그렇지 못하면 技術者나 吏卒에 不過하다. 無氣한 것은 두려워하지 않고 冲合을 좋아 한다. 大概 孤假 虎威之象으로 比喩된다.

九、白虎立首格

本命이 酉上에 加하는 것을 말한다. 이格이 되면 折冲萬里에 功名이 蓋世하나 無氣할 때는 범이 驚怪之心이 들어 立首하는 것과 같아서 不敢出頭하니 成事하는 일이 하나도 없는데 冲破를 두려워 하지 않고 吉神의 扶助를 第一 기뻐한다.

一〇、雙騎虎背格

本命 申生에 白虎가 乘하면 制伏을 좋아하는데 神凶을 不問하고 有氣함을 第一 기뻐한

다。 이 格에 該當되는 사람은 猛烈함과 剛傲之性이 있어 他人이 가히 犯하지 못한다。文武를 다 좋아하고 諧謔的이며 武則好殺하고 文則深遠한데 아첨하는 마음이 하나도 없는 英豪한 사람이다。

二一、虎化獨狸格

本命 申生이 申加戌하여 白虎를 帶하면 其人은 반드시 軍卒이나 吏役이 아니면 凶惡悍徒이다。萬若無氣하고 다시 空亡이 되면 大家집에서 出生했드라도 나중엔 굶어 죽는다。萬若에 吉神 吉將을 만나고 上下에 合이나 冲이 되드라도 半化밖에는 안되기 때문에 半福之象이 된다。

二二、狐狸化虎格

戌生이 申上에 加하거나 白虎를 帶하고 寅上에 있어 得力하고 다시 吉神 良將이 有氣하여 帮助함을 要한다。그렇지 않은즉 化하지 못한다。이格은 屋出公卿과 같이 比喩되나 化格이 되지 못할 때는 賤命으로 본다。

二三、命司天門格

本命이 亥上에 加하여 貴人 太常 靑龍 天后 六合 朱雀이 乘하고 四馬 皇書 皇恩 學堂

을 倂하면 樞祕之職을 가지나 萬若 凶將이나 空亡이 되고 또 冲剋이 되면 得司를 못해 輕하면 減福되고 重하면 下流之輩이다.

一四、天門不開格

本命之神이 閉口가 되던지 亥上에 臨하여 亥가 閉口가 될때는 不開格이 되어 大志가 있드라도 伸暢하지 못하고 寒儒之命이 된다. 別處에서 他神이 冲이나 刑이 되면 小發福은 될 수 있다.

一五、明入天門格

本命이 太陽이 되거나 或은 亥가 太陽이 되어 本命上에 立하면 明入이 되어 富貴之命이 된다. 冲合 空亡을 두려워 하지 않고 無氣함을 꺼려 無氣하면 寒士에 不過하게 된다.

一六、暗入天門格

本命上에 玄武가 乘하고 亥上에 臨하거나 自作 玄武가 되면 밤을 좋아하고 낮을 꺼린다. 다시 旺氣가 되고 魁罡 厭煞이 照臨하면 반드시 祿林의 豪傑이 아니면 世上을 어지럽히는 奸雄이다. 無氣하고 良神을 逢하면 小吏에 不過하다.

一八、夾拱地戶格

本命 辰生이 午上에 加하면 往來之事로 巨富가 될 수 있다。 또 他處에서 文明之神이 照應한 즉 納粟得官한다。 有氣하고 吉神 吉將을 기뻐하나 冲剋을 꺼리는데 萬若 冲剋이 되고 凶將이 乘한즉 좋지 않아 富貴의 命이 될 수 없다。

一九、朱雀京翅格

本命上에 朱雀이 乘하여 亥 子 丑 三位에 臨하면 朱雀이 落水하며 七步之才가 있드라도 發展을 못한다。 他處에서 土多하면 朱雀이 水患을 免하게 되고 木神을 보면 朱雀이 生을 얻게 되며 微福이 있다。 萬若 旺相하고 吉格이 되면 文章力이 卓越한 사람이다。

二〇、朱雀螣輝格

本命에 朱雀을 帶하여 寅卯巳午上에 臨하면 東方木氣에 受生되고 南方火氣와 螣炬하니 螣輝格이라 한다。 文章이 蓋世하고 官由翰苑하나 無氣하며 다시 凶神과 凶將을 帶하면 寒儒이다。

二一、四墓交錯格

辰戌丑未生이 四季上에 加하면 身體豊厚하고 財産亦是 豊足하다。 他處에서 吉神 良將

이 輔助하면 貴하나 無氣하고 凶將을 帶할 때는 貧困하게 된다。

一二二、河魁貫甲格

本命이 戌生이 되어 寅上에 加하는 것을 말한다。 武官이 좋은데 他處에서 文明之星이 拱照하면 文武를 兼全하고 貴命인데 先決條件이 有氣해야 되지 萬若 無氣할 때에 冲破하면 貧命이다。

一二三、甲貫河魁格

本命 寅生이 寅加戌上함을 말한다。 取用은 河魁貫甲格과 同一하며 有氣하고 吉神 吉將이 扶助하면 貴命으로 보고 無氣하면 貴命이 못된다。

一二四、朱句拱拜格

本命 午生이 辰上에 加하거나 本命에 火神이 乘하며 辰上에 臨해서 有氣하면 性情이 強剛하고 好辯客이며 貴命이 되나 無氣하면 不平 不滿을 갖고 每日 鬪爭이나 일삼는 小人輩이다。

十六 局

一、庚星里瑞格 (三傳이 巳酉丑　金局이　됨을　말한다)

二、祥忙搖拱格 (寅午戌　火局)

三、帝座淵穆格 (申子辰　水局)

四、青帝施恩格 (亥卯未　木局)

五、穩坐中宮格 (辰戌丑未　土局)

以上　五局은　三傳이　三合會局됨을　말한다。身宮이나　命宮을　生하고　다시　吉神과　良將이 있고　또　各各　時令을　얻으면　富貴할　수　있는　사람이　되나　刑冲剋害가　될　때는　半減하여 본다、

六、北斗司權格 (三傳亥子丑)

七、南極獻圖格 (三傳巳午未)

八、西方專美格 (三傳申酉戌)

九、東海探珠格 (三傳寅卯辰)

以上의　四格도　身命　兩宮을　生하고　吉神이　扶助하면　大富　大貴之命이다。刑冲　破害되고 無氣하거나　四時反照煞이　될　때는　寒儒일　뿐이다。四時反照란　四時反本이라고도　하며

春節에 申子辰이나 亥子丑 夏節에 寅卯辰이나 亥卯未 秋節에 巳午未나 寅午戌 冬節에 申酉戌이나 巳酉丑等을 말한다.

十、 **坎離交泰格**　本命이 亥子丑이고 三傳이 巳午未가 되든지 本命이 巳午未이고 三傳이 亥子丑이 되는 것을 말하는데 有氣하고 吉神 良將이 있으면 發福之命이나 凶神과 凶將이 있고, 無氣하면 貧賤之命이라고 본다.

十一、 **兌震投合格**　本命이 寅卯辰이 되는데 申酉戌上에 加하거나 本命이 申酉戌이 되어 寅卯辰上에 加하게 되는 것을 말하는데 吉凶은 坎離交泰와 같다.

十二、 **週天守擢格**　伏吟課는 元來좋지 않으나 伏吟課가 되드라도 丁馬가 있고 身命兩宮에 吉神과 吉將이 있어 扶助하면 富貴發福할 命이다.

十三、 **紅雲雙秀格**　本命이 寅卯辰이 되어 亥子丑에 加하던지 本命이 亥子丑이 되어 寅卯辰에 加하여 連茹格이나 間傳格을 이루면 秀才나 天才이다. 七殺을 아주 꺼리고 冲合은 두려워하지 아니한다.

十四、 **林火揚光格**　本命이 寅卯辰이 되어 巳午未에 加하던지 巳午未命이 寅卯辰에 加하는 것을 말한다. 命上神이 三傳에 들어있고 間傳이나 連茹格을 이루면 貴命으로

十五、 **天合北極格**　申酉戌命이 亥子丑에 加하던지 亥子丑命이 申酉戌上에 加하며 三傳前雙秀格과 같이 天才나 秀才가 많다.

命이다.

이 間傳이나 連茹格이 되며 德祿이 있으면 大發達하나 無氣하고 刑冲破害가 되면 貧

十六、 火明西嶽格

巳午未命이 申酉戌上에 加하던지 申酉戌命이 巳午未上에 加하고 命上神이 三傳에 들어 있으면 躍進建暢할 命이나 凶神 凶將이 乘하면 發達하지 못한다

以上이 二十四格 十六局이다 한 둘 外에는 無條件 旺相하여 有氣함을 要하며 休囚無氣하면 貧命으로 보고 滿腹文章이라도 不顯蓋世한다고 보면 된다.

看命總要

一、 人命의 富貴 貧賤 壽夭를 論할 때는 먼저 身命을 본다。 그 다음에 다시 日干과 日支 用神을 아울러 보아 相生 和合하면 吉命이 되고 剋害하면 凶命이 된다。

二、 身命이 旺相하고 吉神 良將을 逢하고 生扶 相合 刑冲剋害가 되지 않을 때는 富貴와 福壽가 完全하다고 본다。 萬一 休囚가 되어 氣勢가 없을 때에 다시 凶神 惡將이 剋制되면 短命하지 아니하면 貧命으로 본다。

三、 身命은 空亡이나 墓神이 되는 것을 大忌한다。 空亡이 되면 一身上의 일이 成就되지 않고 平生에 恒常 苦生이 많다。 入墓가 될 때는 明晳한 사람이 되지 못하고 平素의 動靜에도 快樂이 적고 근심이 많다。

四、身命이 弱하고 無助한 것을 꺼린다。無氣한데다 扶助가 없으면 남의 힘에 依하여 生活한다。다시 刑冲剋害가 되면 恒常남에게 속임을 당하고 아니면 誹謗을 받는 일이 많다。그러나 萬若 生扶拱合이 있을 때는 윗사람의 援助가 있고 윗사람의 援助가 없드라도 自手成家할 수 있는 사람이다。

五、財星은 旺相하고 得地해야 좋다。萬一 財星이 無氣하고 或은 死墓絕空이 되고 日干을 剋하고 凶神 惡將 冲剋이 되며 吉將의 扶助가 없을 때는 下流之命이다。

六、妻子가 空亡이 될때에는 僧道가 아니면 下賤之命이다。子星이 無氣하고 또 死絕墓空에 臨하면서 乘한 地盤에서 日干을 剋하고 凶神 惡將의 剋制가 있는데 吉神 良將의 扶助가 없을 때도 또한 下流之命이다。

命運要訣

三傳을 보고 吉凶의 緣故를 알며 三傳으로서 先天運도 본다。初傳은 初年을 보는데 萬一 財星이 旺하고 靑龍이 乘하여 吉地에 臨할 때는 弱冠에 立身富貴한다。六合 太常이 財星에 臨할 때는 商業으로 家産을 이르킨다。種類는 類神을 보아 決定하기 바란다。太陰 天后가 財星에 乘하면 早婚하고 白虎가 官鬼에 乘하면 幼年時에 災厄이 많다。驛馬 白虎 官鬼가 三傳에 들면 반드시 災禍가 생긴다。火가 金을 剋할 때는 筋病이 걸린다。火

가 水의 剋을 받으면 眼病이 있다. 水가 土의 剋을 받을 때는 항상 災厄이 많고 무좀병

이 있다. 또 脾胃가 弱하다.

初傳에 吉神이 있고 生旺하면 初年에 富貴하고 反對로 凶神 惡煞이 있을 때는 初年에

災害多難하며 苦生이 많다.

中傳에 財星이 있으면 中年에 創業成家하고 青龍이 乘하면 吉祥의 命이 된다. 朱雀 螣

蛇가 旺相에 乘하고 鬼에 臨하면 中年에 災厄을 만난다. 句陳 空亡殺을 帶하면 종종 官

災 또는 訴訟이 있다. 身命 또는 日辰上에 二德 또는 皇書等의 吉星이 있으면 救神이 되

어 吉해지나 凶煞을 보고 制神이 없으면 老境에 가서 困窮하게 된다.

初傳에 德合이 있고 末傳에 剋害가 없으면 幼壯年에는 發福하나 晚年에 貧寒해 진다.

初傳에 刑傷이 있고 末傳에 生氣가 있으면 初年에는 貧하나 老年에는 幸福한 命이다. 日

上이나 命上이 吉하면 名利가 다 發達하고 功名한다.

十二宮의 吉凶

모든 事象은 十二宮으로 仔細히 究明한다. 日干과 本命과 十二宮과 生扶拱合이 되면

萬事順理하고 얼마든지 發達할 수 있다.

官祿宮에 二馬나 或은 青龍 太常 貴人 朱雀等의 吉神이 乘하여 本命과 日干과 相和하

면 好命이다. 그러나 凶死의 地에 있으면 福祿은 輕하다.

財帛宮에 吉神 良將을 얻고 命宮과 相生 相合하여 刑冲剋害가 없고 財星이 強하면 事

業이 隆盛되고 富貴할 수 있다.

兄弟宮에 吉神 良將이 있고 刑冲破害가 되면 兄弟가 모두 富貴하고 和睦하다.

田宅宮에 良將과 吉神이 있고 命宮에 刑冲破害가 없으면 田宅이 늘어나고 衣食이 豊厚

하다. 奴僕 男女 妻子宮도 以上과 같은 原理로서 看命하면 된다.

行年의 吉凶

六運 年運 月運의 吉凶을 보는데는 月令과 日干과 旺相 比和 德合하고 다시 吉神 良將

이 되는 運은 喜慶이 있고 名利通達한다. 反對로 刑冲破害 凶神 惡煞을 보면 其運中은

每事에 不利하다. 身宮上神을 冲하면 平素에 動搖가 생기고 不安하다. 身宮에 吉將과 祿

馬가 乘하면 開運出世하게 된다. 身命宮이 衰弱해도 四課 三傳中에서 生助를 받으면

他人의 힘에 依해서 福祿을 얻는다. 身命宮의 氣勢는 強하나 無助하면 自手立身한다. 生

扶合助에 逢하면 手上의 後援으로 立身出世한다.

財帛宮이 旺相하고 旺地에 臨하면 福祿이 厚하다. 萬一 氣勢가 衰한데 다시 死墓絕空

이 되며 日干上神에 凶神 惡將 冲剋이 있는데 吉神의 輔助가 없으면 下流之命이다. 課式

과 命宮爻象이 다 旺할 때는 根基命運이 健實하다. 人命을 推究하는 때는 根基나 課式을

主로 하고 每年의 運은 爻象에 따라 보는 것이므로 課式 根基가 薄하드라도 爻象(子孫爻

가 吉하면 子孫이 吉 財爻가 吉하면 財産豊厚等)이 吉하면 其 爻象에 해당 될때는 吉하다

고 본다.

身命宮과 十二宮

日干 命宮과 十二宮이 生扶拱合하면 每事順調롭다. 假令 官祿宮에 二馬 或은 奇儀 靑

龍 太常 貴神 朱雀의 吉將이 身命宮과 相生 相合할 때는 높은 벼슬을 할 수 있다. 但 以

上의 吉神이 囚死의 地에 居하면 職位는 낮다. 財帛宮에 吉神과 良將이 乘하고 身命과

刑冲破害가 되지 않을 때는 財産은 豊足하고 家道昌盛한다.

行運과 身命宮

行運은 其當時의 吉凶을 알아 보는 것이다. 身命宮과 行運과 相生 相扶 相合 相和하는

가 刑冲破害하는가에 따라 吉凶을 論한다. 假令 大運과 小運과 月建이 身命宮과 相生되고

吉神 吉將이 있으면 其運中은 發展하며 每事成就하고 凶神 惡煞과 刑冲剋害가 있을 때는

其運中에 萬事가 不利하다. 이 法則에 依하여 運勢의 窮通과 成敗를 明確히 알 수가 있다.

六親의 吉凶

命宮은 本身의 主星이니 命宮에 財星이나 官星이 臨하면 平生에 吉多凶少하다. 다시 吉神이 加하여 旺相할 때는 福德이 있고 休囚하면 薄德하며 萬一 刑冲이 되면 憂多喜少한 命이 된다.

또 財帛宮이 空亡이 되고 또 比肩이나 劫財가 있으면 富家胎生이라도 將來에 財貨를 耗散할 憂慮가 있다. 兄弟宮에 刑煞이 있고 또는 天刑 天嶽 喪車 死氣 冲害等이 있으며 兄弟父母와 不睦하게 된다. 田宅宮에 天鬼 天賦가 相交함을 꺼린다. 萬一 吉神이 있어서 旺相하면 家道는 隆盛한다. 男女宮에 吉神 吉星이 乘하고 또 長生에 該當하면 賢明한 子息이 있고 七煞이 乘하고 良將이 있으면 女息뿐이고 男兒는 낳지 못한다.

奴僕宮에 剋이 있고 順生할 때는 吉하나 萬一 白虎 句陳이 乘하면 使用人에게 凌害를 당한다.

夫妻宮은 刑煞을 大忌한다. 刑과 制와 剋이 없으면 좋은 配偶者를 만나고 惡煞과 刑冲이 되면 不睦하다. 疾厄宮은 空亡을 기뻐한다. 血支 血忌 墓等을 만남을 꺼리고 惡將과 惡煞을 보면 凶厄이 있다. 德神을 보면 救神이 된다. 遷移宮이 空亡이 될때는 住居의 移動 또는 職業의 變動이 많다. 德祿과 驛馬가 乘할 때는 家庭이 安全하다.

官祿宮은 職位의 高下를 본다。 天驛二馬를 보면 職位가 높고 無馬 無祿하고 空亡이 되면 平生 他人의 밑에서 使用될 命이다。 福德宮에 吉星 吉將이 乘하면 榮昌하고 凶煞 凶神을 帶하면 平生福祿이 薄하다。 劫財나 劫煞 空亡이 될때는 福祿이 薄하고 吉神과 良將이 모이면 子孫이 隆盛한다。 相貌宮은 生時로 본다。 句陳 玄武 螣蛇 白虎等이 乘할 때는 相貌가 훌륭치 못하고 貴人 太常 靑龍 六合 朱雀等이 乘하여 旺相할 때는 容貌가 훌륭하다。

身宮과 命宮의 五法則

身宮과 命宮의 法은 五項目으로 다음과 같이 나누어 본다。

一、根基 二、妻子 三、財產 四、運限 五、壽限

以上과 같이 五項目으로 나누어 다음에 區別 說明한다。

一、根 基

根基란 第一에 日上神을 主로 하고 貴人 靑龍等의 吉神이 있어서 生旺하며 身命이 氣勢가 있으면 반드시 富貴할 사람이다。 萬若 그렇지 못하드라도 반드시 發達할 사람이다。 日上에 墓絕이 있으면서 身命宮에 太常의 吉神이 있으면 成功은 할 수 있으나 規模가 적고 虛花不實之象으로 끝난다。 또 日干에 凶煞이 臨하면 身分이 向上하지 못하고 或은 平素에 身體가 弱하다。 萬若 凶煞이 있어도 制하는 것이 있으면 假殺爲權이 되어서 도리어

吉格으로 變化된다。 日干으로서 身宮으로 하고 日上神은 所作之事로 본다。

二、 子

男子는 支上神을 妻로 보고 女子는 夫로 본다。 子孫을 볼때는 福德宮에 依해서 본다。

日辰이 相生 相合할 때는 夫婦는 和合하고 偕老한다。 萬若 相剋 刑冲할 때는 夫婦가 不

和한다。 支上神에 吉神이 臨하면 좋은 配遇者를 만나고 凶神 惡煞이 臨할 때는 配遇者는

좋지 못하다。

四課가 좋지 못하고 財星이 없으면 妻와 因緣이 없고 또 妻爻가 重重하며 支上이 空

亡이 될 때는 妻에 禍가 있다고 본다。 四課中에 子星이 있으면 반드시 子孫이 있고 子孫

爻가 없으면 子孫이 없기 쉽다。 空亡이 될 때에는 낳기는 해도 키우지 못하며 特히 長子

는 기르기가 매우 어렵다고 본다。

三、 財 産

四課上이나 또는 日月上에 官煞 貴神 靑龍 太常 印綬等의 諸吉星이 乘하고 日干과 合

하면 富貴한 命이다。 子星이나 妻星 靑龍 太常等의 吉神이 日上에 乘하고 日干과 合할때

도 富貴할 命이다。 正官이 傷官을 보고 財星이 劫財를 보면 財物과의 緣이 薄하며 貧命

이 된다。

四、 運 限

身宮 即 日干上神으로서 運限의 吉凶을 알 수 있다。가령 日干上神이 寅이라면 寅年에

發應한다。日干上神이 旺相하며 財官이 되면 財産은 늘어나고 漸漸 發福한다。鬼殺을 만

나면 險災에 注意하지 않으면 안된다。比肩 劫財가 되면 破財 失財한다。日干上神이 衰

弱하고 正官이 될때는 官星이 變하여 鬼賊이 되면 初年은 吉한것 같지만 後에는 凶으로

變한다。

五、壽　命

難知者는 壽란 말이 나올 정도로 사람의 壽命은 참으로 알기 힘들다。그러므로 壽命은

一律的으로 論斷해서는 안된다。壬學에서는 日干上神의 旺衰와 行動으로서 본다。가령 日

干上神이 氣勢가 없는 官鬼 大殺 白虎 喪門 吊客等의 凶神 惡煞이 乘할 때는 其支神으로

死亡期를 알 수 있다。가려 支神이 巳가 될때는 巳年에 死亡한다고 본다。辰이 될때는

辰年에 死亡한다고 보면 된다。萬若 日干上神이 旺할 때는 該當되는 해에는 災禍나 疾病

만 있지 死亡하지 않는다。

그리고 生命의 長短을 豫測하자면 다음의 項目에 따라서 보는데 年命上神으로 본다。

一、年命上神이 生旺 德合이 되면 長壽하며 剋害 刑沖이 될때는 短壽한다고 본다。

二、日干에서 보아 年命上神이 長生 官帶 建祿 帝旺에 該當 될 때는 健壯하다고 본다。

沐浴이 될때는 好色하며 血氣가 不足하고 死墓絕胎養이 될때는 長壽하지 못한다고

본다。

三、三傳이 寅申巳亥의 玄胎格을 이루고 日干을 順生하면 長壽하게 된다。이와 反對로 日干에서 洩氣하여 遞生이 될때는 短命한다。

四、死神 白虎를 帶하고 日干을 克할 때는 短命하다。

五、日干上神에서 日干을 生할 때는 長壽한다。

六、日干上神에서 日支를 生할 때는 壯健하나 크게 長壽하지는 못한다。

七、三傳이 辰戌丑未의 稼穡格을 構成하고 日干 또는 年命上神을 克할 때는 夭壽하기 쉽다。

八、死亡하는 해(年)를 아는 法은 年命上神의 地支에 該當하는 해가 死期이다。가령 年命上神이 寅이라면 寅年에 巳라면 巳年에 死亡한다고 본다。

九、生命의 長短을 보는데는 第一 먼저 四課를 보고 다음에 三傳을 본다。四課中 凶神 惡煞이 있어서 本命을 克하고 三傳에 白虎 死氣가 乘하며 年命上神에 喪吊가 있을때 는 短命하다。

格局論

命運을 推究함에는 累累히 말한바이지만 먼저 身命宮을 살핀 다음에 格局을 본다。壬

學의 格局에는 妙局 奇格이 있어서 大體的으로 格局에 들면 貴命으로 본다. 그러나 生剋

制化와 吉凶神煞 吉將 惡將에 따라 變化하는 것을 明確히 알아야 한다. 萬一 格局에 들

때는 破格이 되었느냐 成格이 되었느냐를 먼저 살핀다. 格局에 들어있지 않을 때는 有情

無情을 區別하여 四課 三傳이 有情할 때는 비록 格局에 들지 않았다 하드라도 貧命이나

下命은 아니다. 要는 生旺比合을 詳細히 보고 刑冲破害를 잘 살펴야 한다.

가령 跨龍格에 該當된다 하드라도 刑剋이 되면 도리어 보통 命格이 되고 一氣全局도

刑害를 만나면 開運發達하지 못한다. 또 龍化蛇格 虎化狸格도 勢를 이룰때는 自然히 發福

하며 蛇化龍格 狸化虎格도 得地하지 못하고 無氣하면 所用이 없는 것이다. 龍乘格 乘御

格도 反對로 農工이나 商業에 從事하는 사람이 많다. 雙龍 龍背格도 狐虎나 破格을 두려

워한다.

虎乘登天格은 中途에 災害를 防備해야한다. 雙騎龍背格은 外人이나 外部에 依해서 福

을 받는다.

入天格은 明을 기뻐하고 暗을 두려워한다. 同天門格은 開를 기뻐하고 閉를 두려워한다.

履虎尾格은 平生中 危險한 境遇를 많이 보게 되니 이를 避하도록 努力해야 한다.

朱句拱拜格은 旺衰를 詳細히 살펴서 卒地에 생길 禍福을 미리 알도록 해야한다. 魁甲

交貫格은 忌喜를 잘살펴 成敗를 區別해야 된다. 三合格은 모두 喜憎을 잘 살펴서 吉凶을

區別해야 된다。

庚星呈瑞格은 從革格이다。 祥光搖拱格은 炎上格이다。 以上의 格에 德祿을 帶할 때는 位

高權重하고 破壞되지 않을 때는 富命이 된다。

帝坐淵穆格은 潤下格을 말한다。 靑龍始恩格은 曲直格을 말한다。 北斗司權格은 連茹格

을 말한다。

以上의 格에 德祿을 帶하고 被害가 되지 않고 身命을 生할 때는 다 富貴할 수 있는 命

格이다。 그러나 破傷이 될 때는 賤命이 되기 쉽다。

女性 看命法

女性看命法이라고 해서 特別히 다른 點은 없으나 오직 한가지 다른 點이 있다면 男性

의 命格보다는 四課와 三傳이 훨씬 柔順하고 中和되어야 한다는 것이다。 또 女命은 日支

上神을 第一重히 여기는 것이다。 그것은 夫宮이 되기 때문이다。 支上神이 吉하면 好命이

고 支上神이 凶하면 不幸한 運命이다。 三傳은 自身과 男便과 子息과의 關係를 본다。 十

二天盤의 各宮에 따라 六親의 吉凶을 보고 自己의 命宮이 何地에 있는가를 본다。

一、 地盤에서 命宮을 尅할 때는 禮節에 밝고 家事에 能하다。

二、 生宮이나 또는 比和의 地에 坐할 때는 家庭을 輕히하고 身己 身上만 돌본다。

三、冲宮에 坐하면 況常 身邊에 移動이 있든지 家庭은 不安하나 萬一 四課三傳에서 救神
이 있으면 凶함이 解消될 수 있다.

四、六害 또는 空亡의 地에 坐하면 六親과 不睦하고 平素에 疾妬가 생길일이 자주있다.

五、刑의 上에 坐할 때는 不和 다툼 또는 平素에 凶災가 있다.

六、福德宮에 坐할 때는 況常 有福하고 陰德을 받는 일이 있고 學堂을 帶할 때는 賢母가
된다.

七、空亡에 坐할 때는 不救한즉 寡婦의 命이고 空亡을 冲하는 것 또는 合하는 것이 三傳
四課에 있으면 救神의 作用을 한다.

八、驛馬 또는 丁神을 帶할 때 다시 句陳 玄武 太陰 六合이 乘하면 失利하고 規律을 어
지럽게 行動을 한다.

九、身命宮이 破害되는데 學堂을 帶하면 花柳界 또는 醫卜 巫女 僧道의 길을 가는 女性
이 되기 쉽다.

論命秘要

四課 三傳 年命 日辰等의 六處에서 財星이 없으면 暗財를 찾아야 한다. 遁財가 得地하
고 印綬가 있고 傷하지 않으며 吉神 吉將이 있으면 功名을 얻는다. 明財도 暗財도 없으

면 그 사람은 財物에 姻緣이 薄한 命이다. 以上과 같이 財官星의 有無를 밝히고 다음에

年命上神과 日干 初傳等의 生剋制化로 吉凶을 決定한다. 兄弟는 陽位를 男子로 보고 陰

位는 姉妹로 본다.

初傳이 財가 되고 末傳이 鬼가 되면 東來西去라 하여 얻은 後에 버린다. 日干上神이

財가 되면 眞財고 三傳에서 이財를 剋하면 眞財逢鬼라 하여 妻妾의 身上에 災殃이 있다.

또 眞財가 課傳中에 있는데 比劫이 많고 또 財가 空亡이 되고 或은 刑冲이 되는데 玄武

가 同伴하면 克妻하고 失財한다. 다시 凶煞을 帶하면 아주 凶하다.

父母爻는 日干을 生하는 것이므로 大端히 吉하다. 合이 되면 財物과 姻緣이 있고 不合

하면 그렇지 못하다. 또 父母爻는 手上 尊上의 爻이고 女命은 시어머니가 된다. 天后는

母親이고 太常은 父親이다. 日干과 父母爻가 得地하고 相生이 되면 貴命이 되고 失時하

고 無氣하며 空亡과 刑冲이 될 때는 賤命이 되거나 無力한 사람이다.

太歲 月建 上神에서 日干을 生助할 때는 長上의 援助가 있고 印綬가 貴人 六合 青龍

太常을 帶할 때는 좋은 職業을 갖고 恩爵을 받는다. 日干은 我가 되고 四課의 上神은

모두 나의 用이 된다. 四課中 어디에서 發用이 되든지 日干을 生하든지 比和가 되는 것

은 上吉로 보고 日干에서 日上神을 剋하고 支上神을 用神으로 할때는 次吉로 본다.

이와 같이 生比는 나를 傷하지 않고 傷하는 것을 막아 주는 역할을 하므로 一生吉命이

된다。 萬一 干支上神과 用神이 **剋害 刑冲破害**가 되면 一生에 파란과 成敗 起伏이 많은 運命이다。

日干이 飛神을 보고 初傳에서 生助 또는 得地하면 發達向上하며 모든 工藝나 事業에 繁榮을 하나 오직 空亡이 되는 것을 忌한다。 年命上神이 되어 刑冲剋害가 않되면 終身토록 無事하게 지낸다。 그러나 刑冲破害가 되면 苦難이 많은 운명이다。 支祿이 刑冲破害가 되지 않아도 吉命이다。 日干의 祿은 自己의 經營上의 計劃이 되고 支上의 祿은 家庭의 祿 이다。 三傳의 飛神은 往來하며 經營하는 祿이다。 以上의 三祿中에 하나라도 있으면 佳命 이다。

日干의 祿은 **德祿**이 되고 日支의 祿은 **財祿**이 되며 三傳의 祿은 **所作活動**의 祿이 되므 로 祿神은 모두 得地하고 氣勢가 있으면 財福이 有餘한 命이 된다。 三傳과 用神의 祿이 得地하면 經營 謀事等의 所願이 成就된다。 祿이 없을 때는 財神을 求한다。 課傳에 祿神 이 없을 때에 財가 있어 生比하고 刑冲破害가 않되면 平穩하게 向上發達하고 傷剋하거나 絶敗之地에 있게 되면 向上發達하지 못할 運命이다。

墓神이 日干에 加하면 俗庸之命인데 迷神을 帶하면 平生에 發達하지 못하고 困難을 많 이 받을 命이다。 그러나 墓神이 月建이나 月將이 되어 刑冲破害가 되지 않을 때 課格이 좋으면 오히려 非常한 發達을 할 수 있는 命이다。 休囚가 되고 迷神을 帶할 때는 平生에

困窮한 運命이다。

初傳과 日支上神이 破傷하지 않고 相合하면 家業은 與旺한다。月將이 命宮이 되거나 三

傳에 月將이 있어 日干을 生助하면 天佑神助가 있어 大小不同하고 福祿이 있다。

惡煞이 있다 하드라도 凶災는 自然히 消散된다。支上神이 發用하고 大耗 小耗 空亡等이

되면 家資耗散되고 家庭은 衰微해진다。日干이 支上神에 加하고 六合이 乘하면서 支合

또는 相生이 될때는 男子는 데릴사위가 되어 妻子에 依存하는 運命이다。

支上神이 日干上神에 加하여 日干을 克하면 平生 他人에게 壓迫을 받아 不平不滿이 많

은 運命이다。木日인데 日干에 辰戌丑未가 乘하여 妻財가 되고 支上에 加하여 合하든지

또는 支上神이 用神이 되어 天喜 天后 六合 成神을 帶할 때도 贅婿格이 되어 데릴사위가

된다。

干支上이나 三傳上에 申巳亥가 있고 空亡이 되는데 貴人이 乘할 때는 醫師 또는 學者

이고 天地醫神에 該當될 때는 醫官의 命이다。月將이 初傳이 되고 貴人이 되며 正官이

될때에 日干이 旺相하면서 皇書 天詔 天喜等이 乘할 때는 高官之命이다。

할 때는 武官之命이 되든지 極貴할 運命이다。女命은 一等封誥之命으로 男便이 權柄의

地位에 있던지 自身이 參政할 수 있는 命이다。男命이 天驛二馬를 帶하면 名振四海하고

女命은 가정을 저버리고 다른 사람을 따라 結婚하기 쉽다。

形貌는 年命上神의 地支와 遁干五行으로서 본다。 亥子가 年命上神이 되면 몸집이 약간 적고 이마는 크고 口角은 뾰족하며 높고 色은 검다。

遁干이 水木이 되면 색은 검다。 火土가 되면 紫紅이다。 金이 되면 白色이다。 旺하여 地支가 많으면 遁干을 主로 본다。

年命上神이 丑이 되면 머리는 둥글고 얼굴에는 黑點이 있다。 水干은 이마가 넓고 木干이면 이마가 높고 크다。 火土干이면 눈이 크다。 年命上神이 寅卯가 되면 얼굴이 길고 剋을 받으면 머리와 얼굴이 완전치 않다。 遁干이 土가 되면 容貌가 不完全하다。 卯는 배가 높고 크다。 重剋되면 相貌는 破相하기 쉽다。 遁干이 甲乙이 되면 靑長하다。 庚辛이 되면 身體는 약간 작고 靑白하다。 丙丁이 되면 紅白이고 壬癸는 黑色이면 戊己는 黃白이다。 年命上神이 辰이 되면 얼굴은 모가나고 키는 크고 輪廓은 두텁다。

辰은 官吏之神이므로 初傳이 寅과 亥가 될때는 반드시 公職人이다。 遁干과 相剋이 될때는 貧賤하고 또 狡猾하다。 年命上神이 巳午가 될때는 紅白이고 肥滿形이며 말이 많고 威信이 있다。 귀가크고 허리뼈도 크다。 慈悲心은 있으나 無氣하면 狡猾하게 變한다。 年命上神이 未가 되면 여위고 뼈가 얇으며 마음이 弱하다。 衰病之地에 臨하고 또 天將이 白虎 太常 天空 或은 空亡이 될때는 대머리든가 白髮이다。 年命上神이 申이 되면 후리후리하고 뼈는 크나 살은 적다。 年命上神이 酉가 되면 얼굴은 모가나고 體格은 柔하다。

年命上神이 戌이 되면 頭上은 뽀쪽하고 몸은 黃黑色이다。 性質은 急燥하고 毛髮이 많다。

旺하지가 않고 空亡이 되면 賤人이다。

四課三傳에 戌字를 重逢하게 되면 客死之命이다。 그러나 月將이 되고 吉格을 이룰 때

는 不出世의 怪傑이 되기 쉽다。

流年禍福

流年의 吉凶을 알려면 太歲를 本命上에 加하여 行年上에 功曹나 傳送을 보면 其利加增
하고 官祿은 陞進하며 萬事順調롭고 貿易 往來에 橫財가 있다。 天鬼나 天罡을 보면 其
年中에 반드시 災害나 疾病이 있다。 어떤 災殃인가를 알려면 本命에 神后를 加하여 魁罡
의 下神이 厄事가 된다。 또 一法에 陽命은 本命上에 大吉을 加하고 陰命은 小吉을 加하
여 行年上神이 功曹 太冲 勝光 太乙이 될때에게는 그해에 반드시 慶賀之事가 있어 加官
進祿이 아니면 進人口之喜가 있다。

또 一法에 男命은 功曹를 女命은 傳送을 本命上에 加하여 行年에 太歲之地가 있으나
支德이 있을 때는 其年中에 福利가 있다。 添進人口가 아니면 田産이 增益하고 每事 順調
로운데 魁罡이 있을 때는 不利하다。

六壬精義 畢

秘 傳 六 壬 精 義

初 版 發 行 ● 1976年　6月　20日
重 版 發 行 ● 2016年　10月　20日

監　修 ● 金 于 齋
編著者 ● 張 泰 相
發行者 ● 金 東 求

發行處 ● 明 文 堂 (1923. 10. 1 창립)
서울특별시 종로구 안국동 17~8
우체국　010579-01-000682
전화　(영) 733-3039, 734-4798
　　　(편) 733-4748
F A X　734-9209
Homepage　www.myungmundang.net
E-mail　mmdbook1@hanmail.net
등록　1977. 11. 19. 제1~148호

● 낙장 및 파본은 교환해 드립니다.
● 불허복제

정가　20,000원
ISBN 89-7270-956-5 13140
ISBN 89-7270-056-8 (세트)